ACCESO GRATIS *a la Lectura en la Nube*

Para visualizar el libro electrónico en la nube de lectura envíe junto a su nombre y apellidos una fotografía del código de barras situado en la contraportada del libro y otra del ticket de compra a la dirección:

ebooktirant@tirant.com

En un máximo de 72 horas laborables le enviaremos el código de acceso con sus instrucciones.

GRAVAMEN DE LOS RENDIMIENTOS DEL CAPITAL EN EL IMPUESTO SOBRE LA RENTA DE LAS PERSONAS FÍSICAS

TIRANT TRIBUTARIO

Procedimiento de selección de originales, ver página web:
www.tirant.net/index.php/editorial/procedimiento-de-seleccion-de-originales

GRAVAMEN DE LOS RENDIMIENTOS DEL CAPITAL EN EL IMPUESTO SOBRE LA RENTA DE LAS PERSONAS FÍSICAS

ROSA GALAPERO FLORES
Catedrática de Derecho Financiero y Tributario
Universidad De Extremadura

tirant lo blanch
Valencia, 2025

En caso de erratas y actualizaciones, la Editorial Tirant lo Blanch publicará la pertinente corrección en la página web www.tirant.com.

Esta publicación ha sido cofinanciada al 85% por la Unión Europea, Fondo Europeo de Desarrollo Regional, y la Junta de Extremadura. Autoridad de Gestión: Ministerio de Hacienda. Número de expediente de la ayuda: GR24144

© TIRANT LO BLANCH
EDITA: TIRANT LO BLANCH
C/ Artes Gráficas, 14 - 46010 - Valencia
TELFS.: 96/361 00 48 - 50
FAX: 96/369 41 51
Email: tlb@tirant.com
www.tirant.com
Librería virtual: www.tirant.es
DEPÓSITO LEGAL: V-2946-2025
ISBN: 979-13-7010-756-7
Maquetación: Innovatext

A mis hijos, Rodrigo y Hernán

Índice

Capítulo primero
INTRODUCCIÓN

Capítulo segundo
FISCALIDAD DE LOS RENDIMIENTOS DEL CAPITAL INMOBILIARIO

Capítulo tercero
TRIBUTACIÓN DE LA VIVIENDA

Capítulo cuarto
REGULACIÓN TRIBUTARIA DE DETERMINADAS SITUACIONES JURÍDICAS INMOBILIARIAS. GRAVAMEN EN EL IRPF DE LA VIVIENDA SITUADA EN UN CONJUNTO HISTÓRICO

Capítulo quinto
RENDIMIENTOS DEL CAPITAL MOBILIARIO

Capítulo primero
INTRODUCCIÓN

SUMARIO: I. IMPUESTO SOBRE LA RENTA DE LAS PERSONAS FÍSICAS. II. ELEMENTOS DEL IRPF QUE AFECTAN AL GRAVAMEN DE LOS RENDIMIENTOS DEL CAPITAL INMOBILIARIO Y MOBILIARIO. II.1. Ámbito de aplicación del Impuesto. II.2. Concepto de contribuyente en el IRPF. II.3. Contribuyentes que tienen su residencia habitual en territorio español. Criterios legales para su determinación. II.3.1. La permanencia durante más de 183 días en España. II.3.2. El centro de intereses económicos. II.3.3. La residencia del cónyuge e hijos menores. II.4. Contribuyentes que tienen su residencia habitual en el extranjero. Funcionarios públicos o titulares de cargo o empleo público españoles en el extranjero. II.5. Traslado de la residencia a un paraíso fiscal. II.6. Otros supuestos. II.7. La cesión del IRPF como elemento necesario para determinar la residencia fiscal. II.8. La aplicación del artículo 28.4 de la Ley 22/2009. III. DUALIZACIÓN EN EL GRAVAMEN DE LAS RENTAS EN EL IRPF. IV. TRATAMIENTO DE LAS RENTAS IRREGULARES, Y CÓMO AFECTAN A LOS RENDIMIENTOS DEL CAPITAL.

I. IMPUESTO SOBRE LA RENTA DE LAS PERSONAS FÍSICAS

Por todos es conocido que el Impuesto sobre la Renta de las Personas Físicas es el tributo más importante del sistema impositivo español; no sólo por el número de contribuyentes a los que afecta sino por la afluencia monetaria regular que supone para la Hacienda Pública.

Nuestro sistema impositivo se construye fundamentalmente sobre los impuestos que gravan la renta y el consumo; de los primeros es el IRPF el pilar fundamental.

Además, se trata de un tributo que cumple con la función de ser un instrumento para la política económica, tanto de la Hacienda estatal, como por parte de la Hacienda autonómica.

No son pocas las Comunidades Autónomas de nuestro país que utilizan este impuesto, para que, a través de sus deducciones, se pueda influir en el comportamiento de los contribuyentes. A lo último que se han dedicado los gobernantes de las Comunidades Autónomas es a utilizar este impuesto para atraer población a los territorios despoblados, como si, esto sirviera para llenar de habitantes un territorio, los territorios se pueblan cuando ofrecen perspectivas de futuro; no porque te ofrezcan beneficios fiscales para residir en un territorio ya de por sí despoblado.

De esta forma quiero manifestar que la función del tributo no es otra que la recaudatoria; para otro tipo de finalidades, existen otras posibilidades jurídicas, económicas o sociales.

Muy numerosas han sido las reformas que se han llevado a cabo del Impuesto sobre la Renta de las Personas Físicas, algunas de ellas afectaron de forma sustancial a la estructura del impuesto. En la actualidad, el desarrollo liquidatorio del IRPF se encuentra muy afianzado; y, todas las reformas que se llevan a cabo en los últimos años afectan a aspectos puntuales; y las modificaciones que se arbitran no son sustanciales.

Es un impuesto que también tiene transcendencia en el ámbito de las Comunidades Autónomas, puesto que se trata de un tributo cedido a las mismas. Y, como he señalado anteriormente éstas intervienen en las políticas económicas fundamentalmente a través de este tributo.

Volviendo a hablar de las reformas, consideramos que hay determinados aspectos del impuesto que deberían ser objeto de revisión, como es el caso del exceso de gravamen que recae sobre las rentas del trabajo; pero también, uno de los hechos imponibles que integran la estructura del IRPF, los rendimientos del capital inmobiliario y mobiliario; que también es susceptible de ser gravado con más equidad porque nos encontramos que este tipo de rentas que atienden al ahorro, en determinados supuestos, son objeto de un gravamen con excesiva carga fiscal, como es el caso de los rendimientos de capital mobiliario derivados de operaciones de seguro y capitalización; cuyas normas de determinación del rendimiento neto gravable no atienden al tipo de contribuyente que tributa en IRPF, que no debemos olvidar que es un impuesto que grava la renta de las personas físicas. No obstante, no debemos olvidar que la renta del ahorro está mejor tratada en el IRPF que los rendimientos del trabajo; situación que no es aceptable porque los rendimientos del trabajo, suponen el ingreso que va destinado a satisfacer las necesidades económicas y vitales del ciudadano y se obtienen, como el propio nombre del rendimiento indica, trabajando; y, además son objeto de toda la progresividad del IRPF.

En este trabajo voy a detenerme en analizar uno de los supuestos del hecho del IRPF, los rendimientos del capital y su gravamen; tanto del capital inmobiliario como mobiliario.

II. ELEMENTOS DEL IRPF QUE AFECTAN AL GRAVAMEN DE LOS RENDIMIENTOS DEL CAPITAL INMOBILIARIO Y MOBILIARIO

II.1. ÁMBITO DE APLICACIÓN DEL IMPUESTO

Hemos visto que el IRPF se rige por el principio de renta universal, de forma que grava todos los rendimientos que los sujetos obligados obtengan. Sin embargo, para delimitar quiénes son contribuyentes del Impuesto, resulta preciso determinar el ámbito de aplicación del mismo, es decir, habrá que determinar el ámbito en el que los residentes tendrán que tributar por todas sus rentas. Tal cuestión se resuelve en el artículo 4 de la LIRPF que establece la vigencia del IRPF en todo el territorio español. No obstante, en los apartados 2 y 3 se establecen limitaciones y especialidades. Así, el apartado 2 establece que la declaración general se entiende sin perjuicio de los regímenes forales de Navarra y de las tres Diputaciones Forales vascas, en cumplimiento de la Disposición Adicional Primera de la Constitución. Por su parte, el apartado 3, en un afán expositivo, innecesario pero didáctico, advierte que el impuesto se aplica con especialidades en Canarias, Ceuta y Melilla. La Ley 35/2006, reguladora del IRPF no resulta de aplicación en los cuatro territorios forales en los que se aplican los regímenes de Concierto o Convenio, según se traten de territorios vascos o Navarra. Por lo que hace a Canarias, Ceuta y Melilla, sí resulta de plena aplicación la Ley, que contiene especialidades en relación con estos territorios. Ha de apreciarse además que las Ciudades de Ceuta y Melilla no tienen ningún tipo de competencia legislativa en la materia. Otra cuestión a tener en cuenta con el ámbito de aplicación, y de suma importancia, es la de determinar las relaciones con otras soberanías fiscales. En este sentido el artículo 5 establece la primacía de los tratados internacionales sobre lo dispuesto en la propia Ley, recogiendo el sistema de fuentes fijado por el artículo 96 de la Constitución Española. Esta determinación resulta de gran importancia en cuestiones claves como la determinación de la residencia o sobre la procedencia del gravamen de rentas. Los principales tratados aplicables a la materia son los Convenios para evitar la Doble Imposición, tratados bilaterales que regulan las relaciones entre las soberanías fiscales de los estados firmantes. En lo referente al ahorro, su estudio pormenorizado se realizará en un capítulo específico.

II.2. CONCEPTO DE CONTRIBUYENTE EN EL IRPF

La regulación del elemento personal se incluye en los artículos 8 y 9 de la LIRPF. Sin embargo, hay que tener en cuenta que los Convenios para evitar la Doble Imposición contienen cláusulas para determinar la residencia, y por su naturaleza son como expresamente dispone el artículo 5 LIRPF de aplicación preferente a la normativa interna. La condición de contribuyente, definida en el artículo 8 LIRPF, se debe a dos posibles causas. La más común y genérica, por tener residencia en territorio español. La regulación se contiene en el artículo 9 que estudiaremos someramente a continuación.

La residencia es una figura que reviste una gran importancia en materia tributaria por cuanto que determina la sujeción al poder tributario del Estado. Tiene una gran trascendencia económica para el contribuyente, porque en función del Estado donde resida se aplicarán unos impuestos determinados[1]. Se puede decir que es un criterio de reparto de competencias fiscales en materia de imposición directa.

No obstante, a pesar de su relevancia, no existe en nuestra normativa una definición de lo que debe entenderse por residencia fiscal. Ante la ausencia de esa definición, la normativa existente en materia tributaria, en concreto las leyes reguladoras del Impuesto sobre la Renta de las Personas Físicas1y del Impuesto sobre Sociedades2, fijan determinados criterios como determinantes de la residencia fiscal de las personas físicas y de las personas jurídicas respectivamente. Dichos criterios, en todo caso y debido a las consecuencias derivadas del hecho de ser considerados como residentes en territorio español y a los cada vez más frecuentes supuestos de deslocalización fiscal, deben configurarse e interpretarse de tal manera que reflejen una vinculación real y efectiva con el territorio del Estado[2].

Entre todos los criterios posibles para determinar el alcance o ámbito espacial de los impuestos sobre la renta, el más importante es la residencia fiscal. Se trata de un punto de conexión cuya aplicación ya está asentada en nuestro ordenamiento tributario.

El derecho a elegir residencia viene reconocido en la Constitución española en el artículo 19, donde se establece el derecho fundamental de las personas de nacionalidad española «a elegir libremente su residencia y a circular por el territorio nacional». Los ciudadanos tienen plena libertad para elegir y trasladar su residencia, también reconocido en los artículos 21 y 45 del Tratado de Funcionamiento de la Unión Europea donde se reconoce la libre circulación de personas dentro del mercado interior.

Siguiendo a SIMÓN ACOSTA[3], "La residencia es una figura que reviste una gran importancia en materia tributaria por cuanto que determina la su-

---

1 Véase ORTÍZ CALZADILLA, R., "Régimen fiscal del residente no domiciliado", **Revista de Fiscalidad Internacional y Negocios Transnacionales**, n.º 2/2016, BIB 2016/2712.

2 GARCÍA CARRETERO, B. "La presunción de residencia fiscal introducida por la Ley 36/2006, de Medidas para la Prevención del Fraude Fiscal con relación a las entidades radicadas en países o territorios de nula tributación o considerados como paraísos fiscales", BIB 2008\906, **Revista Quincena Fiscal** num.12/2008, Editorial Aranzadi.

3 "A vueltas con la prueba de la residencia fiscal fuera de España", **Actualidad Jurídica Aranzadi**, n.º 917/2016, Aranzadi, 2016, BIB 2016/2228.

jeción al poder tributario del Estado. No obstante, a pesar de su relevancia, no existe en nuestra normativa una definición de lo que debe entenderse por residencia fiscal. Ante la ausencia de esa definición, la normativa existente en materia tributaria, en concreto las leyes reguladoras del Impuesto sobre la Renta de las Personas Físicas y del Impuesto sobre Sociedades, fijan determinados criterios como determinantes de la residencia fiscal de las personas físicas y de las personas jurídicas respectivamente. Dichos criterios, en todo caso y debido a las consecuencias derivadas del hecho de ser considerados como residentes en territorio español y a los cada vez más frecuentes supuestos de deslocalización fiscal, deben configurarse e interpretarse de tal manera que reflejen una vinculación real y efectiva con el territorio del Estado."

Esto significa para SIMÓN ACOSTA[4] que, "junto a los supuestos normales de residencia, es decir personas físicas o entidades que tienen atribuida la condición de residentes como consecuencia de la concurrencia de cualquiera de los criterios determinantes, nos encontramos diversos supuestos especiales de residencia, es decir personas físicas o entidades que bien sin ser residentes en nuestro territorio tributan como tales bien, en el caso de algunas personas físicas, residiendo en nuestro territorio no tributan como contribuyentes por el IRPF", supuesto recogido en el artículo 9.2 de la Ley 35/2006, de 28 de noviembre, del IRPF. Precepto que establece que: «No se consideran contribuyentes, a título de reciprocidad, los nacionales extranjeros que tengan su residencia habitual en España, cuando esta circunstancia fuera consecuencia de alguno de los supuestos establecidos en el apartado 1 del artículo 10 de esta Ley y no proceda la aplicación de normas específicas derivadas de los tratados internacionales en los que España sea parte».

II.3. CONTRIBUYENTES QUE TIENEN SU RESIDENCIA HABITUAL EN TERRITORIO ESPAÑOL. CRITERIOS LEGALES PARA SU DETERMINACIÓN

Cómo ya hemos señalado, la residencia habitual se presenta como el elemento clave de la definición legal del sujeto pasivo contribuyente del IRPF,

4 "A vueltas con la prueba de la residencia fiscal fuera de España", **Actualidad Jurídica Aranzadi**, n.º 917/2016, Aranzadi, 2016, BIB 2016/2228.

respondiendo al principio de sujeción tributaria de las personas naturales en los gravámenes de naturaleza personal por la residencia efectiva.

Así pues, se entenderá que una persona tiene su residencia habitual en España cuando se cumpla cualquiera de los tres requisitos siguientes:

- Permanencia durante más de 183 días.
- Centro de intereses económicos.
- Residencia del cónyuge e hijos menores (presunción «iuris tantum»).

Si no se cumple ninguno de estos requisitos, la persona física tendrá la consideración de no residente y, en la medida que obtenga rentas en España, tendrá la consideración de contribuyente del Impuesto sobre la Renta de los No Residentes.

II.3.1. La permanencia durante más de 183 días en España

Siguiendo el contenido del artículo 9.1 de la LIRPF, aquellas personas que permanezcan más de 183 días, durante el año natural, en territorio español, se entenderá que tienen residencia habitual en dicho territorio, adquiriendo la cualidad de contribuyente del impuesto.

El cómputo se realiza durante el año natural. Nada se precisa acerca de si los días deben ser o no seguidos, por lo que sólo será determinante el cómputo global, cualquiera que sea la distribución de los mismos a lo largo del año.

La permanencia es un criterio objetivo que hay que identificar con presencia, cuya acreditación presupone una lógica exteriorización de la voluntad de permanencia[5].

Para determinar este período de permanencia se computarán las ausencias esporádicas, salvo que el contribuyente acredite su residencia fiscal en otro país. Tratándose de paraísos fiscales, la Administración tributaria podrá exi-

---

5 Presentada una declaración del IRPF como residente, aun cuando no pueda considerarse como una confesión a efectos de determinar la residencia fiscal en España, sí establece la existencia de una presunción, debiendo probar el contribuyente, en su caso, que no era efectivamente residente en España. Resolución TEAC de 9 abril 1997.

gir que se pruebe la permanencia en el mismo durante ciento ochenta y tres días en el año natural (art. 9.1.a LIRPF).

Con respecto a las ausencias esporádicas hay que señalar que, en principio, no se descuentan los días de ausencia del país sino que se incluyen como días de estancia o permanencia, siempre que se trate de ausencias de carácter ocasional o aisladas, teniendo en cuenta que la habitual presencia en territorio español no queda desvirtuada y por tanto, la calificación de residente por el criterio de la permanencia.

Las ausencias esporádicas se computan como días de ausencia, y no de permanencia, cuando se acredite la residencia fiscal en otro país (art. 9.1.a) de la LIRPF). En estos casos, el contribuyente debe acreditar la residencia fiscal en otro país y no la permanencia[6].

El certificado de residencia fiscal mediante el cual se acredite la residencia fiscal en otro territorio debe expresar:

1.º) Que la persona tiene su residencia fiscal en el Estado que lo expide.

2.º) Que la persona está sujeta a imposición en dicho Estado por su renta mundial.

3.º) Que se expide por la Autoridad fiscal competente.

4.º) Si existe convenio para evitar la doble imposición (CDI), que la persona es residente en el sentido del Convenio.

---

6 Una persona tiene residencia fiscal en un determinado Estado, cuando está sujeto a tributación en él por obligación personal, esto es, por su renta mundial, por lo que la demostración de tal hecho exige aportar el certificado de residencia expedido por la autoridad fiscal competente de ese país, en el que conste tanto su permanencia como sus obligaciones fiscales en el mismo. STSJ Asturias, de 28 de septiembre de 2007 y STSJ de Madrid, núm. 10594/2008 de 23 julio.
Se acredita la residencia fiscal en otro territorio mediante la aportación de la tarjeta de residencia, por estar expedidos sus pasaportes en el Consulado de Marsella, por así certificarlo el propio Cónsul de Marsella y por así haberlo notificado en su momento a la Delegación de Hacienda de Madrid a los oportunos efectos. SAN de 28 noviembre 2002.Por el contrario, se ha considerado insuficiente para acreditar la residencia fiscal en otro territorio tanto el permiso de residencia, como el de trabajo. Resolución DGT de 30 noviembre 1999.

En relación con el certificado de residencia fiscal emitidos por la Administración Tributaria española habrá que estar a lo regulado en la disposición adicional 2.ª de la Orden 3316/2010, de 17 de diciembre.

Para la determinación del período de permanencia existe una excepción a lo expuesto anteriormente, es decir, no se computarán las estancias temporales en España que sean consecuencia de las obligaciones contraídas en acuerdos de colaboración cultural o humanitaria, a título gratuito, con las Administraciones públicas españolas [art. 9.1.a) último párrafo de la LIRPF]. En estos supuestos se trata de excluir que la estancia en España de personas procedentes de otros países por un tiempo superior al indicado, pueda considerarse como tiempo de permanencia a efectos de atribuir la condición de residente y, por lo tanto, de contribuyente por el IRPF.

Como bien ha indicado SIMÓN ACOSTA[7], "El legislador no precisa lo que debe entenderse por «ausencia esporádica» y, en una interpretación práctica, no parece que su significado vaya a variar sustancialmente del de «ausencia temporal». En todo caso, la residencia va a ser entendida con el mismo carácter ciertamente extensivo que siempre ha tenido en nuestras normas tributarias y que puede conducir a conclusiones inaceptables desde el punto de vista del Derecho Internacional. Sin duda, los convenios para evitar la doble imposición van a suavizar este criterio extensivo, pero no parece que los Estados con los que España no tiene firmado convenio de doble imposición vayan a aceptar pasivamente el discutido criterio de las «ausencias esporádicas o temporales».

Asimismo, este cómputo de la permanencia con ausencias esporádicas admite «acreditación en contrario». Así pues, las ausencias esporádicas no se computarán si el contribuyente acredita su residencia fiscal en otro país, algo que, como hemos visto y dependiendo del tipo de trabajo del contribuyente, no siempre va a ser posible.

Por tanto, para acreditar la residencia fiscal en un determinado país, la Administración sólo puede aceptar el certificado de residencia expedido por la autoridad fiscal competente de ese país, en el que consten su permanencia y sus obligaciones fiscales en el mismo."

---

7 "A vueltas con la prueba de la residencia fiscal fuera de España", **Actualidad Jurídica Aranzadi**, n.º 917/2016, Aranzadi, 2016, BIB 2016/2228.

La LIRPF ha introducido una más que relevante matización respecto a esta «acreditación». En el caso de que la acreditación provenga de un paraíso fiscal, ésta no va a ser ya suficiente para que una persona deje de ser considerada residente. En estos casos, la Administración Tributaria podrá exigir al contribuyente que «pruebe» su permanencia en el paraíso fiscal durante más de 183 días. Es decir, que demuestre su permanencia efectiva en el Estado donde dice ser residente. Para aportar esta prueba, la persona podrá valerse de cuantos medios de prueba sean admitidos habitualmente en nuestro derecho.

II.3.2. El centro de intereses económicos

El segundo criterio que la letra b) del apartado 1.º del artículo de la Ley del Impuesto sobre la Renta de las Personas Físicas establece para establecer la residencia de una persona física es el llamado «centro de intereses económicos».

Según la referida letra, se entenderá que una persona es residente en España «cuando radique en España el núcleo principal o la base de sus actividades o intereses económicos, de forma directa o indirecta».

El art. 9.1.b) LIRPF no define lo que debe entenderse por el núcleo principal o la base de las actividades o intereses económicos de un contribuyente; en cambio, a la hora de regular la residencia del contribuyente en la concreta Comunidad Autónoma, el art. 72 de la LIRPF sí establece los criterios para determinar dónde se encuentra el principal centro de intereses, definido por el lugar en que se obtenga la mayor parte de la base imponible del IRPF. La aplicación de esta regla permite resolver situaciones en un ámbito doméstico.

Se han considerado criterios objetivos que permiten radicar en centro de intereses económicos, en España o en cualquier otro país: gestión de explotaciones económicas, titularidad y utilización de inmuebles, urbanos o rústicos; titularidad y utilización de bienes muebles, principalmente vehículos; titularidad de otros derechos o cuentas bancarias, regularidad de movimientos bancarios, declaraciones en medios de comunicación, etc.

Según dispone el art. 9 b) LIRPF, la persona física será residente en territorio español cuando radique en él el núcleo principal o la base de sus actividades o intereses económicos, de forma directa o indirecta. Por tanto, debe entenderse que la participación indirecta en sociedades debe ser tenida en consideración a los efectos de determinar dónde radica el núcleo principal de intereses económicos del sujeto. A estos efectos pueden ser útiles fórmulas como la participación indirecta en la dirección, el control o el capital de las entidades, a que se refiere el art. 9 MOCDE.

Desde un punto de vista procesal, corresponde a la Administración tributaria la tarea de probar, en su caso, la existencia de este segundo criterio cuando pretenda sostener la residencia del sujeto pasivo en territorio español.

Debe advertirse que este segundo criterio es independientemente del primero. Por tal razón, suele ser un criterio subsidiario, es decir, se hace valer en caso de no poder establecer fehacientemente la residencia a través del criterio de permanencia. En todo caso, será la Administración Tributaria, y no el contribuyente, la que deberá demostrar el lugar donde radica el centro de intereses económicos.

Por otra parte, la expresión no deja de ser imprecisa y comporta dificultades probatorias evidentes. En principio, ni la ley ni el reglamento definen qué quiere decir el legislador con «núcleo principal o base de actividades o intereses económicos».

La doctrina viene entendiendo que para establecer ese núcleo o base de actividades o intereses económicos la Administración Tributaria deberá atenerse principalmente a dos elementos:

- Las principales fuentes de renta. De esta forma, se entenderá que el núcleo principal o la base de actividades o intereses económicos reside en España si la principal fuente de riqueza de la persona física proviene de un núcleo o base situada en España.
- El patrimonio radique en España. Si la mayor parte del patrimonio de la persona física está radicado en España, se entenderá que es residente en España.

II.3.3. La residencia del cónyuge e hijos menores

El tercer criterio para establecer la residencia en España de las personas físicas viene recogido en el párrafo cuarto del artículo 9. Textualmente, el precepto legal establece que «se presumirá, salvo prueba en contrario, que el contribuyente tiene su residencia habitual en territorio español cuando, de acuerdo con los dos criterios anteriores, residan habitualmente en España el cónyuge no separado legalmente y los hijos menores de edad que dependan de aquél».

Este tercer criterio sigue basándose en una presunción «iuris tantum», es decir, que admite prueba en contrario. Debe resaltarse el hecho de que para que juegue la presunción deben residir en España tanto el cónyuge como todos los hijos menores.

El ordenamiento tributario español no incluye como criterio para fijar la residencia fiscal en España un criterio que está presente en todos los convenios para evitar la doble imposición y que es la pieza maestra para resolver los conflictos de doble residencia: el criterio de la vivienda permanente[8].

---

8 IRPF. Sujeto pasivo. Presunción de residencia. Empadronamiento. Acreditación de convivencia con el sujeto pasivo. El certificado de empadronamiento es documento público y fehaciente cuyos datos constituyen una presunción en cuanto a los datos de residencia y por tanto de convivencia que admite prueba en contrario por cualquier medio admitido en Derecho, Sentencia TSJ Cataluña de 13/09/2013.
IRPF. Sujeto pasivo. Presunción de residencia. Cónyuges e hijos residentes en el extranjero. En caso de que uno de los cónyuges tenga residencia habitual en España pero su cónyuge y los hijos menores tengan residencia en el extranjero, solamente será contribuyente el cónyuge residente, no atrayendo a su familia a imposición en España, salvo que estén sometidos al IRNR por aquellas rentas de fuente española. Resolución de la DGT núm. 21 de 24 de febrero de 2003)
La prueba en contrario, que corresponde al obligado tributario, podrá dirigirse tanto a probar la inexistencia del presupuesto fáctico a partir del cual se considera probada la residencia del obligado tributario (la residencia habitual del cónyuge y los hijos menores que dependan de él) como el enlace que ha de haber entre dicho presupuesto fáctico y el hecho que se presume (la residencia habitual del contribuyente). Esto último requeriría demostración por parte del obligado tributario de su residencia fiscal en otro país.
IRPF. Sujeto pasivo. Presunción de residencia. La presunción de residencia se puede destruir acreditando que se es residente fiscal en otro país, mediante un certificado de residencia expedido por la autoridad fiscal competente del país donde se dice residir. Resoluciones de la DGT núm. 1977, de 21/02/1998 (JUR 2001, 202250) y núm. 1127-02, de 25 de julio de 2002 (JUR 2002, 257510).

II.4. CONTRIBUYENTES QUE TIENEN SU RESIDENCIA HABITUAL EN EL EXTRANJERO. FUNCIONARIOS PÚBLICOS O TITULARES DE CARGO O EMPLEO PÚBLICO ESPAÑOLES EN EL EXTRANJERO

El art. 10 LIRPF recoge una serie de situaciones en las que equipara a determinadas personas que residen habitualmente en el extranjero con las personas residentes en territorio español, en este sentido, se considera contribuyentes a los efectos de esta Ley, las personas de nacionalidad española, su cónyuge no separado legalmente e hijos menores de edad que tuviesen su residencia habitual en el extranjero, por su condición de:

- Miembros de misiones diplomáticas españolas.
- Miembros de las oficinas consulares españolas.
- Titulares de cargo o empleo oficial del Estado español como miembros de las delegaciones y representaciones permanentes acreditadas ante organismos internacionales o que formen parte de delegaciones o misiones de observadores en el extranjero.
- Funcionarios en activo que ejerzan en el extranjero cargo o empleo oficial que no tenga carácter diplomático o consular.

Es necesario que se cumplan determinados requisitos para que resulte de aplicación la regla prevista en el art. 10 LIRPF y tener así la consideración de contribuyente:

1.º Tener la nacionalidad española. La LIRPF exige el requisito de la nacionalidad únicamente a quien desempeña el cargo o empleo oficial en el extranjero, ya que nada dice respecto del cónyuge o los hijos menores que pudieran verse afectados por esta norma.

2.º Tener la residencia habitual en el extranjero.

3.º Que la residencia habitual en el extranjero venga motivada por el desempeño de alguno de los cargos o empleos mencionados anteriormente.

4.º Ser funcionario en activo o titular de cargo o empleo oficial con anterioridad a la residencia en el extranjero.

5.º Inexistencia de separación legal, en cuanto al cónyuge.

6.º En cuanto a los hijos, deben ser menores de edad.

Quedan excluidos de la consideración de contribuyentes por el IRPF so siguientes supuestos:

1.º Cuando el nacional español resida en el extranjero con anterioridad a la adquisición de la condición de funcionario público en activo o titular de cargo o empleo oficial, anteriormente enumerados.

2.º Cuando el cónyuge no separado legalmente o los hijos menores tuvieran su residencia habitual en el extranjero con anterioridad a la adquisición por el cónyuge contribuyente, el padre o la madre, de cualquiera de las condiciones previstas en el art. 10.1 de la LIRPF.

3.º Cuando se trate de hijos mayores de edad, aunque residan en el extranjero con su padre o madre funcionario o empleado público.

II.5. TRASLADO DE LA RESIDENCIA A UN PARAÍSO FISCAL

El art. 8.2 de la LIRPF considera contribuyentes del impuesto a los nacionales españoles a pesar de acreditar su nueva residencia fiscal en un país o territorio considerado como paraíso fiscal, durante el período impositivo en que se realice el cambio de residencia y ni durante los cuatro períodos impositivos siguientes. A estos efectos, tienen la consideración de países o territorios lo señalados en el RD 1080/1991, de 5 de julio.

Evidentemente, la norma persigue dejar sin efecto temporalmente los cambios de residencia efectuados a un paraíso fiscal que pudieran tener como finalidad escapar a la tributación de sus rentas en España, aunque podría ser calificada de atentatoria contra las libertades de circulación o de establecimiento, comunitarias y la no discriminación.

Los requisitos exigidos para su aplicación son los siguientes:

Tener la nacionalidad española. En sentido inverso, la regla no se aplicará a los nacionales extranjeros que trasladen su residencia fiscal desde España a otro país que sea considerado paraíso fiscal. Este régimen plantea todas las dudas de compatibilidad con el Derecho comunitario al discriminar por motivos de nacionalidad.

Traslado efectivo de la residencia fiscal desde España a un paraíso fiscal. En caso del traslado de la residencia a un país considerado paraíso fiscal, el sujeto deberá acreditar su nueva residencia en aquel lugar.

De conformidad con lo previsto en el Real Decreto 1080/1991, de 5 de julio, Andorra tiene la consideración de paraíso fiscal. Sin embargo, lo recogido en el art. 8.2 de la LIRPF no resultará de aplicación para las personas físicas de nacionalidad española residentes en el Principado de Andorra que acrediten su condición de trabajadores asalariados, siempre que se cumplan los requisitos establecidos en la Disp. Adicional Vigésima primera de la LIRPF.

II.6. OTROS SUPUESTOS

Junto a los anteriores la normativa del IRPF y del IRNR, contempla supuestos excepcionales

1.º Sujetos que residen en territorio español, pero no tributan por el IRPF, porque no se les considera residentes en España (misiones diplomáticas, miembros de oficinas consulares).

2.º Sujetos que siendo obligados tributarios en otro Estado miembro de la UE y, por tanto, sujetos pasivos del IRNR en España por las rentas obtenidas en territorio español, bajo determinadas circunstancias pueden optar por tributar como sujeto pasivo del IRPF (art. 46 LIRNR).

3.º Sujetos pasivos del IRPF a los que se permite optar por tributar por el IRNR manteniendo la condición de sujetos pasivos del IRPF. Se trata del régimen especial previsto para trabajadores desplazados

Funcionarios públicos o titulares de cargo o empleo público extranjeros en España

Cuando no proceda la aplicación de normas específicas derivadas de tratados internacionales, de acuerdo con lo dispuesto en el apartado 2 del artículo 9 de la LIRPF en relación con el apartado 1 del artículo 10 de la LIRPF, no se considerarán contribuyentes, a título de reciprocidad, los nacionales extranjeros que tengan su residencia habitual en España por su condición de miembros de misiones diplomáticas extranjeras. Estos nacionales extranjeros, aunque siendo residentes, no tendrán la consideración de contribuyentes del IRPF debido a la concurrencia de la reciprocidad, al aplicar un trato similar su Estado de origen al personal español al servicio de la Administración española que presta allí sus servicios.

II.7. LA CESIÓN DEL IRPF COMO ELEMENTO NECESARIO PARA DETERMINAR LA RESIDENCIA FISCAL

Tomando como referencia la exposición normativa que ha realizado HERMOSÍN ÁLVAREZ[9], el artículo 157.1 de la Constitución prevé la cesión total o parcial de los impuestos del Estado a las Comunidades Autónomas. La norma fundamental ha sido desarrollada en esta materia por los artículos 10 y 11 de la Ley Orgánica 8/1980, de 22 de septiembre, de Financiación de las Comunidades Autónomas (en adelante, LOFCA). El alcance y las condiciones de la cesión se complementan actualmente con las previsiones de la Ley 22/2009, de 18 de diciembre, por la que se regula el sistema de financiación de las Comunidades Autónomas de Régimen Común y Ciudades con Estatuto de Autonomía y se modifican determinadas normas tributarias.

La norma se expresa con una aparente e implacable claridad que, al mismo tiempo, despierta multitud de interrogantes. Así, establece que «No producirán efecto los cambios de residencia que tengan por objeto principal lograr una menor tributación efectiva en los tributos total o parcialmente cedidos». Según parece afirmar la Ley de cesión, el traslado de residencia por motivos fiscales no tendría efectos teniendo el contribuyente que tributar en la Comunidad Autónoma de destino como si no hubiese perdido la cualidad de residente en la Comunidad Autónoma de origen[10].

Pero además del traslado de residencia la norma exige adicionalmente que se cumplan una serie de requisitos. Así, en primer lugar, en el año del traslado o en el siguiente la base imponible ha de superar en, al menos, un 50 por 100 la base del año anterior al cambio. En segundo término, en el mismo año en que se produce el aumento de la base imponible, la tributación por el IRPF en la Comunidad de destino debe disminuir con respecto a la de origen. Y, por último, en el año siguiente a aquel en que se produce el aumento de la

---

9 "Restricciones a los cambios de residencia habitual de las personas físicas para lograr una «menor tributación efectiva", **Revista Quincena Fiscal** num.21/2016, BIB 2016\85650, Editorial Aranzadi.

10 Véase el trabajo ya citado de HERMOSÍN ÁLVAREZ, M., "Restricciones a los cambios de residencia habitual de las personas físicas para lograr una «menor tributación efectiva»; **Revista Quincena Fiscal** num.21/2016, BIB 2016\85650, Editorial Aranzadi.

base imponible o en el sucesivo, el contribuyente vuelve a fijar su residencia en la Comunidad de origen.

Como principio general la LIRPF permite los cambios de residencia y establece que «las personas físicas residentes en el territorio de una Comunidad Autónoma, que pasasen a tener su residencia habitual en el de otra, cumplirán sus obligaciones tributarias de acuerdo con la nueva residencia cuando ésta actúe como punto de conexión». Pero en el apartado 3 de ésta misma norma de nuevo el legislador trata de evitar las consecuencias tributarias que pudieran derivarse de los cambios de residencia cuya finalidad esencial fuese lograr una menor tributación, estableciendo que «No producirán efecto los cambios de residencia que tengan por objeto principal lograr una menor tributación efectiva en este impuesto». A continuación, la norma establece la presunción en los mismos términos que el artículo 28.4 de la Ley 22/2009 anteriormente transcrito, salvo en la referencia específica la IRPF8. Se ha de destacar que, tanto la actual LIRPF como la anterior hacen referencia al «rendimiento cedido del IRPF». Sin embargo, la anterior LIRPF en su artículo 12.bis.Dos.2. Segundo párrafo, sí establecía que, si concurrían los presupuestos previstos en la norma, se entendía que no había existido cambio de residencia «en relación al rendimiento cedido de los Impuestos sobre la Renta de las Personas Físicas y sobre el Patrimonio». Por ello, aunque en un principio cabría plantearse si esta previsión seguiría entrando en juego respecto al Impuesto sobre el Patrimonio ya que, la Ley 19/1991, de 6 de junio, del Impuesto sobre el Patrimonio no ha incorporado una norma similar a la de la LIRPF donde se acojan las disposiciones de la Ley 22/2009 y la actual LIRPF tampoco hace referencia expresa al mismo, la respuesta ha de ser afirmativa en la medida en que las previsiones generales de la Ley 22/2009 son aplicables al IP aunque no exista otra referencia específica en la LIP ni en la LIRPF[11].

[11] Véase el trabajo ya citado de HERMOSÍN ÁLVAREZ, M., "Restricciones a los cambios de residencia habitual de las personas físicas para lograr una «menor tributación efectiva»; **Revista Quincena Fiscal** num.21/2016, BIB 2016\85650, Editorial Aranzadi.

II.8. LA APLICACIÓN DEL ARTÍCULO 28.4 DE LA LEY 22/2009

La Ley 22/2009, de 18 de diciembre, establece en la Sección 2.ª de su Título III (arts. 26 a 29) el alcance y las condiciones generales en las que se efectúa la cesión, como su propio título indica, las cuestiones más generales en relación con los tributos cedidos, y que se concretan en las siguientes: en primer lugar, qué debe entenderse por rendimiento cedido (art. 26); en segundo término, cuál es la normativa aplicable a los tributos cedidos (art. 27); y, en tercer y último lugar, qué se entiende por residencia habitual de las personas físicas (art. 28) y por domicilio fiscal de las personas jurídicas (art. 29).

Los artículos 30 a 44 de la Ley 22/2009 establecen de manera pormenorizada los puntos de conexión que sirven para determinar, en cada caso, a qué Comunidad Autónoma corresponde el rendimiento cedido. En el caso de los impuestos personales, estos preceptos deben ponerse necesariamente en relación con los referidos a la residencia habitual de las personas físicas (art. 28) y al domicilio fiscal de las personas jurídicas (art. 29).

Siguiendo el trabajo de HERMOSÍN ÁLVAREZ[12], la principal dificultad que presenta la aplicación de esta disposición a los cambios de residencia realizados por el contribuyente es que presupone que el «objeto principal» del traslado debe haber sido conseguir una menor tributación. Pero el traslado ha podido estar generado por motivos laborales, familiares, etc. En principio y, a tenor de lo dispuesto en el primer párrafo del artículo 28.4, parece que estos cambios de residencia cuya finalidad esencial no ha sido conseguir una menor tributación, quedarían fuera del ámbito de aplicación de la norma siendo plenamente efectivos a todos los efectos.

La Administración debería tener la carga de la prueba del elemento intencional y demostrar que el ahorro fiscal ha sido el fin principal del traslado. Sin embargo, la demostración de este elemento resulta prácticamente imposible. Por ello, continúa la norma estableciendo una presunción que supone

12 Para la redacción de este epígrafe se ha seguido en su integridad el texto ya citado de HERMOSÍN ÁLVAREZ, M., "Restricciones a los cambios de residencia habitual de las personas físicas para lograr una «menor tributación efectiva»; **Revista Quincena Fiscal** num.21/2016, BIB 2016\85650, Editorial Aranzadi.

la existencia de esta motivación en el contribuyente si concurren una serie de circunstancias.

Para salvar esta dificultad la Ley de Cesión —tal y como ya lo hiciera su antecesora la Ley 14/1996 (RCL 1996, 3183)— presume que éste ha sido el motivo cuando se den una serie de requisitos cumulativos y, ante la concurrencia de los mismos, el cambio de residencia no tendría trascendencia en estos tributos.

La cuestión es determinar si nos encontramos ante una presunción iuris tantum en la que el contribuyente podría desvirtuar que el elemento intencional del cambio de residencia ha sido la reducción de la carga fiscal o, si por el contrario, estamos ante una presunción iuris et de iure, donde no cabe prueba en contrario y de concurrir los tres requisitos no se podría demostrar que el traslado de residencia ha obedecido a otra motivación (laboral, familiar, sanitaria, matrimonio, etc.) y que, sería efectivo a todos los efectos.

Si atendemos a la literalidad de la norma parece que la misma operaria de inmediato, si concurren los requisitos mencionados de manera que, el contribuyente únicamente podría evitar la aplicación de la misma manteniendo la nueva residencia habitual durante un periodo mínimo de tres años. De su redacción deriva que, en caso de ser el traslado de residencia inferior a un período de tres años, estaríamos ante una presunción iuris et de iure por lo que, el elemento intencional del cambio de residencia se entendería probado por darse el resto de presupuestos del artículo 28.4 de la Ley 22/2009. Éste parece ser el criterio seguido por la Dirección General de Tributos al expresarse en la mayoría de sus contestaciones en los siguientes términos:

«Se presumirá, salvo que la nueva residencia se prolongue de manera continuada durante, al menos, tres años, que no se ha producido cambio de residencia fiscal cuando se den las circunstancias que se indican. Por tanto, dicha presunción no opera si la nueva residencia se prolonga de manera continuada por, al menos tres años correspondiéndole al contribuyente, conforme lo señalado, probar su nueva residencia y su mantenimiento durante los tres años»[13]

---

[13] Consulta vinculante núm. V2494/13, de 25 de julio, JUR 2013, 309359). En similares términos: Consulta vinculante núm. V2219/12, de 19 de noviembre (JUR 2013\6929);

No obstante, la mayoría de la doctrina coincide en que pese a darse las circunstancias objetivas que pasamos a analizar el contribuyente podría evitar la aplicación de esta norma «antiabuso» demostrando que el objeto esencial del cambio de residencia ha obedecido a otros motivos pese a haberse obtenido un ahorro fiscal en la cuota del IRPF o del IP. De concurrir todas las circunstancias habría una inversión de la carga de la prueba y le correspondería al contribuyente probar cuál habría sido el elemento intencional que subyace bajo el cambio de residencia para así poder evitar que la presunción entrara en juego18.

El artículo 28.4 de la Ley 22/2009 establece:

> "No producirán efecto los cambios de residencia que tengan por objeto principal lograr una menor tributación efectiva en los tributos total o parcialmente cedidos.
>
> Se presumirá, salvo que la nueva residencia se prolongue de manera continuada durante, al menos, tres años, que no ha existido cambio, en relación con el rendimiento cedido de los Impuestos sobre la Renta de las Personas Físicas y sobre el Patrimonio, cuando concurran las siguientes circunstancias:
>
> a) Que en el año en el cual se produce el cambio de residencia o en el siguiente, su base imponible del Impuesto sobre la Renta de las Personas Físicas sea superior en, al menos, un 50 por 100, a la del año anterior al cambio.
>
> En caso de tributación conjunta se determinará de acuerdo con las normas de individualización.
>
> b) Que en el año en el cual se produce la situación a que se refiere la letra anterior, su tributación efectiva por el Impuesto sobre la Renta de las Personas Físicas sea inferior a la que hubiese correspondido de acuerdo con la normativa aplicable en la Comunidad Autónoma en la que residía con anterioridad al cambio.
>
> c) Que en el año siguiente a aquel en el cual se produce la situación a que se refiere la letra a) anterior, o en el siguiente, vuelva a tener su residencia habitual en el territorio de la Comunidad Autónoma en la que residió con anterioridad al cambio."

Consulta vinculante núm. V0728/13, de 11 de marzo (JUR 2013\124943); Consulta vinculante núm. V1267/13, de 15 de abril (JUR 2013\172933) y Consulta vinculante núm. V3237/15, de 22 de octubre (JUR 2016\16466.

Para simplificar la aplicación de la literalidad contenida en el artículo 28.4 de la Ley 22/2009, la norma establece que los cambios de residencia de menos de tres años en los que concurran los siguientes tres requisitos serán privados del ahorro fiscal conseguido.

La primera condición se refiere al importe de la base imponible del contribuyente durante el año del traslado o el siguiente. La misma ha de superar en un 50 por ciento a la base imponible obtenida durante el año anterior. Esto implica que el aumento exigido es más que considerable. De esta previsión se extrae que, en principio, la disposición va referida a contribuyentes que demuestran una mayor capacidad económica en el IRPF o el IP y que, ante el correlativo aumento de su carga fiscal, «previsiblemente» este habrá sido el motivo por el que deciden trasladar su residencia a una Comunidad Autónoma con una menor tributación.

Por otro lado, la fijación de este límite cuantitativo conlleva que determinados cambios de residencia van a quedar fuera si se mantienen justo por debajo del incremento del 50 por 100. Así, si el contribuyente ha cambiado de residencia y vuelve en un período menor de tres años a su Comunidad Autónoma de origen, pero la base imponible solo se incrementó en un 40 por 100 respecto al ejercicio anterior, no le serían de aplicación las previsiones del artículo 28.4 de la Ley 22/2009.

En el supuesto de que se haya optado por la modalidad de tributación conjunta, este requisito se entenderá cumplido si dicho incremento se ha producido atendiendo a las normas de individualización.

Respecto a la aplicación práctica de este requisito la literalidad de la norma también plantea alguna otra cuestión. Así, se hace referencia expresa a la «base imponible». Respecto al IRPF y, aunque el artículo 72 LIRPF tampoco lo aclara, entendemos que será el importe que corresponda a la suma de la base imponible general y de la base imponible del ahorro, después de aplicar las normas de integración y compensación contendidas en los artículos 47 a 49 LIRPF, teniendo en cuenta cuando proceda los saldos de ejercicios anteriores[14].

---

[14] Véase el trabajo ya citado de HERMOSÍN ÁLVAREZ, M., "Restricciones a los cambios de residencia habitual de las personas físicas para lograr una «menor tributación efectiva».

III. DUALIZACIÓN EN EL GRAVAMEN DE LAS RENTAS EN EL IRPF

Como parte de esta introducción al trabajo de investigación donde estamos tratando aspectos referidos al Impuesto objeto de nuestro estudio, si bien es una situación totalmente aceptada en nuestro ordenamiento, creo conveniente hacer referencia a la dualización en el gravamen de las rentas en el IRPF; por cuanto afecta de forma directa al gravamen de las rentas del ahorro.

Entre los modelos alternativos a los tradicionales IRPF sintéticos se encuentran el impuesto lineal y el impuesto dual[15]. Este último ha sido el implantado en los países nórdicos (Dinamarca, Noruega, Suecia y Finlandia, si bien el primero de los países citados, que fue el primero en adoptarlo, lo abandonó años después). En estos países, a finales de los años ochenta y, fundamentalmente, a principios de los años noventa del pasado siglo, se acometieron profundas reformas en la imposición sobre la renta, abandonando el modelo tradicional de IRPF sintético con elevados tipos marginales, optando por un modelo alternativo de impuesto. La consolidación del modelo dual resulta, hoy día, indiscutible, por lo que puede sostenerse que es una alternativa viable al modelo de IRPF que se puso en boga a partir de la década de los 60 del pasado siglo.

La Ley 35/2006, del Impuesto sobre la Renta de las Personas Físicas y de modificación parcial de las leyes de los Impuestos sobre Sociedades, sobre la Renta de No Residentes y sobre el Patrimonio ha implantado, según las palabras del legislador, un modelo fiscal dual, afirmación que, de entrada, debe ser matizada, pues en verdad no estamos ante un modelo dual puro[16].

---

15 Vid. el estudio sobre estos modelos en DURÁN CABRÉ, J. M., *Modelos alternativos al IRPF español*, CES, Colección Estudios, núm. 152, Madrid, 2004.

16 Sobre las características del modelo dual puro, pueden verse, entre otros, DOMÍNGUEZ BARRERO, F. y LÓPEZ LABORDA. J., «Planificación fiscal con el impuesto dual sobre la renta», *Papeles de Trabajo*, IEF, núm. 26/05, pgs. 9 y 10; DURÁN CABRÉ, J. M., *Modelos alternativos al IRPF español*, ob. cit., págs. 93 y ss.; PICOS SÁNCHEZ, F., *El modelo dual de reforma del IRPF: un estudio de la viabilidad y los efectos de su aplicación en España*; investigaciones, 4-04. Instituto de Estudios Fiscales, Madrid, 2004, pgs. 23 y ss.; del mismo autor, *Quince años de modelo dual de IRPF: Experiencias*

La dualización del impuesto a la que asistimos supone, en una primera aproximación, que la mayor parte de las rentas del capital van a tributar a tipo fijo, distinto en función del volumen de rendimientos objeto de gravamen; mientras que el resto de las rentas, excluidas las del capital, quedan sometidas a la tarifa progresiva.

Efectivamente, la nota que caracteriza a los modelos duales es el tratamiento diferenciado de las rentas salariales y las del capital, siendo sometidas las primeras a una tarifa progresiva y las del capital a un tipo proporcional y uniforme para todas ellas; en nuestro sistema, en función de la cuantía gravable como rendimiento. Así pues, el impuesto dual grava también la totalidad de las rentas, pero no somete a todas a los mismos tipos progresivos, sino que se separan las rentas en dos bases, siendo sometida cada una de ellas a tratamientos diferenciados. Además, en el que podríamos denominar modelo dual en su forma ideal, puro o estándar, el tipo proporcional aplicable a las rentas del capital coincide con el tipo impositivo del impuesto sobre sociedades y, al mismo tiempo, con el tipo marginal mínimo de la tarifa progresiva que grava las rentas del trabajo.

Dado que en el modelo dual puro todas las rentas se reconducen a dos grandes categorías (las salariales y las del capital), las rentas procedentes de actividades económicas, en cuanto que rentas mixtas, procedentes del factor trabajo y del factor capital, se distribuyen entre aquéllas, imputando parte del beneficio al capital afecto a la actividad, considerándose el resto como renta salarial o a la inversa[17].

---

y efectos, Doc. núm. 12/03, IEF, pg. 5; también de este autor, *Modelo dual de IRPF: un nuevo enfoque teórico y su aplicación al caso español*; Papeles de trabajo, núm. 8/04, Instituto de Estudios Fiscales, Madrid, 2004, págs. 9 y 10.

17 El principal problema del modelo dual es, precisamente, el tratamiento de las rentas de naturaleza mixta, dado que la distinción entre el componente salarial y el componente capital no es nada fácil, siendo inevitable acudir a algún tipo de estimación. Para realizar esta estimación se emplea el denominado *source model*, que consiste en estimar bien sea la rentabilidad de los activos empresariales, imputando al concepto de rentas del trabajo el resto de beneficio obtenido por la actividad económica, o bien estimando las rentas salariales correspondientes al desempeño de las tareas del titular, imputando el resto del beneficio a las rentas del capital. Dadas las dificultades, prácticamente insalvables, de esta última opción, suele emplearse la primera, que tampoco está exenta de dificultades

En definitiva, el modelo dual puro es aquel en el que las rentas salariales (que, en sentido amplio, engloban el salario estimado del empresario y de los socios) tributan a tarifa progresiva, pudiendo disfrutar de un mínimo exento, en tanto que las del capital (que incluye los alquileres, intereses, dividendos, ganancias de capital) tributan, sin mínimo exento, a un tipo proporcional coincidente con el marginal mínimo de aquella tarifa, que, a su vez, coincide con el tipo del Impuesto sobre Sociedades, pudiendo hacerse efectiva la tributación vía retenciones, y las rentas mixtas del trabajo-capital se descomponen en estos dos elementos imputando una parte al factor capital afecto a la actividad y otra al factor trabajo. De este modo, se garantiza que todas las rentas del capital tributen del mismo modo, independientemente del tipo de sujeto que la obtenga, ya sea persona física, jurídica o una entidad carente de personalidad jurídica, evitándose la discriminación entre las rentas sometidas al IRPF y al Impuesto sobre Sociedades[18]. En cambio, las rentas del trabajo que superan el primer tramo de la tarifa tributan a tipos superiores al que resulta aplicable a las rentas del capital.

Un aspecto especialmente relevante, dado el tema de nuestro trabajo, es el de la doble imposición de dividendos. En el que podríamos denominar modelo estándar, dado que el tipo impositivo soportado por las rentas de

---

(determinar qué activos son tomados en consideración, su valoración y, especialmente, la tasa de rentabilidad que se imputa a dichos activos). En Finlandia, Noruega y Suecia se lleva a cabo el reparto entre rentas del trabajo y del capital según el modelo fuente (aunque en Suecia se sigue el modelo barrera para las sociedades controladas en tanto los beneficios no sean retirados). Vid. DURÁN CABRÉ, J. M., *Modelos alternativos al IRPF español*, ob. cit., pgs. 117-128.

18 En el modelo dual puro, al tributar todas las rentas del capital a un mismo tipo impositivo coincidente con el del Impuesto sobre Sociedades, dejan de tener sentido ciertas prácticas de arbitraje fiscal, de las que suelen beneficiarse en mayor medida los contribuyentes con alto nivel de renta, como la sustituibilidad de activos para aprovechar las diferencias de tipos marginales efectivos, la constitución de sociedades para huir de los tipos progresivos sobre la renta o la acumulación en el ámbito de sociedades de bienes adquiridos mediante endeudamiento, permaneciendo éste en la esfera particular, deduciendo los intereses con tipos marginales elevados, en tanto que los rendimientos originados por aquellos activos tributan en el ámbito societario y las ganancias patrimoniales no tributan al hilo de su generación sino en el momento de su puesta de manifiesto con la enajenación de los activos. También se reducen significativamente los supuestos en los que resulta interesante la transferencia de rentas entre los miembros de la familia.

capital es igual en el nivel personal que en nivel societario, se facilita la eliminación de la doble imposición de dividendos, bien sea a través del gravamen exclusivo en el IRPF (ya atribuyendo totalmente los dividendos al accionista, ya estableciendo un sistema de imputación plena), bien sea a través del gravamen exclusivo en el Impuesto sobre Sociedades (practicando una exención total en el IRPF) [19]. En el caso de que haya doble gravamen de las ganancias de capital derivadas de la transmisión de títulos representativos de la participación en fondos propios, su corrección puede realizarse incrementando el valor de adquisición con los beneficios acumulados por la sociedad durante el período de tenencia de los títulos por los socios.

A partir de las características expuestas, dada la flexibilidad del modelo dual, la construcción del impuesto puede presentar variantes significativas. Es posible compatibilizar la construcción de una base en la que se incluyen todas las rentas (del trabajo y del capital), sometida a un tipo proporcional, con otra base en la que, adicionalmente, se incluyan únicamente las rentas del trabajo, sometida a tarifa progresiva; o bien, puede establecerse la total separación de ambos tipos de rentas en dos bases claramente separadas, en una de ellas las rentas del trabajo y en otra las rentas del capital, aplicando una tarifa progresiva sobre la primera y un tipo proporcional sobre la segunda. La adopción de uno u otro modelo conlleva, a su vez, consecuencias relevantes en aspectos tales como la aplicación de los mínimos exentos o reducciones sobre la base y sobre la compensación de rentas negativas. El primero de los modelos permite que los mínimos exentos se apliquen sobre la totalidad de la renta del contribuyente y que puedan compensarse las rentas negativas del capital con cualquier otro tipo de rentas. En cambio, el segundo modelo es el idóneo si se pretende no aplicar mínimo exento sobre las rentas del capital y establecer una absoluta estanquidad entre rentas de un tipo y otro. La elección de uno u otro modelo dependerá, por tanto, de la intención del legislador[20].

---

19 Vid. PICOS SÁNCHEZ, F., *El modelo dual de reforma del IRPF: un estudio de la viabilidad y los efectos de su aplicación en España*, ob. cit., 2004, págs. 24 y 25.

20 En Finlandia y en Suecia, se produce una separación total entre rentas del trabajo y rentas del capital, en dos bases distintas, sin comunicación entre ellas, sometida la primera a tarifa progresiva y la segunda a un tipo proporcional único, sin aplicación de reduccio-

Los impuestos duales contradicen dos ideas ampliamente arraigadas. Por un lado, no casa con la idea generalizada de impuesto extensivo y sintético que grave todas las rentas de igual manera con independencia de su fuente u origen, dependiendo la cuantía final del tributo de las circunstancias personales y familiares de cada sujeto, y, por otra, parece no encajar con la idea de gravar en mayor medida las rentas de capital frente a las rentas del trabajo[21]. Por el contrario, además de las circunstancias personales y familiares y del nivel de renta del contribuyente, la composición de ésta influirá decisivamente en la «factura tributaria», lo que afectará negativamente a la equidad horizontal del impuesto, dado que contribuyentes en similares circunstancias y nivel de renta pueden llegar a tener una tributación muy distinta en función de la composición de sus rentas, debiendo tenerse en cuenta, a mayor abundamiento, que

nes previas sobre las rentas del capital (en Finlandia el tipo proporcional coincide con el tipo impositivo del Impuesto sobre Sociedades, no así en Suecia). En Noruega, la distinta tributación de las rentas del trabajo y del capital se estructura, también, mediante la creación de dos bases imponibles sometidas a distintos tipos impositivos. Pero, en este caso, el sistema se articula mediante una base que engloba todas las rentas (del trabajo y del capital), sobre la que se aplica ciertas deducciones y gastos, así como un mínimo exento, admitiéndose la compensación entre rentas negativas y positivas de un tipo y otro, siendo sometida la base resultante a un tipo proporcional coincidente con el tipo impositivo del Impuesto sobre Sociedades, e incluyendo, adicionalmente, las rentas del trabajo en otra base sometida a una tarifa progresiva.

21 Autores que han estudiado el modelo dual y han efectuado estudios empíricos al respecto, observan que no tiene que ser necesariamente cierto que las rentas del capital tributen menos que las del trabajo. Según PICOS SÁNCHEZ, F., *Modelo dual de IRPF: un nuevo enfoque teórico y su aplicación al caso español*, op. cit., pg. 7, «si bien es cierto que el Modelo Dual aplica un tipo marginal máximo menor a las rentas del capital que a los salarios, no se puede afirmar que en términos generales grave menos una renta que otra, ya que esto dependerá de las características concretas del impuesto dual y de su interacción con una población determinada». Conviene en estos momentos recordar que, en la reforma llevada a cabo por la Ley 40/1998, se descartó el sistema dual de tributación privilegiada de los rendimientos del capital mobiliario frente a otras tipologías de renta, siguiendo las recomendaciones de la Comisión de Expertos (Comisión para la reforma del Impuesto sobre la Renta de las Personas Físicas, creada por Resolución del Secretario de Estado de Hacienda de 17 de febrero de 1997, cuyo Informe es de 13 de febrero de 1998), que entendía que en otro caso el IRPF acabaría convirtiéndose de hecho en un tributo sobre los rendimientos del trabajo y rendimientos de actividad empresarial y profesional.

las rentas del capital, que son las que reciben un tratamiento más liviano, suelen concentrarse en contribuyentes con alto nivel de renta. También puede verse afectada negativamente la equidad vertical, por cuanto que sujetos con niveles de renta superiores a otros y similares circunstancias personales, pudieran llegar a pagar menor porcentaje de sus rentas por el IRPF[22]. De igual modo, el que todas las ganancias patrimoniales, incluidas las especulativas y a muy corto plazo, tributen al mismo tipo, se aparta de los cánones de justicia tributaria que durante décadas pasadas se fueron arraigando. Así pues, la dualización del impuesto, traducida, esencialmente, en una tributación separada y más liviana para las rentas del capital, rompe con el pensamiento doctrinal consolidado sobre la idea de impuesto extensivo sobre la renta, que haga tributar en mayor medida las rentas fundadas. Estamos, pues, ante un giro en la concepción de la imposición sobre la renta, motivado por razones prácticas (frenar la huida del capital y fomentar el ahorro privado en el interior del territorio), que se unen al fracaso de los impuestos sintéticos en su objetivo de gravar por igual todas las rentas, dado que el tratamiento homogéneo de todas se ha constatado como algo imposible en la práctica. Por ello, la que ha sido denominada «Reforma

---

22 Según PICOS SÁNCHEZ, F., *Modelo dual de IRPF: un nuevo enfoque teórico y su aplicación al caso español*, op. cit., pg. 13, «los efectos del Modelo Dual en términos de equidad no descansan, en contra de lo afirmado habitualmente, en un nivel de gravamen diferenciado de bases imponibles. Por consiguiente, dichos efectos hay que buscarlos en la diferenciación cualitativa de las dos bases imponibles, y en el efecto que esta diferenciación tiene sobre la población en función de las características de ésta». Señala, más adelante (en la pg. 15) que, «el análisis efectuado demuestra que en términos teóricos el Modelo Dual rompe la equidad horizontal, pero que los resultados son inciertos en términos de equidad vertical, ya que los efectos concretos dependerán de los tipos impositivos escogidos y de la estructura de rentas de la población en lo relativo a la distribución entre trabajo y capital. Pero si esta distribución es igual para todos los individuos, el resultado será opuesto, manteniéndose la equidad horizontal y reduciéndose la vertical». No obstante, como señala DURÁN CABRÉ, J. M., *Modelos alternativos al IRPF español*, ob. cit., pg. 312, refiriéndose al IRPF regulado por la Ley 40/1998, no podemos dejar de señalar, que situaciones contrarias a ambos tipos de equidad también se dan en un impuesto global sobre la renta, en la medida en que no todas las rentas tributan de la misma manera como consecuencia de la existencia de diferentes tratamientos especiales y, además, estas situaciones se pueden dar sobre una proporción mucho mayor de declarantes que las que se puedan dar en un impuesto dual.

Fiscal Moderna»[23], aparece inspirada en una nueva filosofía que altera la jerarquía de los principios impositivos, anteponiéndose la eficiencia, la neutralidad y la sencillez sobre la equidad vertical[24].

Desde finales de los ochenta del pasado siglo, tras la implantación del modelo dual en los países nórdicos, se ha producido en otros países reformas del IRPF, en la senda de introducir tratamientos diferenciados para todas o, al menos, algún tipo de rentas del capital. Este proceso de dualización está motivado, principalmente, por la competencia fiscal internacional sobre la localización de actividades y capitales, debido a la globalización económica y el alto grado de movilidad del factor capital. La amenaza de deslocalización del capital ha llevado a que se adopten medidas basadas en consideraciones prácticas y de factibilidad, que tienen como denominador común reducir los tipos impositivos aplicables a las rentas del capital, cosa que no ocurre en relación con las rentas salariales, en tanto que el factor trabajo presenta un menor grado de movilidad.

Como consecuencia de lo que venimos diciendo, en los últimos años asistimos a la adopción de medidas de distinta naturaleza en los países de la OCDE, con el fin de hacer más atractiva la tributación del ahorro[25]. La pro-

---

23 PICOS SÁNCHEZ, F., *El modelo dual de reforma del IRPF: un estudio de la viabilidad y los efectos de su aplicación en España*, ob. cit., pg. 15.

24 Señala CORDÓN EZQUERRO, T., «La tributación de las rentas del capital en el IRPF: gravamen dual o único», *DOC. núm. 30/05*, IEF, pg. 7, que «El modelo dual supone una ruptura explícita del modelo sintético, pero tomando como base de partida las prioridades de los procesos de reforma de los años ochenta —Modelo Extensivo—, como consecuencia del contexto económico internacional de globalización económica. Por ello, los objetivos de neutralidad, eficiencia, simplificación y equidad horizontal han sido prioritarios frente a los de equidad vertical o progresividad formal, en línea con las pautas generales de reforma dominante de reducción de la carga fiscal de las rentas del capital, como forma de mantener la recaudación y de atraer nuevas bases imponibles en el contexto fiscal internacional fuertemente competitivo. Por tanto, el modelo dual también se ha caracterizado en su aplicación por la reducción del número de tramos, reducción de los tipos marginales máximos, elevación de los mínimos exentos y extensión de las bases imponibles».

25 Como señala PICOS SÁNCHEZ, F., *El modelo dual de reforma del IRPF: un estudio de la viabilidad y los efectos de su aplicación en España*; ob. cit., pg. 15, «La reacción de la mayoría de los países ha sido la incorporación de todo tipo de tratamientos *ad hoc* para distintos

gresiva dualización de los IRPF sintéticos es un fenómeno que se ha concretado de diversas maneras (mediante tipos proporcionales reducidos, exenciones, deducciones, retenciones liberatorias). Por tanto, los IRPF dualizados existentes presentan una gran heterogeneidad y no responden a un esquema único, pero lo que les caracteriza es el tratamiento diferenciado de las rentas del capital, lo que en la práctica ha apartado los sistemas fiscales del tradicional esquema sintético. De modo que, independientemente de la relevancia cuantitativa que dichos cambios hayan supuesto, lo que no cabe duda es que suponen modificaciones cualitativas de gran importancia.

En el año 2022, tras la última modificación introducida por la Ley de Presupuestos Generales del Estado para el ejercicio 2023, la fiscalidad del ahorro ha quedado de la siguiente forma:

Los tramos aplicables son: • Hasta 6.000 € el 19%. • Entre 6.000 € y 50.000 € el 21%. • Entre 50.000 € y 200.000 € el 23%; y • Entre 200.000 € y 300.000 el 27%. De 300.000 euros en adelante 28%.

El sistema dual actual, caracterizado por separar explícitamente las rentas del contribuyente en dos bases imponibles (general y ahorro) con tratamientos asimismo diferenciados, se ha consolidado como un sistema eficiente y neutral. En este sentido, el mismo evita la discriminación tradicional que existía entre productos financieros al conferirles un tratamiento fiscal homogéneo y homologable al de otros países de nuestro entorno, por lo que debería mantenerse.

A modo ilustrativo, voy a hacer referencia a la Sentencia del Tribunal Constitucional (Pleno), núm. 19/2021, de 15 de febrero de 2012, (RTC 2012,19) [26], que con referencia a la LIRPF 40/1998, en su Fundamento Ju-

---

tipos de rentas de capital, convirtiendo así los IRPF sintéticos en estructuras poco coherentes y minadas con todo tipo de excepciones al método general de gravamen».

26 F. J., 7.º: "El gravamen de forma diferenciada de las ganancias patrimoniales respecto de otro tipo de rentas tampoco es, por sí solo, contrario al principio de igualdad tributaria, dado que, como ha hemos tenido ocasión de señalar, precisamente con relación al impuesto sobre la renta de las personas físicas, en el ejercicio de su libertad de configuración normativa, el legislador puede someter a tributación de forma distinta a diferentes clases de rendimientos gravados en el impuesto, en atención a su naturaleza, por simples razones de política financiera o de técnica tributaria (...). Por otra parte, tampoco el

rídico 7.º establece la constitucionalidad de la tributación a tipo fijo y único de las ganancias y pérdidas patrimoniales que, en su día, afectó al carácter sintético del IRPF. Esto evidencia la constitucionalidad de la tarifa dual del impuesto posteriormente contenida en la Ley 35/2006 del IRPF[27].

Sobre la dualidad en el tratamiento de las rentas en el IRPF, vamos a destacar en este trabajo la reflexión que al respecto realiza LAGO MONTERO[28] quien considera que el gravamen de los rendimientos del capital mobiliario ha incurrido en "una desproporcionada benevolencia, en una dualidad de tratamiento carente de justificación suficiente, bajo el prisma de los principios de justicia, (...), singularmente del principio de igualdad. Cualquier disposición simplificadora debe superar el test de la proporcionalidad, esto es, de la necesidad de la idoneidad y de la intensidad adecuada de la medida para conseguir su finalidad, y esta medida simplificadora del tratamiento de la renta del ahorro suspende absolutamente en ese test de su justificación racional."

IV. TRATAMIENTO DE LAS RENTAS IRREGULARES, Y CÓMO AFECTAN A LOS RENDIMIENTOS DEL CAPITAL

El problema de la irregularidad de las rentas surge por la convergencia de dos factores: la falta de adecuación entre la dimensión temporal de la renta gravada y el período impositivo; el carácter progresivo de la tarifa del impuesto[29].

Se trata de rentas, en torno a las cuales, no es fácil establecer expresa y claramente las características que reúnen, GOTA LOSADA partiendo de los

---

sometimiento de las ganancias a un tipo fijo proporcional constante vulnera el principio de progresividad pues, (...), la progresividad no es exigible de cada tributo en particular sino del sistema tributario en su conjunto".

27 Véase RECIO RAMÍREZ, M. A., **La tributación del contrato de seguro de vida en el Impuesto sobre la Renta de las Personas Físicas**, Aranzadi, Navarra, 2020, pág. 74.

28 **La simplificación de la imposición sobre la renta**, Reus Editorial, Zaragoza, 2021, pág. 49.

29 Cfr. MONTESINOS OLSTRA, S., "La dilución del concepto de renta irregular en el I.R.P.F.", **Revista de Derecho Financiero y Hacienda Pública**, n.º255, 2000, pág. 46.

rasgos distintivos de las rentas regulares, realizó una clasificación sistemática y operativa de las rentas irregulares, señalando que estas carecen la mayor parte de las veces de dos o más de las peculiaridades que convergen en las rentas regulares[30]. Ahora bien, como señala este autor, las rentas irregulares tiene su origen en las propias características del impuesto, expresamente en dos, periodicidad y progresividad, porque "(...) no existiría el concepto de rentas irregulares si la liquidación de los Impuestos sobre la Renta de las Personas Físicas se realizara por todo el período de vida de una persona. Es, pues, la división por años la que origina la existencia de rentas irregulares"[31].

CAYON GALIARDO[32] ha señalado respecto a la determinación del concepto de renta irregular, que se trata de una categoría dogmática elaborada por la doctrina dentro del concepto de renta fiscal, "que se corresponde con un conjunto de ingresos que, por incidir en ellos determinadas circunstancias, sufren una sobre imposición, comparativamente hablando, respecto de las rentas ordinarias".

Una de las consecuencias principales que suponía la distinción entre ambos tipos de rentas atendía al efecto de la progresividad[33] del impuesto sobre

---

30 Estas características son:
- Cuantía fija.
- Periodicidad.
- Duración de la fijeza y periodicidad.
- Prioridad temporal de los gastos respecto a los ingresos.
- Simultaneidad.
- Estimación fiscal anual.
- Percepción no anticipada de las rentas.
- Ausencia de controversias, litigios y condiciones.

En su obra, **Tratado del Impuesto sobre la Renta. Vol. 5. La inspección del Impuesto. Regímenes especiales. Rentas irregulares**, ob. cit., págs. 671 a 677.

31 **Tratado del Impuesto sobre la Renta. Vol. 5. La inspección del Impuesto. Regímenes especiales. Rentas irregulares,** ob. cit., pág. 670.

32 En su trabajo, "Las rentas irregulares y el Impuesto sobre la Renta de las Personas Físicas", **Civitas, Revista Española de Derecho Financiero**, n.º 22, abril/junio 1979, pág. 245.

33 Sobre la incidencia de la progresividad en las rentas irregulares y la necesidad de su corrección, véase: GOTA LOSADA, A.: **Tratado del Impuesto sobre la Renta,** ob. cit., pág. 688; PEREZ HERRERO, L., "El nuevo régimen de imposición de los incrementos y disminuciones de patrimonio en el Impuesto sobre la Renta de las Personas Físicas", ob. cit.,

las mismas, mientras que sobre las rentas regulares recaía la totalidad de la progresividad del impuesto, era necesario arbitrar algún sistema para que esto no sucediera en el caso de las rentas irregulares, lo que suponía, en definitiva, gravar de forma diferente la ganancia imputable al ejercicio impositivo que efectivamente se liquida y la ganancia que sería atribuible a otros ejercicios en que se hubiera generado pero no se hubiera puesto de manifiesto[34].

Por tanto, ha sido la doctrina la que se ha encargado de delimitar cuales son las características de las rentas irregulares, porque la legislación no ha establecido expresamente conceptos al respecto.

Por otro lado, los pronunciamientos jurisprudenciales, en buena medida, nos ayudan a esclarecer que debemos entender por rentas regulares e irregulares, así citamos, entre otras, Sentencia del Tribunal Superior de Justicia de Madrid, de 24 de abril de 1997, que considera que la expresión «notoriamente irregular en el tiempo» no se refiere al tiempo total en que se ejerza la actividad o vida activa sino al período impositivo en que los rendimientos se generen. En este mismo sentido se pronuncian las Sentencias de 23 de noviembre de 1993, de 6 de mayo de 1997 y 27 de mayo de 1997, todas ellas de la Audiencia Nacional.

La misma línea argumental siguen las Resoluciones del TEAC, de 11 de junio de 1997 que establece:

> *"En cuanto a la segunda cuestión planteada por el reclamante, relativa a la calificación de los rendimientos en cuestión como periódicos con ciclo de produc-*

---

pág. 9; CAYON GALIARDO, A.: "Las rentas irregulares y el Impuesto sobre la Renta de las Personas Físicas", ob. cit., pág. 245; BADAS CEREZO, J. y LAMOCA PEREZ, C., en **Guía de los Impuestos sobre la Renta y el Patrimonio**, Lex Nova, Valladolid, 1993, pág. 93; M GORDILLO, T. LERIDA, E. JIMENEZ e I. NUÑEZ, **Las nuevas Leyes del Impuesto sobre la Renta y el Patrimonio**, ob. cit., pág. 348; CALERO GALLEGO, J., en la obra con V.V.A.A. dirigida por GARCIA AÑOVEROS, J.: **Manual del Sistema Tributario Español**, Civitas, Madrid, 1993, pág. 146; GALAPERO FLORES, R., "Las rentas irregulares en el Impuesto sobre la Renta de las Personas Físicas", **Revista de Derecho Financiero y Hacienda Pública**, n.º 248, 1998, págs. 367 y ss.

34 Véase en este mismo sentido, LASARTE ALVAREZ, J. y CASADO OLLERO, G.: "Consideraciones sobre las rentas irregulares. Régimen Fiscal de artistas y deportistas", **Civitas, Revista Española de Derecho Financiero**, n.º 26, pág. 253.

ción superior al año, cabe, entre otras Resoluciones como la de 10 de noviembre 1993 (JT 1993, 1669), que la naturaleza irregular de los rendimientos de actividades empresariales o profesionales por el supuesto legal de que el ciclo de producción sea superior al año sólo será predicable de aquellos casos concretos en que existan dentro de la actividad ejercida, globalmente considerada, ciclos bien definidos de aplicaciones y obtenciones de fondos que permitan concluir que rendimientos obtenidos por el sujeto pasivo en un momento determinado, se han generado a lo largo de varios años, y que su tributación sin mengua de la progresividad en el ejercicio en que se obtienen supone un trato desfavorable respecto a otros sujetos pasivos que teniendo igual capacidad económica obtienen la renta en varios ejercicios".

Se manifiestan en el mismo sentido las Resoluciones del TEAC de 10 de noviembre de 1993 y 13 de enero de 1993.

Las Resoluciones de los Tribunales han llegado a las siguientes conclusiones en canto a los requisitos que deben reunir las rentas para ser irregulares:

El TEAC en Resoluciones de 10 de noviembre de 1993[35], 25 de junio de 1997[36], 23 de octubre de 1996, de 11 de junio de 1997[37] y 11 de febrero de 1999[38] ha señalado que: "la naturaleza irregular de los rendimientos de actividades empresariales o profesionales por el supuesto legal de que el ciclo de producción sea superior al año solo será predicable de aquellos casos concretos en que existan dentro de la actividad ejercida, globalmente considerada, ciclos bien definidos de aplicaciones y obtenciones de fondos que permitan concluir que rendimientos obtenidos por el sujeto pasivo en un momento determinado, se han generado a lo largo de varios años, y que su tributación, sin mengua de la progresividad en el ejercicio en que se obtienen, suponen un trato desfavorable respecto a otros sujetos pasivos que teniendo igual capacidad económica obtienen la renta en varios ejercicios; que el precepto citado lo que pretende es situar dentro de esta categoría de irregulares a las rentas que se generen con regularidad, pero sólo en unos años, y no en otros, sin

---

35 Puede consultarse en: **Jurisprudencia Tributaria**, Tomo III, 1993, págs. 724 a 726.

36 Puede consultarse en: **Jurisprudencia Tributaria**, n.º 17, enero, 1998, págs. 1096 a 1099.

37 Puede consultarse en: **Jurisprudencia Tributaria**, n.º 10, diciembre, 1997, págs. 930 a 932.

38 Puede consultarse en: **Gaceta Fiscal**, n.º 177, junio, 1999, págs. 34 y 35 y en **Jurisprudencia Tributaria**, n.º 5, diciembre, 1999, págs. 23 y 24.

embargo no es aplicable para aquellos supuestos en los que pese a generarse las rentas a lo largo de varios años, el contribuyente las obtenga de manera regular, ejercicio tras ejercicio, pues si atendemos a la finalidad expresada de la norma, consistente en atemperar los efectos de calificar de irregulares a los rendimientos percibidos en estos casos, porque si se contempla la evolución de los ingresos con la perspectiva de varios ejercicios, se aprecia una estabilidad en los mismos que no justificaría aquella calificación habida cuenta que implicaría un privilegio fiscal sobre otros contribuyentes de similares rendimientos anuales, pero producidos o generados dentro de cada ejercicio y no a lo largo de varios".

En sentido similar, la Audiencia Nacional ha señalado en Sentencia de 27 de mayo de 1997[39] (Fundamento de Derecho Tercero: "La naturaleza regular o irregular viene determinada por el período de generación del rendimiento (no por el tiempo que se tarda en obtener la cualificación necesaria para generar el rendimiento), según que éste exceda del año o no, de tal manera que aquellos rendimientos cuyo período de generación excedan del año o no, de tal manera que aquellos rendimientos cuyo período de generación excedan de un año, tendrán la naturaleza de irregular, y los que no lo excedan, la de regular (así, por ejemplo, mientras que el salario de un trabajador tiene naturaleza regular, la indemnización por despido del mismo trabajador, en la parte que exceda del límite legal, tendrá naturaleza irregular porque responde a la totalidad del tiempo durante el que el trabajador ha prestado sus servicios en la empresa)".

Para el TEAC (Resolución de 13 de enero de 1993) [40] el criterio condicionante de la irregularidad de las rentas es "el tiempo de obtención de las rentas y no la naturaleza específica de éstas". Tomando como base esta Resolución del TEAC si se pueden considerar las ganancias patrimoniales como rentas irregulares, por cuanto, en su caso, el período de generación es superior al año natural.

La Audiencia Nacional en Sentencia de 6 de mayo de 1997[41] coincidiendo con el Tribunal Supremo ha definido que debemos entender por la expresión

---

[39] En **Jurisprudencia Tributaria**, n.° 10, septiembre, 1997, pág. 1294.

[40] Considerando 3.°. En **Jurisprudencia Tributaria**, Tomo I, 1993, pág. 362.

[41] **Jurisprudencia Tributaria**, n.° 10, Septiembre, 1997, pág. 1260.

"notoriamente irregulares en el tiempo", esta expresión "(...) no está referida al total en que se ejerza la actividad remunerada, sino al período impositivo en que los rendimientos se generen. El Impuesto sobre la renta de las Personas Físicas gira en torno a las que se perciban (artículo 26.1) en el período impositivo (normalmente, coincidente con el año natural), y son irregulares aquellas rentas que se devenguen de forma discorde con tal período impositivo o acorde con períodos uniformes superiores al año" y este concepto no encierra ninguna relación con las rentas del trabajo que por las circunstancias que fueran "sólo pueden obtenerse en un corto período de tiempo de vida activa, dicha situación no puede identificarse con el concepto de "rentas irregulares" que contiene la Ley del Impuesto sobre la Renta de las Personas Físicas".

No obstante, no podemos olvidar que en la actualidad el problema de la irregularidad de las rentas no se refleja únicamente en la fase de determinación de la base imponible, sino que también se trata esta cuestión en la determinación del rendimiento neto en cada una de las fuentes de ingresos[42].

---

42 GARCIA-OVIES SARANDESES, I. por el contrario, considera que la irregularidad en la percepción de los rendimientos se ha independizado en su totalidad del mecanismo para la integración y compensación de rentas en la base. En "Determinación de la base imponible y liquidable. Integración y compensación de rentas. Mínimo personal y familiar. Reglas especiales de valoración. Regímenes de determinación de la base imponible", en la obra con V.V.A.A. **El nuevo Impuesto sobre la Renta de las Personas Físicas**. Lex Nova, Valladolid, 1999, pág. 159.
En el mismo sentido, PEREZ ROYO. I. indica que la incorporación de un régimen notablemente más sencillo se debe "en buena medida a que el proceso de homogeneización de los rendimientos irregulares con los ordinarios —y la complejidad que ellos acarrea— se ha efectuado al determinar los rendimientos netos. Pro tanto, en teste momento nos encontramos con un panorama bastante menos heterogéneo que al que nos tenían acostumbrado las regulaciones precedentes.". En su excelente monografía citada reiteradas veces, **Manual del Impuesto sobre la Renta de las Personas Físicas**, ob. cit., pág. 437; MARIN-BARNUEVO FABO, D., señala al respecto: "La simplificación de estas reglas ha sido posible fundamentalmente por el nuevo régimen jurídico previsto para los rendimientos irregulares, que, lejos de configurar una partida autónoma de la base imponible, han sido integrados mediante la aplicación de un coeficiente reductor en la denominada parte general de la base imponible." "Artículo 38. Integración y compensación de rentas en la parte general de la base imponible", en la obra colectiva **Los nuevos impuestos sobre la renta de las personas físicas y sobre la renta de no residentes**, (Dir.: ORON MORATAL, G.) Mc. Graw Hill, Madrid, 1999, pág. 294.

Pero este tratamiento que se otorga a los rendimientos irregulares, tal y como ha señalado GOROSPE OVIEDO[43], va en contra del principio constitucional de igualdad, reciben idéntico tratamiento todos los rendimientos irregulares independientemente de la fecha exacta de generación de la renta, da lo mismo que haya sido generado en dos años y medio que en veinticinco años, porque la reducción no va a variar.

La irregularidad de la renta se produce por la falta de adecuación entre la dimensión temporal de la renta gravada y el período impositivo, a lo que hay que añadir la existencia de una tarifa progresiva, todo esto supone que se tengan que establecer medidas correctoras para evitar el efecto de esta progresividad sobre este tipo de rentas.

MONTESINOS OLTRA[44] no considera una medida acertada el gravamen proporcional de las rentas irregulares. Sus argumentos son los siguientes: "la fijación de un tipo proporcional supone tanto como atribuir un pretendido carácter extraordinario a la fuente generadora.

Por otra parte, el gravamen separado ocasiona una ruptura total del tributo, pues presupone, en su proyección retrospectiva, una total desconexión de la renta sobre la que recae tanto en relación con las rentas regulares como con los rendimientos irregulares, lo que permite hablar sin ambages de un impuesto autónomo sobre determinadas rentas, por mucho que su importe se sume finalmente a la cuota correspondiente a la parte general de la base, determinando, así, una teórica obligación unitaria por el IRPF y un teórico tipo medio de gravamen condicionado por algún elemento de progresividad. En cualquier caso, se renuncia «al principio original de que la componente irregular de la base imponible debía ser sometida a un nivel de imposición equivalente al importe de la componente regular de la base imponible".

Considera que se trata de un gravamen totalmente distinto del resto de las rentas: "podríamos decir que entre imposición personal sobre la renta e

43 "La integración y compensación de rentas en el nuevo Impuesto sobre la Renta", en la obra colectiva, **Reflexiones en torno al nuevo Impuesto sobre la Renta de las Personas Físicas**, ob. cit., pág. 203.

44 "Las ganancias patrimoniales: ¿rentas irregulares?", ob. cit., pág. 479.

imposición de las plusvalías a largo plazo se da finalmente una distinción que afecta al aspecto temporal y que, pudiendo ser reconducida a la unidad como en el caso de los rendimientos irregulares, recibe en cambio un tratamiento deliberadamente autónomo"[45].

Ciertamente para la generación de las ganancias y pérdidas patrimoniales han sido necesarios más de un período impositivo aunque se hayan devengado en un sólo período impositivo, lo que se debe conseguir a la hora de gravar las ganancias y pérdidas patrimoniales, cuando sean generadas en un período superior al año natural es que se articule el plazo de generación, más de un año y la fecha de devengo de la renta.

En cuanto, al trato otorgado por nuestro legislador a las rentas irregulares, "... se justifica en la erradicación de situaciones injustas derivadas de que no se ajuste la progresividad del tributo en el período impositivo, con la renta generada en el mismo, o que traiga causa de dicho período. Si el esfuerzo para generar la renta se prolonga durante un período superior al ejercicio fiscal y el resultado en renta, se ingresa en un solo ejercicio, lógico es, que se apliquen tipos medios y se corrija el exceso de progresividad"[46].

Vamos a referirnos al contenido del artículo 21 del Reglamento del IRPF que regula el gravamen de los rendimientos de capital mobiliario obtenidos de forma notoriamente irregular en el tiempo, donde se establece lo siguiente:

> "A efectos de la aplicación de la reducción prevista en el artículo 26.2 de la Ley del Impuesto, se consideran rendimientos del capital mobiliario obtenidos de forma notoriamente irregular en el tiempo, exclusivamente, los siguientes, cuando se imputen en un único período impositivo:
>
> **a)** Importes obtenidos por el traspaso o la cesión del contrato de arrendamiento.
>
> **b)** Indemnizaciones percibidas del arrendatario o subarrendatario por daños o desperfectos, en los supuestos de arrendamiento.
>
> **c)** Importes obtenidos por la constitución o cesión de derechos de uso o disfrute de carácter vitalicio".

---

45 Ob. ult. cit., pág. 483.

46 **Informe 38/95, de junio de 1995, de la Asociación Española de Asesores Fiscales**, con comentarios de ARIAS VELASCO, J.

Sobre este asunto la Sentencia del Tribunal Superior de Justicia de la Comunidad Valenciana, Sala de lo Contencioso-administrativo, Sección 3.ª, Sentencia 194/2023 de 10 Feb. 2023, Rec. 1305/2021, cuyos antecedentes de hecho son lo siguientes:

PRIMERO.— En fecha 3 de noviembre de 2021 por la representación procesal de la actora se interpuso en tiempo y forma recurso contencioso administrativo contra la resolución del Tribunal Económico Administrativo Regional de la Comunidad Valenciana de fecha 29 de julio de 2021 por la que se desestima la reclamación económico-administrativa NUM000 interpuesta por el actor contra la liquidación por IRPF 2017.

Una vez admitido a trámite el recurso y reclamado el expediente administrativo, se dio traslado a la parte recurrente para que formalizara la demanda, lo que hizo mediante escrito de fecha 11 de enero de 2022, donde tras exponer los hechos y fundamentos que estimó pertinentes terminó suplicando que:

> "resuelva en su día dictando sentencia por la que:
>
> 1.º Se anule la resolución impugnada, así como la liquidación de la que trae causa.
>
> 2.º Se condene en costas a la A.E.A.T."

SEGUNDO.— Se dio traslado al Abogado del Estado para que contestara en el plazo de veinte días, lo que realizó mediante el pertinente escrito presentado de fecha 2 de marzo de 2022, donde tras exponer los hechos y fundamentos que tuvo por pertinente, acabo suplicando que se dicte sentencia por la que declare la conformidad a Derecho de la resolución impugnada de adverso, absolviendo a la Administración del presente recurso, con expresa imposición de costas a la actora.

TERCERO.— Mediante Decreto de fecha 4 de abril de 2022 se fijó la cuantía del procedimiento en 22.763,76 euros.

CUARTO.— No habiéndose solicitado el recibimiento del procedimiento a prueba, y una vez presentadas por las partes sus escritos de conclusiones, se declaró concluso el pleito y se señaló para votación y fallo del recurso el día 8 de febrero 2023, fecha en la que tuvo lugar la deliberación y votación.

FUNDAMENTOS JURÍDICOS

PRIMERO.— Constituye el objeto del presente recurso la resolución del Tribunal Económico Administrativo Regional de la Comunidad Valenciana de fecha 29 de julio de 2021 por la que se desestima la reclamación económico-administrativa NUM000 interpuesta por el actor contra la liquidación por IRPF 2017, en la que se considera que la reducción practicada sobre los rendimientos del capital mobiliario a integrar la base imponible general es incorrecta, de acuerdo con el artículo 26.2 y disposición transitoria 25 de la Ley del Impuesto, entendiendo que a la vista de la documentación aportada para justificar la reducción declarada como capital mobiliario por importe de 45.842,00 euros se desprende que el periodo de arrendamiento del activo intangible se fija en tres años, 2016, 2017 y 2018, y que la renta pactada es de 152.806,65 euros y el pago de la renta tendrá lugar el 30 de diciembre de 2017, por lo que desde la fecha del contrato 2 de enero de 2016 a la fecha de pago 30 de diciembre de 2017 no ha transcurrido más de dos años, por lo que no puede tener la consideración de rendimientos con un periodo de generación superior a dos años, no siendo renta irregular, siendo además que el arrendamiento del activo intangible no se encuentra dentro de los supuestos del artículo 21 del Reglamento del IRPF.

El TEAR, partiendo de lo dispuesto en el artículo 26.2 de la Ley del IRPF, artículo 21 del RD 439/2007, concluye que no se admite la reducción, ya que de acuerdo con la información aportada, desde la fecha del contrato y la fecha de pago no han transcurrido más de dos años, por lo que no se trata de rendimientos con un periodo de generación superior a dos años.

Añade que consta en el expediente contrato firmado por el actor y administrador único de la sociedad SEMPERE TEXTIL SL, en fecha 2 de enero de 2016, por el que el actor titular del activo intangible "CORDON PARA ASIDO DE OBJETOS N.º de registro 201.430666, lo cede a la mercantil para la presentación de sus productos y comercialización del mismo bajo la denominación Knotless cord, y aunque el contrato se forja por un periodo de 3 años, desde la fecha del contrato hasta la fecha de pago no han transcurrido más de dos años, y el arrendamiento del activo intangible no se encuentra dentro de los supuestos enmarcados.

Concluye que le corresponde probar al actor que tiene derecho a aplicarse la reducción correspondiente, y el mismo no ha aportado documento alguno durante todo el procedimiento que lo acredite, por lo que desestima la reclamación.

SEGUNDO.— La parte actora articula su pretensión estimatoria de la demanda alegando en síntesis que;

– Se desconoce de donde concluye la Administración que no se ha probado el derecho a la reducción, pues se aporta el contrato, la factura que ampara el pago, y la autoliquidación, por lo que el TEAR tenía a su disposición los elementos suficientes para resolver.

Se constata en la autoliquidación de la actora que la misma declara un arrendamiento por modelo de utilidad de 152.806,52 euros por tres años, se reduce 3000 euros de gastos lo que da un rendimiento neto de 149.806,65 euros, y se descuenta el 30% 45.842 euros, arrojando un beneficio neto por 103.964,65 euros, lo que rechaza la Administración que elimina la reducción, apuntando que el intangible arrendado no figura en los supuestos del artículo 21 del Reglamento del Impuesto, lo que se halla al margen del debate, pues el citado artículo se refiere a los supuestos del rendimiento obtenido de forma notoriamente irregular entre los que no se encuentra la actora, ya que se refiere a la prevención legal de los contratos con un periodo de generación superior a los dos años.

Añade que el contrato cubre una vigencia temporal desde el 1 de enero de 2016 hasta el 31 de diciembre de 2018, tres años de vigencia, lo que supone un periodo de generación de la renta contractual de 3 años, sin perjuicio de que la renta se satisfaga a los dos años menos 1 día.

– Recalificación del contrato. Ámbito de aplicación de la comprobación limitada.

La dependencia de gestión se ha extralimitado en el sentido de recalificar los términos del contrato, reinterpretando el concepto periodo de generación, tarea que correspondería a la Inspección, y la misma podría hacerlo mediante el artículo 16 de la LGT referente a la simulación que no lo ha hecho, artículo 15 de la misma Ley del conflicto en aplicación de la norma, que no procede, asi que solo resta el artículo 13 de exigir las obligaciones tributarias con arreglo a la verdadera naturaleza, lo que tampoco es citado por la Administración, siendo que la misma no es ilimitada como señala la sentencia del TS de 22 de julio de 2020.

– Normativa aplicable. Artículo 26.2 de la Ley del IRPF.

Estamos ante un rendimiento de capital mobiliario del artículo 25.4 a) de la Ley del IVA, y el artículo 26.2 establece que los rendimientos netos de los previstos en el artículo 25.4 que sean de periodo de generación superior a dos años, u obtenidos de forma notoriamente irregular tendrán una reducción del 30% cuando se imputen a un solo ejercicio y el importe del rendimiento neto sobre el cual se aplica la reducción no supera los 300.000 euros y en el presente caso no estamos ante rendimiento obtenidos de forma irregular, pues el artículo 21 del Reglamento los reduce a unos supuestos que no son el presente.

Generándose la renta contractual por razón de un contrato de tres años, del 1 de enero de 2016 al 31 de diciembre de 2018, siendo el rendimiento neto de 152.806,52 euros y cobrándose íntegramente en el año 2017, resulta evidente que se tiene derecho a la reducción que se aplicó el actor, siendo de aplicación lo que ha dicho el TS en sentencia de 20 de marzo de 2018.

Concluye que no hay que olvidar que el periodo de generación de la renta de un contrato es toda la extensión del mismo, la renta contractual, se pague cuando se pague, se genera desde el primer día hasta el último, por lo que el periodo de generación es de tres años.

Normativa aplicada

L 35/2006 de 28 Nov. (Impuesto sobre la Renta de las Personas Físicas y modificación parcial de las leyes de los Impuestos sobre Sociedades, sobre la Renta de no Residentes y sobre el Patrimonio) art. 26.2

TERCERO.— El Abogado del Estado argumenta su pretensión desestimatoria del recurso alegando, en síntesis que procede analizar si el actor, atendiendo al contrato suscrito y a lo dispuesto en el artículo 26.2 de la Ley del IRPF y artículo 21 del Reglamento tiene derecho a la reducción.

Se constata que el actor, titular del activo intangible modelo de utilidad CORDON PARA ASIDO DE OBJETOS, lo arrienda a la otra parte por tres años, 2016, 2017 y 2018, por precio de 152.806,65 euros, pactando que el pago de la renta tenga lugar el 30 de diciembre de 2017.

Por ello la renta no se encuentra en ninguno de los supuestos del artículo 21 del Reglamento del IRPF, que es claro cuando indica los obtenidos de forma irregular, y exigiéndose el pago en diciembre de 2017, tampoco había transcurrido el plazo de tres años.

Las sentencias del TS invocadas no son de aplicación pues resuelven supuestos distintos, y respecto el exceso de funciones de la oficina gestora, la misma no está calificando el contrato a los efectos de determinar la tributación, sino que se limita a comprobar si a la vista del contrato suscrito es procedente la reducción aplicada.

CUARTO.— Alega la actora en primer lugar que se ha producido una recalificación del contrato excediendo del ámbito de la comprobación limitada, del artículo 136.2 de la LGT al reinterpretar el concepto periodo de generación, tarea que correspondería a la Inspección, aplicando el artículo 13 de la LGT de exigir las obligaciones tributarias con arreglo a la verdadera naturaleza del hecho, acto o negocio realizado.

Para valorar si concurre extralimitación, debemos atender al artículo 136.2 de la LGT que señala respecto la comprobación limitada:

> "2. En este procedimiento, la Administración Tributaria podrá realizar únicamente las siguientes actuaciones:
>
> a) Examen de los datos consignados por los obligados tributarios en sus declaraciones y de los justificantes presentados o que se requieran al efecto.
>
> b) Examen de los datos y antecedentes en poder de la Administración Tributaria que pongan de manifiesto la realización del hecho imponible o del presupuesto de una obligación tributaria, o la existencia de elementos determinantes de la misma no declarados o distintos a los declarados por el obligado tributario.
>
> c) Examen de los registros y demás documentos exigidos por la normativa tributaria y de cualquier otro libro, registro o documento de carácter oficial con excepción de la contabilidad mercantil, así como el examen de las facturas o documentos que sirvan de justificante de las operaciones incluidas en dichos libros, registros o documentos.
>
> No obstante lo previsto en el párrafo anterior, cuando en el curso del procedimiento el obligado tributario aporte, sin mediar requerimiento previo al efecto, la documentación contable que entienda pertinente al objeto de acreditar la contabilización de determinadas operaciones, la Administración podrá examinar dicha documentación a los solos efectos de constatar la coincidencia entre lo que figure en la documentación contable y la información de la que disponga la Administración Tributaria.

> El examen de la documentación a que se refiere el párrafo anterior no impedirá ni limitará la ulterior comprobación de las operaciones a que la misma se refiere en un procedimiento de inspección.
>
> d) Requerimientos a terceros para que aporten la información que se encuentren obligados a suministrar con carácter general o para que la ratifiquen mediante la presentación de los correspondientes justificantes."

Y por su parte el requerimiento delimita la aplicación del mismo a comprobar la correcta aplicación de la reducción del capital mobiliario a integrar en la base imponible general, solicitando que se aporten los documentos justificativos de la discrepancia entre la reducción de los rendimientos de capital mobiliario y los datos que dispone la Administración por dicho concepto, por lo que no se aprecia la extralimitación invocada.

– En segundo lugar y en relación con la pretensión del actor de considerar de aplicación el artículo 26.2 de la Ley del IRPF que señala que los rendimientos netos previstos en el apartado 4 del artículo 25 de esta Ley con un período de generación superior a dos años o que se califiquen reglamentariamente como obtenidos de forma notoriamente irregular en el tiempo, se reducirán en un 30 por ciento, cuando, en ambos casos, se imputen en un único período impositivo, a los rendimientos obtenidos por la renta contractual de un contrato de alquiler de tres años de 1 de enero de 2016 a 31 de diciembre de 2018, del activo intangible CORDON PARA ASIDO DE OBJETOS N.º Registro 201.430666, pero cobrándose íntegramente en el año 2017, el 30 de diciembre de 2017 por acordarlo las partes, debemos tener en cuenta que esta Sala y Sección ya se ha pronunciado en un supuesto similar, mediante sentencia de fecha 16 de noviembre de 2022 dictada en el recurso 1056/2021, donde hemos estimado el recurso en base a los siguientes fundamentos que por ser de plena aplicación al misma pasamos a reproducir:

> ["SEGUNDO.— Esta cuestión, mutatis mutandi, ha sido resuelta recientemente por el TEAC 22-7-2021 en recurso extraordinario de alzada para unificación de criteriodonde dicho Organismo se pronunció en el sentido siguiente: "... se analiza un supuesto en el que el arrendador y el arrendatario pactan un contrato de arrendamiento de duración 9 años con una renta mensual a satisfacer cada tres años, planteándose si estamos ante una renta cuyo período de generación es superior a dos años, a efectos de la aplicación de la reducción del artículo 23.3 de a LIRPF.

De este modo, el rendimiento generado se debe imputar al período impositivo en el que el arrendador puede exigir las rentas al arrendatario. Como lo pactado es que las rentas sean exigibles cada tres años, pues en tales años el obligado tributario debe incluir los rendimientos en su declaración. Debido a la progresividad del impuesto y a la acumulación de las rentas, se produciría una mayor tributación que si esas rentas se hubiesen repartido a lo largo de esos tres años, justificándose así la aplicación de la reducción.

El TEAC Fijó el siguiente criterio: "Cuando el art. 23.3 de la Ley 35/2006, de 28 de noviembre, del Impuesto sobre la Renta de las Personas Físicas y de modificación parcial de las leyes de los Impuestos sobre Sociedades, sobre la Renta de no Residentes y sobre el Patrimonio dispone que la reducción debe aplicarse a los "rendimientos netos con un período de generación superior a dos años que se imputen en un único período impositivo", como período de generación debe entenderse el período transcurrido entre el momento que esos rendimientos comienzan a generarse o devengarse y aquel otro en que resultan "exigibles"; "exigibles" en los términos que para su imputación temporal establece el art. 14.1 de la citada Ley".

La diferencia con el supuesto anterior es que las condiciones del contrato de arrendamiento no son negociados por personas distintas, sino que es el propio recurrente quien en su propio nombre y como administrador único de la mercantil arrendataria decide de forma unilateral la forma de pago de la renta, forma de pago que por otra parte no resulta contraria a norma legal alguna.

Pasando a estudiar la normativa aplicable tenemos que el art. 23.3 de la Ley 35/2006 del Impuesto, por la Ley 26/2014, de 27 de noviembre, le dio una nueva redacción, con vigencia a partir del 01/01/2015, y que se mantiene en vigor a día de hoy: "3. Los rendimientos netos con un período de generación superior a dos años, así como los que se califiquen reglamentariamente como obtenidos de forma notoriamente irregular en el tiempo, se reducirán en un 30 por ciento, cuando, en ambos casos, se imputen en un único período impositivo. La cuantía del rendimiento neto a que se refiere este apartado sobre la que se aplicará la citada reducción no podrá superar el importe de 300.000 euros anuales."

Por su parte, al art. 15 del Reglamento del Impuesto (R.D. 439/2007) le dio una nueva redacción el R.D. 633/2015, de 10 de julio; nueva redacción aplicable a partir del 01/01/2015 y que se mantiene vigente: "A efectos de la aplicación de la reducción prevista en el artículo 23.3 de la Ley del Impuesto, se consideran rendimientos del capital inmobiliario obtenidos de forma notoriamente irregular en el tiempo, exclusivamente, los siguientes, cuando se imputen en un único período impositivo: a) Importes obtenidos por el traspaso o la cesión del contrato de arrendamiento de locales de negocio. b) Indemnizaciones percibidas del arrendatario, subarrendatario o cesionario por daños o desperfectos en el inmueble. c) Importes obtenidos por la constitución o cesión de derechos de uso o disfrute de carácter vitalicio."

Según lo dicho, los rendimientos del capital inmobiliario se imputarán al período impositivo en que sean exigibles por su perceptor, en este caso en el 2016, es decir que deben imputarse al momento en el que el acreedor —titular de la nave industrial arrendada— puede exigir del deudor las rentas generadas por la cesión del inmueble, en este caso el periodo de generación de los rendimientos fue superior a dos años. Es decir, deben imputarse al momento en el que nace la posibilidad de exigir jurídicamente las correspondientes rentas o prestaciones, posibilidad de exigirlas atendiendo a lo que disponen losarts. 1.113 y ss. del Código Civil, en función de los pactos que hayan establecido las partes y lo que al respecto dispongan las normas civiles atinentes a la materia. Por tanto, en el IRPF los rendimientos del capital inmobiliario no se imputan al período impositivo en que se perciben, que sería el criterio de caja o del cobro, pero tampoco al período o a los períodos en que esos rendimientos se generan o se devengan, que sería el criterio del devengo fiscal, y que es también el criterio contable, sino al ejercicio en que dichos rendimientos fuero exigibles, ejercicio 2016.

En el caso que nos ocupa, las rentas de más de dos años deben llevarse a la base imponible de un único ejercicio, del ejercicio en que son exigibles, lo que supone una acumulación y una mayor tributación que si esas rentas se hubiesen repartido a lo largo de esos años, mayor tributación que dimana de la progresividad del Impuesto (artículo 14 ley 35/06).

La postura que adopta el TEAC viene fundamentada en el sentido que cuando la norma —el art. 23.3 de la Ley 35/2006 (Ley IRPF) — dispone que la reducción debía aplicarse a los "rendimientos netos con un período de generación superior a dos años que se imputen en un único período impositivo", como período de generación debe entenderse el período transcurrido entre el momento que esos rendimientos comienzan a generarse o devengarse y aquel otro en que resultan "exigibles"; "exigibles" en los términos que para su imputación temporal establece elart. 14.1 de la Ley 35/2006 (Ley IRPF). Periodo de generación que tiene que ser "superior" a dos años, que es lo que así se establece en eseart. 23.3 de la Ley 35/2006 (Ley IRPF), sin que a estos efectos tenga relevancia fiscal que parte de dichas rentas se generen en el ejercicio 2017, rentas anticipadas, toda vez por pacto entre las partes se convino que estas fueran exigibles el 31-12-2016.

Por tanto, la posible aplicación de la reducción por plurianualidad en el caso que nos ocupa tenía que venir de que dicho supuesto pudiera incluirse en los del primer tipo de casos del art. 23.3 de la Ley del Impuesto, que hacía aplicable la reducción a los "rendimientos netos con un período de generación superior a dos años que se imputen en un único período impositivo". Con lo que decisivo aquí es interpretar qué debe entenderse como período de generación de una renta inmobiliaria, a este es el periodo transcurrido entre el momento que esos rendimientos comienzan a generarse o devengarse y aquel otro en que resultan "exigibles, en este caso más de dos años, y por ende resulta aplicable el referido artículo 23,3 LIRPF a fin de corregir la excesiva progresividad que se deriva de su obtención en un determinado período impositivo, dado que se han generado durante varios períodos, pero su imputación corresponde a uno solo.

Todo lo dicho debe llevarnos a la estimación del recurso, admitiendo la procedencia de la reducción del 30 % de esta renta irregular, siendo esta por otra parte la forma de tributación dichos rendimientos en los ejercicios 2006 y 2012, no constando que la misma fuera regularizada por la AEAT."]

Por lo expuesto, procede estimar el recurso contencioso-administrativo formulado, anulando la resolución del TEAR impugnada así como la liquidación por IRPF 2017 de fecha 3 de junio de 2019 por considerar procedente la reducción por renta irregular.

Capítulo segundo
FISCALIDAD DE LOS RENDIMIENTOS DEL CAPITAL INMOBILIARIO

I. RENDIMIENTOS ÍNTEGROS DEL CAPITAL INMOBILIARIO

La Ley reguladora del Impuesto sobre la Renta de las Personas Físicas define los rendimientos del capital de forma genérica, sin distinguir su origen. Así, según su artículo 21.1 LIRPF tendrán la consideración de rendimientos íntegros del capital la totalidad de las utilidades o contraprestaciones cualquiera que sea su denominación o naturaleza, dinerarias o en especie, que provengan, directa o indirectamente, de elementos patrimoniales, bienes o derechos, cuya titularidad corresponda al contribuyente y no se hallen afectos a actividades económicas realizadas por el mismo.

Tanto los inmuebles como los derechos que recaen sobre ellos son elementos patrimoniales y, en consecuencia, son susceptibles de generar rendimientos para sus titulares. El único requisito que se establece es que no se encuentren afectos a actividades económicas realizadas por ellos mismos.

El arrendamiento de inmuebles se realiza como actividad económica cuando concurren las siguientes circunstancias (art. 27.2 de la LIRPF):

- Que en el desarrollo de la actividad se cuente, al menos, con un local exclusivamente destinado a llevar a cabo la gestión de la misma.
- Que para la ordenación de aquélla se utilice, al menos, una persona empleada con contrato laboral y a jornada completa.

En relación a este régimen, la Resolución del TEAC de 5 julio 2016 (JUR 2016, 164723) viene a decir que el concepto de actividad económica al que alude el artículo 53.1 TRLIS (RCL 2004, 640, 801), debe cumplir los requisitos contenidos en el artículo 27.2 de la LIRPF para que resulte de aplicación el régimen especial de entidades dedicadas al arrendamiento de viviendas y, por tanto, la bonificación en cuota prevista en él.

Quedan excluidos de este tipo de rendimientos los derivados de la transmisión de la titularidad de los elementos patrimoniales, aun cuando exista un pacto de reserva de dominio. En este caso, las rentas obtenidas tributan como ganancias o pérdidas patrimoniales, salvo que la Ley las califique expresamente como rendimientos del capital.

El arrendamiento de inmuebles debe diferenciarse del arrendamiento de negocio. Será el contrato de arrendamiento el que determinará la adscripción a uno u otro tipo de rendimientos. Así, si el objeto de contrato es el inmueble estaremos ante un rendimiento del capital inmobiliario. Pero si de la lectura de las cláusulas del contrato se deduce que lo que se arrienda es «una unidad patrimonial con vida propia y susceptible de ser inmediatamente explotada o pendiente para serlo de meras formalidades administrativas», estaremos ante un rendimiento del capital mobiliario.

Cabe la posibilidad de que un mismo inmueble genere rendimientos a contribuyentes distintos, si existen diversos derechos constituidos sobre él.

Pueden obtener rendimientos del capital inmobiliario tanto los propietarios de inmuebles como los titulares de derechos reales. En relación con esta cuestión deberá acudirse a la legislación civil y a la jurisprudencia relativa a la materia, a efectos de determinar qué derechos se consideran como tales.

En el supuesto de subarriendo, las cantidades percibidas por el subarrendador se consideran rendimientos del capital mobiliario, pues derivan de un derecho que no procede de la titularidad de un bien inmueble.

El rendimiento íntegro del capital inmobiliario incluye todos los conceptos que se reciben del adquirente, cesionario, arrendatario o subarrendatario, incluido, en su caso, el correspondiente a todos aquellos bienes cedidos con el inmueble. Sólo se excluye, como resulta obvio, el Impuesto sobre el Valor Añadido o, en su caso, el Impuesto General Indirecto Canario.

En aquellos supuestos en los que se produzca una modificación del precio acordado entre las partes (a modo de ejemplo, una reducción de los importes a causa del estado de alarma por la situación causada por el covid-19) el rendimiento íntegro del capital inmobiliario correspondiente a los periodos afectados serán los nuevos importes pactados (Resolución de la DGT, de 21 de abril de 2020, V0985/2020).

Los rendimientos derivados del capital inmobiliario deben imputarse al momento en que sean exigibles, no pudiendo optarse por el criterio de caja.

II. GASTOS DEDUCIBLES DE LOS RENDIMIENTOS ÍNTEGROS DEL CAPITAL INMOBILIARIO

Para determinar el rendimiento neto del capital inmobiliario es preciso deducir los gastos necesarios para su obtención.

La necesidad del gasto debe ser entendida en el sentido de conveniencia. Es decir, un gasto será fiscalmente deducible cuando resulte conveniente para la obtención del ingreso, cuando esté orientado a la obtención de ingresos, en virtud del principio de correlación de ingresos y gasto, y no sólo cuando sea necesario en el sentido de «imprescindible» para la obtención del ingreso. [Sentencias del TS 3 julio 2012 (RJ 2012, 7699) y 3 de julio de 2012 (RJ 2012, 7699)].

El artículo 22 de la LIRPF (RCL 2006, 2123y RCL 2007, 458) menciona una serie de gastos que pueden ser deducidos de los rendimientos íntegros. La lista de gastos debe completarse con los arts. 13 y 14 del RIRPF (RCL 2007, 664). No se trata de una lista cerrada, sino de la enumeración de algunos supuestos que se consideran, en todo caso, necesarios para la obtención de los rendimientos. Por lo tanto, podrán deducirse gastos no mencionados siempre que cumplan el requisito de la necesidad.

Conviene recordar que los gastos a los que nos vamos a referir sólo pueden ser deducidos por quien obtiene rendimientos del capital inmobiliario conforme a lo expuesto en el apartado anterior.

En el caso de deducibilidad del gasto por el perceptor del rendimiento. No podrá incluir los gastos en su liquidación el nudo propietario de un inmueble, que no percibe este tipo de rentas por corresponder todas ellas al usufructuario. [Sentencia del STSJ de Cataluña de 21 de marzo de 2002 (JUR 2002, 196810)].

II.1. INTERESES DE LOS CAPITALES AJENOS INVERTIDOS Y DEMÁS GASTOS DE FINANCIACIÓN

El importe total a deducir por los gastos enumerados en el art. 23.1.a) de la LIRPF (RCL 2006, 2123y RCL 2007, 458) (intereses de los capitales ajenos invertidos en la adquisición o mejora del bien, derecho o facultad de uso y disfrute del que procedan los rendimientos, y demás gastos de financiación, así como los gastos de reparación y conservación del inmueble) tiene un límite. Dicho importe no podrá exceder, para cada bien o derecho, de la cuantía de los rendimientos íntegros obtenidos. El exceso se podrá deducir en los cuatro años siguientes, sin que pueda exceder, conjuntamente con los gastos por estos mismos conceptos correspondientes a cada uno de estos años, de la cuantía de los rendimientos íntegros obtenidos en cada uno de los mismos, para cada bien o derecho.

La Ley se refiere a la adquisición o mejora, con lo que cabe plantearse si deben incluirse los intereses por préstamos invertidos en la reparación y conservación del bien. La respuesta debe ser afirmativa. En primer lugar, porque se trata de gastos necesarios para la obtención de los ingresos y, en segundo lugar, porque la norma hace referencia a un genérico «demás gastos de financiación» donde tendrían cabida lo incurridos en la reparación y conservación del bien.

Por lo anterior, también resultan deducibles los intereses de los capitales ajenos invertidos en la satisfacción de la cuota del Impuesto sobre Sucesiones y Donaciones correspondiente a dicha adquisición hereditaria, tanto si los intereses corresponden a un aplazamiento o fraccionamiento concedido en relación con dicha cuota por la Administración Tributaria, como si se obtiene un préstamo para su satisfacción.

IRPF. Rendimientos de capital inmobiliario. Gastos financieros. Prueba del destino del crédito. La admisión de la deducibilidad de los intereses de capitales ajenos invertidos en la adquisición y mejora del bien, derecho o facultad del que derivan los rendimientos depende de la prueba del destino del crédito. [SAN de 23 de febrero de 2001 (JT 2001, 1080) y las SSTSJ de País Vasco, de 17 de marzo de 2001 (JUR 2001, 300057) y de 23 de julio de 2001 (JT 2001, 1593) STSJ de Andalucía, de 24 de septiembre de 2008 (JT 2009, 174) STSJ Andalucía de 7 de octubre de 2008 (JT 2009, 604) STSJ de Cataluña de 16 de julio de 2008 (JT 2008, 1028) STSJ de La Rioja, de 1 de septiembre de 1999 (JUR 1999, 271030)].

La exigencia de probar el destino de préstamo también ha de darse en relación con los préstamos gratuitos concedidos por la empresa o por los familiares para la adquisición o mejora del bien inmueble.

IRPF. Rendimientos de capital inmobiliario. Gastos financieros. Prueba de los préstamos gratuitos. Una de las posibles pruebas puede ser la presentación del contrato privado del documento bancario de préstamo ante las oficinas liquidadoras del ITPyAJD. [Contestación a la Consulta de la DGT de 29 de febrero de 2000 (JUR 2001, 203335)] y SSTSJ de Sevilla, Andalucía de 21 de marzo de 2002 (JT 2002, 1292) Canarias (Las Palmas) de 7 de enero de 2000 (JT 2000, 332) y País Vasco, de 23 de junio de 2001 (JT 2001, 1593)].

En cuanto a los gastos de financiación distintos de los intereses, serán deducibles: la comisión de apertura, gastos de tasación, escrituración y registro de la hipoteca, de los avales obtenidos para garantizar pagos aplazados, gastos de sustitución de hipoteca, costes de las letras de cambio, etc. Nótese que los gastos de financiación de un inmueble sólo podrán deducirse respecto de ese inmueble y no de otros inmuebles que se tengan arrendados (Resolución DGT, núm. V 1698/2019, de 9 de julio (JUR 2019, 274270)).

II.2. LOS GASTOS DE REPARACIÓN Y CONSERVACIÓN

Los gastos de reparación y conservación que se recogían en la anterior normativa en otro apartado, con la nueva Ley se incluye en el primero, debido a que se establece un límite conjunto de deducibilidad, junto con el anterior gasto (financieros), en el sentido que la suma de ambos gastos, para cada bien o derecho, se podrán computar como gasto deducible hasta la cuantía de los rendimientos íntegros obtenidos, el exceso se podrá deducir en los cuatro años siguientes.

El art. 13.a) del RIRPF (RCL 2007, 664) considera gastos de reparación y conservación: Los efectuados regularmente con la finalidad de mantener el uso normal de los bienes materiales, como el pintado, revoco o arreglo de instalaciones. Como ejemplo pueden citarse los gastos del teléfono existente en el ascensor del edificio y los gastos de reparación efectuados en el mismo, teniendo en cuenta la antigüedad del inmueble.

IRPF. Rendimientos de capital inmobiliario. Gastos de conservación y reparación. No se considera gasto directamente orientado a originar los ingresos del ejercicio, el de aquellas grandes y extraordinarias reparaciones de un inmueble que suponen, por ejemplo, la sustitución de pies de madera y de parte del relleno de macizo de la estructura del edificio, o la sustitución de forjados o de partes de las fachadas interiores y cubiertas [STSJ del País Vasco de 4 de octubre de 2001 (JUR 2001, 329292)].

IRPF. Rendimientos de capital inmobiliario. Gastos de conservación y reparación. Prueba. La factura del constructor y las facturas de materiales presentadas por el interesado no son prueba suficiente de la realidad de los gastos, al tratarse de documentos privados no aceptados por la Administración o también es insuficiente el acta notarial de presencia que pone de manifiesto el estado de los locales, pero no permite concluir la necesidad del gasto de reparación o de mejora. La realización de las obras debe acreditarse por otros medios, y en especial, por la concesión de una licencia municipal de obras. [SSTSJ de Andalucía (Sevilla) de 16 de octubre de 1997 (JT 1997, 1462) y de 19 de marzo de 2008 (JUR 2008, 378502)].

Los gastos de conservación y reparación deben diferenciarse de las mejoras, que pasa a incorporarse al valor de adquisición del bien, se deducen vía amortizaciones y tienen consecuencias en la determinación de la ganancia o pérdida patrimonial que se ponga de manifiesto como consecuencia de una eventual transmisión del inmueble [(art. 35.1 b) LIRPF (RCL 2006, 2123 y RCL 2007, 458)].

IRPF. Rendimientos de capital inmobiliario. Mejoras. El concepto de mejora no aparece contemplado expresamente en la normativa del Impuesto sobre la Renta de las Personas Físicas. Ahora bien, la Resolución de 30 de julio de 1991 (RCL 1992, 110), del Instituto de Contabilidad y Auditoría de Cuentas, por la que se dictan normas de valoración del inmovilizado material, en su norma tercera entiende por «mejora» el conjunto de actividades mediante las que se produce una alteración en un elemento del inmovilizado, aumentando su anterior eficiencia productiva. De acuerdo con estos preceptos, debe entenderse que constituyen reparaciones y conservaciones las destinadas a mantener la vida útil del inmueble y su capacidad productiva o de uso, mientras que cabe considerar como ampliaciones o mejoras las que redundan, bien en un aumento de la capacidad o habitabilidad del inmueble, bien en un alargamiento de su vida útil. [Resolución DGT núm. 2135/2003, de 10 diciembre (JUR 2004, 65552) y Resolución de la DGT núm. V1090-18 de 26 abril 2018 (JUR 2018, 158695)].

Entre los gastos de reparación y conservación hay que incluir las obras de rehabilitación, entendidas como aquellas reparaciones extraordinarias de un inmueble (en la que se ejecutan numerosas sustituciones en la estructura del edificio) cuya finalidad no es la de aumentar el valor del mismo sino, únicamente, la de restituirlo en su valor inicial y, en consecuencia, mantenerlo en su vida útil o en su capacidad productiva.

IRPF. Rendimientos de capital inmobiliario. Obras de rehabilitación. Las obras de rehabilitación suponen, en determinados casos, mejoras en el bien inmueble. [STSJ de País Vasco de 4 de octubre de 2001 (JUR 2001, 329292)].

IRPF. Rendimientos de capital inmobiliario. Transformación de viviendas en locales. La conversión de una planta con varias viviendas en un local destinado a oficinas no puede identificarse con la ejecución de obras de «conservación o reparación» que, notoria y obviamente son conceptos más restringidos y referidos al mantenimiento de las condiciones originarias del bien. Pero tal conversión del inmueble destinándolo a oficinas tampoco comporta una «ampliación» del activo material del sujeto pasivo; aquél sigue siendo el mismo. Puesto que ni se trata de obras de «conservación o reparación», ni tampoco de «ampliación o mejora», es evidente que las cantidades invertidas en el cambio de destino del inmueble ha de considerarse como gastos necesarios para la obtención de la renta gravada por el IRPF y, por lo tanto, serán deducibles de ella para la determinación de los rendimientos netos procedentes del capital. [STS de 21 de septiembre de 1990 (RJ 1990, 6987)].

Los gastos de sustitución de elementos, como instalaciones de calefacción, ascensor, puertas de seguridad u otros, es decir, de gastos destinados a mantener la vida útil del inmueble o su capacidad productiva o de uso, se consideran gastos de conservación o reparación.

IRPF. Rendimientos de capital inmobiliario. Gastos de sustitución de elementos. La sustitución del embaldosado, alicatado y persianas conlleva una evidente mejora para un inmueble y sólo podrían encajar en el concepto de «gasto de conservación» si se acreditase que el estado de los anteriores era de un deterioro tal que sólo su sustitución permitía mantener el valor a la vivienda. [Sentencias del TSJ de Baleares de 20 de julio 2001 (JUR 2001, 270643) y de 3 de abril de 2001 (JUR 2001, 179858)]. Tienen la consideración de gastos de sustitución las obras consistentes en reformar el baño, el aseo y la cocina, o sustitución del pavimento y pintado de paredes y techos. También tienen la consideración de sustitución de elementos necesarios para mantener el uso normal de la vivienda arrendada los gastos derivados de la sustitución de grifería del cuarto de baño, los cristales, la cocina eléctrica con su campana, el horno y la cocina de gas con su montaje no pueden analizarse desde la simple perspectiva de la reposición al estado original del inmueble en el momento de su construcción, sino al momento en que se efectúa la sustitución de los elementos analizados para mantener el uso normal en ese mismo momento, por lo que deben considerarse incluidos entre los gastos de conservación y reparación. [Contestaciones de la DGT a consultas vinculantes núm 1749/2008, de 30 de septiembre (JUR 2008, 341418) núm. 2112/2008, de 10 de noviembre (JUR 2009, 24551) y STSJ de Madrid de 7 de mayo de 2008 (JUR 2008, 214582)].

II.3. LOS TRIBUTOS Y RECARGOS NO ESTATALES

Los artículos 23.1 a). 2.º de la LIRPF (RCL 2006, 2123y RCL 2007, 458) y 13 b) del RIRPF (RCL 2007, 664) establecen la deducibilidad de los tributos y recargos no estatales, así como las tasas y recargos estatales, cualquiera que sea su denominación, siempre que incidan sobre los rendimientos computados o sobre el bien o derecho productor de aquéllos y no tengan carácter sancionador.

Se excluye la deducción de tributos estatales distintos de las tasas y de los recargos. En primer lugar, no será deducible ni el ISD ni el ITPyAJD satisfechos por la adquisición del bien inmueble objeto de arrendamiento. Serán considerados como mayor coste o valor de adquisición a la hora de determinar la existencia de una ganancia o pérdida patrimonial. Tampoco lo será el ITPyAJD exigido por el arrendamiento. Este impuesto es satisfecho, a título de contribuyente, por el arrendatario y no por el arrendador (artículo 8.f) de la LITPAJD (RCL 1993, 2849)). La alusión a tributos y recargos no estatales deja fuera otro tipo de prestaciones patrimoniales de carácter público, como por ejemplo los precios públicos que se exigen por servicios prestados en relación con el inmueble, que pueden incluirse en el concepto de gastos necesarios.

Es necesario que los tributos y recargos no estatales que incidan sobre los rendimientos hayan sido satisfechos por el perceptor de los rendimientos y no por el arrendatario, subarrendatario o cesionario, como en el caso de determinadas tasas municipales.

II.4. LOS SALDOS DE DUDOSO COBRO

El artículo 14.1.a) LIRPF (RCL 2006, 2123y RCL 2007, 458) establece como criterio de imputación temporal de los rendimientos del capital inmobiliario la exigibilidad del rendimiento.

IRPF. Rendimientos de capital inmobiliario. Imputación de los saldos de dudoso cobro. No obstante, cuando no se hubiera satisfecho la totalidad o parte de una renta, por encontrarse pendiente de resolución judicial la determinación del derecho a su percepción o su cuantía, los importes no satisfechos se imputarán al periodo impositivo en que aquélla adquiera firmeza (art. 14 de la LIRPF (RCL 2006, 2123y RCL 2007, 458)). Por tanto, se mantiene el principio de devengo si bien referido al momento en que la resolución judicial adquiera firmeza. [STS de 30 de junio de 2000 (RJ 2000, 4712)].

Por ese motivo, aunque la renta exigible no haya sido percibida por el obligado tributario, deberá imputarse para el cálculo del rendimiento íntegro del capital. Por ese motivo, cuando el impago se convierte en un saldo de dudoso cobro, se prevé la deducibilidad del mismo.

Para aplicar esta posibilidad es necesario que se cumpla algunas de las condiciones a las que hace referencia el art. 23.1.a).3.º de la LIRPF y el art. 13.e) del RIRPF (RCL 2007, 664) y que son las siguientes:

Cuando el deudor se halle en situación de concurso.

Cuando entre el momento de la primera gestión de cobro realizada por el contribuyente y el de la finalización del período impositivo hubiesen transcurrido más de seis meses, y no se hubiese producido una renovación de crédito.

Hay que tener en cuenta que, si el saldo dudoso es cobrado con posterioridad a su deducción, debe computarse como ingreso en el ejercicio en el que se produzca dicho cobro.

II.5. LAS CANTIDADES DEVENGADAS POR TERCEROS COMO CONSECUENCIA DE SERVICIOS PERSONALES

El artículo 23.1 a) 4.º de la LIRPF (RCL 2006, 2123y RCL 2007, 458) establece como gasto deducible las cantidades devengadas por terceros como consecuencia de servicios personales, matizando el art. 13 c) art. 13 c) del RIRPF (RCL 2007, 664) que dichas cantidades devengadas por terceros pueden ser consecuencia de una contraprestación directa o indirecta o como consecuencia de servicios personales, tales como los de administración, vigilancia, portería o similares.

Estos gastos deben ser satisfechos por el perceptor de los rendimientos, cuando en la actualidad es muy frecuente que los gastos por servicios o suministros sean trasladados al arrendatario —en cuyo caso, técnicamente serían ingreso y gasto deducible, que se neutralizarían— e incluso que los gastos por servicios que se individualizan mediante aparatos contadores sean de cuenta del arrendatario. En este caso, serán computados no ya como gastos sino como ingresos.

II.6. GASTOS POR LA FORMALIZACIÓN DE CONTRATOS Y DEFENSA JURÍDICA

Como establece el artículo 13 d) del RIRPF (RCL 2007, 664):

Entre los gastos ocasionados por la formalización del contrato de arrendamiento, subarriendo, cesión o constitución de los derechos pueden citarse los de notaría, registro y asistencia jurídica, siempre y cuando se cumplan dos requisitos. El primero, que no hubieran sido considerados y deducidos como gastos de financiación para la adquisición del bien, derecho o facultad de uso y disfrute (estos gastos son deducibles junto a los intereses de los capitales ajenos invertidos en la adquisición o mejora del bien, derecho o facultad de uso y disfrute del que procedan los rendimientos). En caso contrario, se produciría una doble deducción. En segundo término, dichos gastos deben haber sido satisfechos por el perceptor de los rendimientos (arrendador).

IRPF. Rendimientos de capital inmobiliario. Gastos de formalización. Agencias Públicas de Alquiler. Dado que la labor de la Sociedad Pública de Alquiler es de mera intermediación, deberá entenderse que el importe total del alquiler que debe satisfacer el arrendatario son ingresos del titular de la vivienda, quien, a su vez, deducirá como gasto la cantidad fijada a favor de dicha sociedad, como coste por los servicios y garantías recibidos. [Resolución DGT núm. V0610-09 25/03/2009 (JUR 2009, 184180)].

El mismo tratamiento que el que se acaba de especificar en relación con las Agencias Públicas de Alquiler se dará a las rentas percibidas por el propietario de la sociedad en caso de que el arrendatario rescindiese el contrato anticipadamente, dado que están garantizadas por la sociedad las rentas pactadas durante un periodo de cinco años, esté la vivienda alquilada o en expectativas de alquiler. Por tanto, estas rentas se calificarán como rendimientos derivados del arrendamiento de la vivienda, por lo que no procederá la imputación de rentas inmobiliarias.

Por otro lado, son deducibles los gastos de defensa jurídica relativos a los bienes, derechos o rendimientos siempre y cuando sean gastos necesarios para la obtención de los rendimientos.

Serán deducibles siempre que el contribuyente pueda justificarlos y además, guarden una relación directa con la obtención de las rentas resultantes del alquiler de los inmuebles.

IRPF. Rendimientos de capital inmobiliario. Gastos de defensa jurídica. No tendrán tal carácter la parte cuyo origen tuviera otra finalidad, como pudiera ser la mera confección de la declaración del impuesto. Por el contrario, sí tiene la consideración de gasto deducible la minuta de honorarios devengada a instancia de la comunidad de propietarios, por el desalojo de la vivienda de la portería del inmueble en el que se encuentra la finca arrendada, al tratarse de un gasto jurídico relacionado con el bien inmueble arrendado. [Resolución DGT núm. 1098/2002, de 17 julio (JUR 2002, 257480) y Resolución TEAF Guipúzcoa, de 29 de mayo (JT 2009, 129)].

II.7. PRIMAS DE CONTRATOS DE SEGURO

Siguiendo el contenido del artículo13 f) del RIRPF (RCL 2007, 664):

Debe tratarse de seguros suscritos por el titular del bien inmueble con la finalidad de dar cobertura a los bienes inmuebles y muebles cedidos conjuntamente de los que proceden los rendimientos (obras de reparación y conservación, incendios, responsabilidad civil por daños a terceras personas, defensa jurídica, etc.). De este modo, deberán excluirse los seguros personales que, en el ámbito del IRPF, ya tienen un tratamiento específico.

Al igual que sucede con los gastos por formalización del contrato, si el seguro se suscribe al concederse un préstamo hipotecario para financiar la adquisición del bien, derecho o facultad de uso y disfrute, deberá considerarse como un gasto de financiación.

II.8. CANTIDADES DESTINADAS A SERVICIOS O SUMINISTROS

De conformidad con el artículo 13 g) del RIRPF (RCL 2007, 664):

Se trata de gastos tales como electricidad, agua, gas, etc. La deducibilidad dependerá, también en este caso, de que sean satisfechos por el perceptor de los rendimientos.

IRPF. Rendimientos de capital inmobiliario. Gastos de suministro. Tendrán la consideración de gasto deducible los importes soportados por los anuncios insertados, así como las llamadas telefónicas efectuadas con los posibles inquilinos, si es el arrendador quién soporta de forma efectiva dichos gastos, teniendo en cuenta que dicha deducibilidad está condicionada por el principio de correlación de ingresos y gastos, esto es, deberá existir una vinculación, debidamente acreditada, entre los gastos incurridos y los ingresos derivados del posterior arrendamiento. [Resolución DGT núm. 1214/2003, de 8 septiembre (JUR 2004, 6044)].

III. CANTIDADES DESTINADAS A LA AMORTIZACIÓN DEL INMUEBLE

Los artículos 23.1.b) de la LIRPF (RCL 2006, 2123y RCL 2007, 458), 13. h) y 14 del RIRPF (RCL 2007, 664).

Son fiscalmente deducibles para el cómputo del rendimiento neto las cantidades destinadas a la amortización del inmueble y de los demás bienes cedidos con el mismo, siempre que respondan a su depreciación efectiva, en las condiciones que reglamentariamente se determinen. Tratándose de inmuebles, se entiende que la amortización cumple el requisito de efectividad si no excede del resultado de aplicar el 3% sobre el mayor de los siguientes valores: el coste de adquisición satisfecho o el valor catastral, sin incluir el valor del suelo.

IRPF. Amortización parcial de inmueble. En caso de arrendar una de las habitaciones de la vivienda en que se reside únicamente los gastos proporcionales incurridos correspondientes a esa parte de la propiedad alquilada serían considerados deducibles. En los gastos generales incurridos que no sean susceptibles de individualización, será necesario prorratear los gastos totales (DGT, de 13-03-2019, V0537/2019).

En el caso de que no se conozca el valor del suelo, éste se calculará prorrateando el coste de adquisición satisfecho entre los valores catastrales del suelo y de la construcción de cada año.

IRPF. Rendimientos de capital inmobiliario. Amortización de determinadas indemnizaciones. Se excluye la amortización de las indemnizaciones por resolución de los contratos, a pesar de ser consideradas como mejoras que aumentan el coste contabilizado del activo. [Resolución del TEAC de 6 de noviembre de 2000 (JT 2001, 140) y Sentencia del TSJ de Cataluña de 5 de mayo de 2000 (JT 2000, 1678)].

En el caso de adquisiciones lucrativas debe distinguirse el valor a efectos del ISD del coste de adquisición. En el caso de inmuebles adquiridos a título lucrativo (herencia o donación) sólo puede considerarse como coste de adquisición satisfecho el coste de las inversiones y mejoras efectuadas en el inmueble, así como la parte que corresponda a la construcción, de los gastos y tributos inherentes a la adquisición del inmueble, excluidos los intereses, que hubieran sido satisfechos por el adquirente. En los inmuebles adquiridos por herencia, el coste de adquisición satisfecho vendrá dado por los gastos y tributos satisfechos en la adquisición.

IRPF. Rendimientos de capital inmobiliario. Amortización de bienes adquiridos a título lucrativo. Se admite la deducibilidad de la amortización en el cálculo del rendimiento neto de los bienes inmuebles arrendados que han sido adquiridos por herencia o a título lucrativo. [STSJ Cataluña de 18 de septiembre de 2008 (JUR 2009, 41293) las Resoluciones del TEAF Guipúzcoa, de 28 de febrero (JT 2009, 115) de 30 de abril (JT 2009, 120) y 29 de mayo (JT 2009, 129) y Resolución TEAF Álava de 14 de marzo (JUR 2008, 335026)].

Tratándose de bienes muebles, susceptibles de ser utilizados por un período superior al año y cedidos conjuntamente con el inmueble, se presume que la amortización es efectiva cuando, en cada año, no exceda del resultado de aplicar a los costes de adquisición satisfechos los coeficientes de amortización determinados de acuerdo con la tabla de amortizaciones simplificada del art. 30 del RIRPF.

IRPF. Rendimientos de capital inmobiliario. Amortización de electrodomésticos. Por tanto, la adquisición del mobiliario y electrodomésticos, su deducibilidad se efectuará por la vía de amortización en función de la tabla de amortizaciones simplificada, que establece un coeficiente lineal máximo de 10 por 100 y un período máximo de 20 años, a contar desde la fecha de adquisición. [Resolución DGT núm.2112/2008, de 10 de noviembre (JUR 2009, 24551)].

Si los rendimientos derivan de la titularidad de un derecho o facultad de uso o disfrute, es posible deducir la parte proporcional del valor de adquisición satisfecho. La amortización en este supuesto será el resultado de las reglas siguientes:

Cuando el derecho tuviese plazo de duración determinado, el que resulte de dividir el coste de adquisición satisfecho del derecho por el número de años de duración de este.

Cuando el derecho fuese vitalicio, el resultado de aplicar al coste de adquisición satisfecho el porcentaje del 3%.

En los rendimientos del capital inmobiliario derivados de la titularidad de un derecho de uso o disfrute la amortización en la titularidad tales derechos no pueden superar el importe de los rendimientos íntegros procedentes de los mismos.

Sobre los gastos deducibles contenidos en el artículo 23.1.a) y 23.1.b) de la LIRPF, la Sentencia del Tribunal Supremo, Sala 3.ª, de lo Contencioso Administrativo, Sección Segunda, Sentencia 1130/2021, de 15 de septiembre, (Rec. 5664/2017).

El Tribunal Supremo estima parcialmente el recurso de casación interpuesto por la Administración General del Estado, contra sentencia del TSJ de la Comunidad Valenciana, sentencia que se casa y anula en cuanto la aplicación incorrecta del art. 23.1.a) de la LIRPF, y confirmando el resto de sus pronunciamientos.

Las cuestiones que presentan interés casacional objetivo para la formación de jurisprudencia consisten en:

1. Precisar la interpretación que debe darse al artículo 23.1.b) de la Ley del LIRPF, en la determinación la base de cálculo de las cantidades a deducir en concepto de amortización para determinar los rendimientos netos del capital.
2. determinar los rendimientos netos del capital inmobiliario sujetos al IRPF cuando la adquisición se ha producido por herencia o a título gratuito.
3. Determinar si, interpretando el artículo 23.1.a) 2.º de la misma Ley, la deducción de los gastos por los diversos conceptos del citado precepto, deben admitirse única y exclusivamente por el tiempo en el que el inmueble estuvo arrendado, y se percibieron rentas, en la proporción que corresponda, o bien, se deben deducir los gastos correspondientes no solo al periodo de tiempo en que estuvo arrendado el inmueble y se percibieron rentas sino también aquellos correspondientes al periodo en el que el inmueble no estuvo alquilado pero sí en disposición de poder arrendarse.
4. Identificar como norma que, en principio, será objeto de interpretación el artículo 23 de la Ley 35/2006, de 28 de noviembre, del Impuesto sobre la Renta de las Personas Físicas y de modificación parcial de las Leyes de los Impuestos sobre Sociedades, sobre la Renta de No Residentes y sobre el Patrimonio, en conexión con los artículos 13 y 14 de su Reglamento».

PRIMERO.— Sobre la infracción del art. 23.1.b) de la Ley 35/2006.

Como se ha puesto de manifiesto en los Antecedentes de la presente sentencia son dos las cuestiones con interés casacional objetivo, las mismas poseen sustantividad propia e independiente, por lo que procede dilucidar ambas separadamente, correspondiendo ahora centrarnos en la primera de ellas.

El art. 23 de la Ley 35/2006, con carácter general establece que los rendimientos netos del capital inmobiliario se calcularán deduciendo de los rendimientos íntegros determinados gastos y reducciones. Entre dichos gastos se encuentra las cantidades destinadas a la amortización del inmueble, en las condiciones que se determinen reglamentariamente, en concreto en el art. 14 del Real Decreto 439/2007, que prevé que estas cantidades serán deducibles en la medida en que respondan a la depreciación efectiva del inmueble, y cumplen este requisito de efectividad cuando no exceda, anualmente, del 3% del mayor entre el coste de adquisición satisfecho o el valor catastral, excluyendo del cómputo el coste o valor catastral del suelo.

La sentencia objeto del presente recurso de casación centra la primera cuestión en litigio en estos términos: «De acuerdo con esta redacción el problema es si la deducción del 3% como gasto de amortización se debe calcular sobre el valor del bien declarado a efectos del Impuesto de Sucesiones y Donaciones, como sostiene la parte recurrente, o sobré el valor catastral del bien, como defiende la Administración demandada», considerando que dado que los bienes inmuebles adquiridos a título gratuito se deprecian por el transcurso del tiempo, gravándose en el IRPF no el incremento del patrimonio, sino los rendimientos del capital inmobiliario, por lo que deben deducirse "todos los gastos necesarios para la obtención de los rendimientos; sin que la expresión "coste de adquisición satisfecho", art. 23.1 b) de la LIRPF y arts. 13 y 14 del RIRPF, deba entenderse en sentido excluyente «de la amortización respecto de aquellos activos inmobiliarios que han sido adquiridos a título lucrativo pero que no por ello dejan de tener un valor de adquisición, igualmente depreciadle desde la perspectiva de los gastos de amortización que se pueden deducir de los rendimientos que produce el capital inmobiliario gratuitamente adquirido». Invocando como acreditación de esta interpretación los numerosos pronunciamientos judiciales que sobre la misma cuestión se han producido en distintos Tribunales Superiores de Justicia. En definitiva el problema gira en torno a la interpretación de lo que ha de entenderse por coste de adquisición satisfecho, el cual no está definido en la normativa del impuesto.

Dispone, en lo que ahora nos interesa, el art. 23.1.b) de la LIRPF lo siguiente:

> "1. Para la determinación del rendimiento neto, se deducirán de los rendimientos íntegros los gastos siguientes:

> ...b) Las cantidades destinadas a la amortización del inmueble y de los demás bienes cedidos con éste, siempre que respondan a su depreciación efectiva, en las condiciones que reglamentariamente se determinen. Tratándose de inmuebles, se entiende que la amortización cumple el requisito de efectividad si no excede del resultado de aplicar el 3 por ciento sobre el mayor de los siguientes valores: el coste de adquisición satisfecho o el valor catastral, sin incluir el valor del suelo".

El art. 14 del RIRPF establece que:

> "1. Para la determinación del rendimiento neto del capital inmobiliario, tendrán la consideración de gasto deducible las cantidades destinadas a la amortización del inmueble y de los demás bienes cedidos con el mismo, siempre que respondan a su depreciación efectiva.
>
> 2. Se considerará que las amortizaciones cumplen el requisito de efectividad:
>
> a) Tratándose de inmuebles: cuando, en cada año, no excedan del resultado de aplicar el 3 por ciento sobre el mayor de los siguientes valores: el coste de adquisición satisfecho o el valor catastral, sin incluir en el cómputo el del suelo.
>
> Cuando no se conozca el valor del suelo, éste se calculará prorrateando el coste de adquisición satisfecho entre los valores catastrales del suelo y de la construcción de cada año".

El Sr. Abogado del Estado, como se ha indicado, discrepa del parecer manifestado por la Sala juzgadora, vinculando la amortización al factor de la previa inversión, y aboga por que se interprete la expresión coste de adquisición en referencia exclusiva a las adquisiciones a título gratuito, a los gastos y tributos satisfechos para su adquisición, por lo que no debe incluir el valor por el que se adquirió el inmueble; por tanto, como sucede en este caso, la determinación de la base de cálculo de las cantidades a deducir en concepto de amortización para determinar los rendimientos netos del capital inmobiliario sujetos al IRPF, debe tomar como referencia el valor catastral, sin incluir el suelo, al resultar mayor que el coste de adquisición satisfecho, constituido por los gastos y tributos inherentes a la adquisición.

La ley, que le va a otorgar a la postre a los conceptos y expresiones en debate la significación jurídica procedente, a efecto de calcular el rendimiento neto sometido a tributación, considera como gasto deducible "Las cantidades destinadas a la amortización del inmueble y de los demás bienes cedidos con éste", e introduce, en el mismo sentido la norma reglamentaria, el elemento más significativo de la amortización cual es la depreciación del valor del bien, esto es, la disminución de valor que sufre el bien, en este caso el inmueble, por el paso del tiempo y/o por su uso. Resulta evidente que no es posible desvincular la amortización de un inmueble del elemento que la caracteriza, de su valor y de la recuperación, en definitiva, de dicho valor que se persigue con la efectividad de la amortización. No es posible, por tanto, una interpretación que prescinda de dicho elemento sustancial, considerar que la amortización sólo comprende los gastos y tributos asumidos por la adquisición del inmueble, es desconocer el significado del término amortización, si así lo hubiera querido el legislador habría limitado los gastos a deducir a los gastos estrictos y a los tributos necesarios para la adquisición del inmueble, pero entonces no estaríamos ante una amortización, y aún cuando es habitual, desde el punto de vista económico y empresarial, la correlación entre la previa inversión y la consiguiente amortización, la amortización en sí es un término neutral con sustantividad propia que no exige para su efectividad la previa inversión.

La propia estructura y coherencia de la norma conduce a entender que el coste de adquisición satisfecho, comprende necesariamente el valor del propio inmueble, esto es, se emplea el término coste como sinónimo de valor de adquisición; en otro caso se estaría contrastando magnitudes entre las que no existiría relación alguna, en tanto que la tesis del Sr. Abogado del Estado conduce a confundir las partes, esto es, el conjunto de elementos que lo conforman, con el todo, que no puede ser otro que el valor del bien inmueble, de suerte que dependiendo de la mayor de las magnitudes se tendrá en cuenta el valor de adquisición más costes y tributos para su adquisición o el valor catastral; de no ser así carecería de sentido comparar costes y tributos necesarios para la adquisición con el valor catastral, en tanto que la Ley expresamente pone en relación dos valores resultantes, no un valor, el catastral, con los estrictos gastos y tributos satisfechos para adquirir el bien inmueble que, mire como se mire, en absoluto incorpora un valor de dicho bien inmueble.

La ley no distingue entre inmuebles adquiridos a título oneroso o gratuito, en ambos casos, como no puede ser de otra forma por la ausencia de distinción de ambos supuestos, contrasta el coste de adquisición satisfecho, que no puede ser otro que el valor del bien junto con los gastos y tributos para su adquisición con el valor catastral, magnitudes homogéneas, sin que entrañe dificultad alguna la determinación del valor resultante en el primer caso, esto es, en las adquisiciones onerosas, se comprende dentro del conjunto de elementos conformadores, junto con los gastos y tributos, el precio pagado por la adquisición, determinantes todos ellos del valor del inmueble a efectos de su amortización, que entra en contraste con el valor catastral, para acoger como valor de aplicación a efectos de determinar el rendimiento neto mediante la reducción del 3% del mayor de ambos valores. En las adquisiciones a título gratuito, no cabe distorsionar el precepto contrastando magnitudes que ninguna relación tienen entre ellas y desconoce cuál es el sentido de la amortización como depreciación que sufre el inmueble por su uso o transcurso del tiempo, por lo que al valor catastral sólo cabe contraponer el valor resultante del valor del bien adquirido mediante título gratuito compuesto junto a los gastos y tributos necesarios por el valor del propio bien. "El coste de adquisición satisfecho" se aplica tanto para las adquisiciones onerosas como gratuitas, y, para ambos, debe comprenderse el valor del propio bien cuya determinación se hace depender en cada caso de la propia característica de la forma de adquisición, en las adquisiciones a título oneroso el valor real del bien, y en las gratuitas el importe real del valor, determinado según las normas del Impuesto sobre Sucesiones y Donaciones, esto es, el consignado en la escritura de donación o de adquisición de la herencia o el comprobado por la Administración.

Reducir en las adquisiciones a título gratuito la amortización a los gastos ocasionados y tributos satisfechos para su adquisición, desvirtúa de todo punto la previsión normativa, desconoce el correcto significado de la amortización como concepto unívoco puesto que no cabe delimitar como gasto la amortización o depreciación del valor del bien inmueble y prescindir del valor de dicho bien para calcular el gasto a deducir, e introduce la incoherencia de contrastar magnitudes diferentes con merma de la lógica y propia sistemática normativa.

La ley no distingue entre inmuebles adquiridos a título oneroso o gratuito, en ambos casos, como no puede ser de otra forma por la ausencia de distinción de ambos supuestos, contrasta el coste de adquisición satisfecho, que no puede ser otro que el valor del bien junto con los gastos y tributos para su adquisición con el valor catastral, magnitudes homogéneas, sin que entrañe dificultad alguna la determinación del valor resultante en el primer caso, esto es, en las adquisiciones onerosas, se comprende dentro del conjunto de elementos conformadores, junto con los gastos y tributos, el precio pagado por la adquisición, determinantes todos ellos del valor del inmueble a efectos de su amortización, que entra en contraste con el valor catastral, para acoger como valor de aplicación a efectos de determinar el rendimiento neto mediante la reducción del 3% del mayor de ambos valores. En las adquisiciones a título gratuito, no cabe distorsionar el precepto contrastando magnitudes que ninguna relación tienen entre ellas y desconoce cuál es el sentido de la amortización como depreciación que sufre el inmueble por su uso o transcurso del tiempo, por lo que al valor catastral sólo cabe contraponer el valor resultante del valor del bien adquirido mediante título gratuito compuesto junto a los gastos y tributos necesarios por el valor del propio bien. "El coste de adquisición satisfecho" se aplica tanto para las adquisiciones onerosas como gratuitas, y, para ambos, debe comprenderse el valor del propio bien cuya determinación se hace depender en cada caso de la propia característica de la forma de adquisición, en las adquisiciones a título oneroso el valor real del bien, y en las gratuitas el importe real del valor, determinado según las normas del Impuesto sobre Sucesiones y Donaciones, esto es, el consignado en la escritura de donación o de adquisición de la herencia o el comprobado por la Administración.

Reducir en las adquisiciones a título gratuito la amortización a los gastos ocasionados y tributos satisfechos para su adquisición, desvirtúa de todo punto la previsión normativa, desconoce el correcto significado de la amortización como concepto unívoco puesto que no cabe delimitar como gasto la amortización o depreciación del valor del bien inmueble y prescindir del valor de dicho bien para calcular el gasto a deducir, e introduce la incoherencia de contrastar magnitudes diferentes con merma de la lógica y propia sistemática normativa.

IV. IMPUTACIÓN TEMPORAL DE LOS GASTOS: BIENES INMUEBLES EN EXPECTATIVA DE ALQUILER

Ni la LIRPF ni el RIRPF resuelven expresamente el interrogante relativo a los gastos necesarios para el arrendamiento que se producen antes de que éste se produzca, cuando aún no se están produciendo rendimientos del capital inmobiliario. El artículo 14 de la LIRPF (RCL 2006, 2123y RCL 2007, 458) dispone, únicamente que: «los ingresos y gastos que determinan la renta a incluir en la base del impuesto se imputarán al período impositivo que corresponda, de acuerdo con los siguientes criterios: a) Los rendimientos del trabajo y del capital se imputarán al período impositivo en que sean exigibles por su perceptor».

En virtud del principio de correlación entre ingresos y gastos, es claro que si los desembolsos están orientados a la obtención de ingresos, aunque estos no se hayan producido aún, deben computarse como deducibles fiscalmente.

IRPF. Rendimientos de capital inmobiliario. Gastos deducibles respecto de bienes en expectativa de alquiler. Las cantidades que los gastos representan pueden ser objeto de deducción, no sólo cuando el bien se encuentra arrendado en el momento de producirse, sino también cuando, sin estarlo, la finalidad de las obras o reparaciones es precisamente mantener el inmueble en condiciones de seguir arrendándose en el futuro. [STSJ de Castilla-La Mancha, de 26 de marzo de 1999 (JT 1999, 1385) y Contestación a la Consulta de la DGT, de 19 de junio de 2001 (JUR 2002, 76298)].

Un caso bastante claro lo constituyen los gastos de publicidad precisos para el arrendamiento del inmueble. Tal y como ha advertido la DGT, dichos gastos son deducibles siempre que tengan por objeto el arrendamiento de las viviendas. [Consultas de la DGT, de 26 de marzo y de 19 de junio de 2001 (JUR 2002, 76298)].

Igualmente, en relación con el momento en el que son deducibles los gastos de financiación, se afirma que nada tiene que ver que en el momento de realización de los gastos los inmuebles no estuviesen arrendados, si queda acreditado que fueron objeto de arrendamiento de forma inmediata. [Contestación a la Consulta de la DGT de 28 de mayo de 2001 y las SSTSJ de Madrid, de 5 de septiembre de 2002 (JT 2002, 989) y de Baleares, de 25 de marzo de 2001 (JT 2001, 823)].

La deducción se realizaría, de este modo, en el momento en que se obtengan dichos rendimientos.

IRPF. Rendimientos de capital inmobiliario. Momento de la deducción de los gastos deducibles respecto de bienes en expectativa de alquiler. Si en el ejercicio no se obtienen rendimientos y por tanto, opera el límite previsto para los gastos financieros y de conservación y reparación, podrán ser deducidos en los cuatro ejercicios siguientes pero respetando cada año el límite legalmente establecido. [Contestaciones de la DGT a consultas vinculantes núm. V773-10, de 21 de abril de 2010 (JUR 2010, 201170) y núm. V1489-10, de 02 de julio de 2010 (JUR 2010, 366601)].

Durante el ejercicio o ejercicios en los que los bienes no estén arrendados procederá, en su caso, la imputación de rentas correspondiente (imputación que no admite gasto deducible alguno).

IRPF. Rendimientos de capital inmobiliario. Gastos no deducibles respecto de bienes en expectativa de alquiler. No serán deducibles los gastos relacionados directamente con la titularidad del bien inmueble, como ocurre por ejemplo con los gastos por servicios personales, el pago de la comunidad o el IBI, hasta el preciso momento en el que el bien inmueble comience a generar rendimientos [Contestaciones de la DGT a consultas de 19 de junio de 2001 (JUR 2002, 76298) Resolución núm. 2021/2006, de 11 octubre (JUR 2006, 291553) y Resolución núm. V0770-09, de 14 abril 2009 (JUR 2009, 265607) y núm. V1489-10, de 02 de julio de 2010 (JUR 2010, 366601)]. En sentido contrario, al considerar que siguen siendo necesarios para el destino a que se dedica, y por tanto a la obtención de ingresos, se ha admitido la deducibilidad de los gastos correspondientes a IBI, comunidad, administración y amortización del inmueble a pesar de no estar arrendado, pero quedando acreditado que el inmueble está destinado al arriendo. [STSJ de Cataluña de 18 de septiembre de 2008 (JUR 2009, 41293)].

Por otro lado, la imputación de rentas podrá realizarse en el caso de dos viviendas contiguas con una única referencia catastral si una de ellas se encuentra vacía (Resolución DGT núm. V 1689/2019, de 8 de julio (JUR 2019, 274292).

El Tribunal Supremo, Sala Tercera, de lo Contencioso-administrativo, Sección 2.ª, Sentencia 270/2021 de 25 Feb. 2021, Rec. 1302/2020 ha dejado claro que durante el tiempo en que no esté alquilado un inmueble, aunque tenga expectativa de estarlo, no se computarán rendimientos de capital inmobiliario y por el contrario, durante ese período de tiempo tributará como una imputación de renta inmobiliaria.

El Tribunal Supremo admite el recurso de casación interpuesto por la ADMINISTRACIÓN GENERAL DEL ESTADO.

En su Fundamento Jurídico Primero establece que "El objeto de este recurso de casación consiste en determinar si la sentencia pronunciada por la Sala de este orden jurisdiccional del Tribunal Superior de Justicia (en su Sección 3.ª) de la Comunidad de Valencia es o no conforme a Derecho en lo que atañe a la interpretación que efectúa de los artículos 85 y 23, apartados 1 y 2, de la LIRPF, con fundamento, en esencia, en el siguiente razonamiento: (i) partiendo de la dicción del artículo 85 LIRPF, que lo que "no es discutible es que los inmuebles arrendados están afectos a la obtención de rendimientos de capital inmobiliario, no siendo lícito el imputar dichas rentas en los meses que no pudo alquilarse dichos inmuebles, siendo el espíritu de dicha imputación inmobiliaria que todo inmueble, que no sea la vivienda habitual, es susceptible de generar una renta o un ingreso"; (ii) que la Administración "no niega que los pisos rehabilitados por el recurrente tienen como fin el arrendamiento a terceros, y por ende quiebra uno de los requisitos legales para imputar la renta al recurrente por los periodos que los pisos estuvieron vacíos (uno de ellos estuvo vacío diez meses en el año 2010, y otro piso no estuvo arrendado durante el 2012 durante once meses) pero sí se encuentran en expectativa de ser alquilados"; (iii) "la estricta aplicación del artículo 23.1 LIRPF, precepto ubicado en el ámbito de los rendimientos del capital inmobiliario, permite concluir la no admisión de la deducibilidad de los gastos cuando no se hubieran obtenido rendimientos, pero en este caso, al igual que respecto a la aplicación de rendimientos de capital inmobiliario, existe una expectativa de alquiler, y por ende debe deducirse los gastos de todo el periodo, y no sólo cuando los inmuebles están efectivamente alquilados"; (iv) en cuanto a los gastos declarados y no admitidos del local, "es cierto que en el ejercicio.no obtuvo rentas por no haber llegado a ser arrendado, pero una vez acreditada la titularidad del bien inmueble y la existencia de gastos devengados con anterioridad a la fecha del arrendamiento, habrá que determinar que, de la prueba practicada, de la existencia de una actividad global de arrendamiento de tres inmuebles, del propósito evidenciado en tal sentido, sin prueba alguna de un posible aprovechamiento, uso o disponibilidad por sus propietarios, de la naturaleza de los gastos y su directa relación con el negocio de arrendamiento, su imprescindibilidad, resulta patente que tales gastos se encuentran expresamente destinados a posibilitar la actividad de arrendamiento y, consecuentemente, debe admitirse la deducción de los gastos."

Siendo las cuestiones casacionales las siguientes, Fundamento Jurídico Tercero:

a) *Determinar si las rentas procedentes de bienes inmuebles, que no se encuentran arrendados ni subarrendados, pero que están destinados a serlo, tributan como rendimientos del capital inmobiliario o como rentas imputadas.*

b) *Precisar, en su caso, si los gastos asociados a dichos bienes inmuebles deben admitirse como deducibles única y exclusivamente por el tiempo en que los mismos estuvieron arrendados y generaron rentas, en la proporción que corresponda, o si también deben admitirse como tales los generados durante el tiempo en que los inmuebles no estuvieron alquilados, pero sí en disposición de poder arrendarse.*

c) *Precisar el alcance de la expresión "rendimientos declarados por el contribuyente" contenida en el artículo 23.2 de la Ley 35/2006, de 28 de noviembre, del Impuesto sobre la Renta de las Personas Físicas, a efectos de la aplicación de la reducción sobre los rendimientos derivados del arrendamiento de bienes inmuebles destinados a vivienda.*

Siendo las respuestas a estas preguntas las siguientes:

El corolario de lo expuesto es que la respuesta a las dos primeras cuestiones casacionales debe ser la siguiente:

a) *Conforme al artículo 85 LIRPF, las rentas procedentes de bienes inmuebles, que no se encuentran arrendados ni subarrendados, pero que están destinados a serlo, tributan como rentas imputadas.*

b) *Según el artículo 23.1 LIRPF, los gastos asociados a dichos bienes inmuebles deben admitirse como deducibles única y exclusivamente por el tiempo en que los mismos estuvieron arrendados y generaron rentas, en la proporción que corresponda.*

Señalando el Alto Tribunal que los razonamientos que se exponen son, por elementales en exigencias de los principios de unidad de doctrina y seguridad jurídica, reproducción de los incluidos en aquellas sentencias, en las que se abordan idénticas cuestiones fácticas y jurídicas a las que aquí se plantean.

Concluyendo en el Fundamento Jurídico ***SEXTO.— Criterios interpretativos*** *sobre los artículos 85, 23.1 y 23.2 LIRPF.*

Conforme a lo hasta aquí expuesto, y según ordena el artículo 93.1 LJCA, procede fijar la siguiente interpretación del precepto legal concernido en este litigio:

a) *Conforme al artículo 85 LIRPF, las rentas procedentes de bienes inmuebles, que no se encuentran arrendados ni subarrendados, pero que están destinados a serlo, tributan como rentas imputadas.*

b) *Según el artículo 23.1 LIRPF, los gastos asociados a dichos bienes inmuebles deben admitirse como deducibles única y exclusivamente por el tiempo en que los mismos estuvieron arrendados y generaron rentas, en la proporción que corresponda.*

c) El alcance de la expresión "rendimientos declarados por el contribuyente" contenida en el artículo 23.2 de la Ley 35/2016, de 28 de noviembre, del Impuesto sobre la Renta de las Personas Físicas y de modificación parcial de las leyes de los Impuestos sobre Sociedades, sobre la Renta de no Residentes y sobre el Patrimonio, a efectos de la aplicación de la reducción del 60% sobre los rendimientos derivados del arrendamiento de bienes inmuebles destinados a vivienda", ha de entenderse en el sentido de que tal limitación se refiere a las declaraciones, y no a la comprobación de las autoliquidaciones.

V. REDUCCIONES

Para la obtención del rendimiento neto del capital inmobiliario que se integrará en la parte general de la renta del obligado tributario deben practicarse dos tipos de reducciones. La primera, de carácter o finalidad extrafiscal, es la prevista para aquellos arrendamientos destinados a vivienda. La segunda, de carácter o finalidad fiscal o técnica, es la prevista para aquellos supuestos en los que el obligado tributario obtenga rentas irregulares.

V.1. REDUCCIONES POR ARRENDAMIENTO DE VIVIENDA

Como establece el artículo 23.2. de la LIRPF:

La reducción estándar de los rendimientos obtenidos por el alquiler será del **50%**, hay algunas excepciones que permiten aplicar **porcentajes de reducción superiores**. Esto beneficiará a aquellos propietarios que cumplan con ciertos requisitos establecidos por la normativa. Entre estos requisitos, se incluyen:

- **Reducción del precio de alquiler**: Si el propietario reduce el precio del alquiler en un **5%** en relación con la renta previamente pactada, podría beneficiarse de una reducción mayor.
- **Alquiler a jóvenes**: Los contratos de alquiler firmados con inquilinos jóvenes también podrían beneficiarse de una reducción incrementada.
- **Alquiler social**: En el caso de que el propietario de la vivienda aplique el alquiler social, también podrá acceder a una mayor reducción fiscal.

La reducción se refiere a los supuestos de arrendamiento de bienes inmuebles destinados a vivienda. La literalidad de la norma no restringe su aplicación a aquellos bienes inmuebles destinados a vivienda habitual, ni tampoco aquellos inmuebles alquilados a una persona jurídica quien, a su vez, los destinará a vivienda de sus empleados. Pese a lo cual la DGT viene manteniendo un criterio ciertamente restrictivo de dicha reducción que va más allá de lo que permite la literalidad de la norma.

El Tribunal Supremo, Sala Tercera, de lo Contencioso-administrativo, Sección 2.ª, Sentencia 1312/2020 de 15 Oct. 2020, Rec. 1434/2019 debate la siguiente cuestión que afecta a esta materia.

La cuestión que presenta interés casacional objetivo para la formación de jurisprudencia consiste en:

> *Precisar el alcance de la expresión "rendimientos declarados por el contribuyente" contenida en el* artículo 23.2 de la Ley 35/2016, de 28 de noviembre, del Impuesto sobre la Renta de las Personas Físicas *y de modificación parcial de las leyes de los Impuestos sobre Sociedades, sobre la Renta de no Residentes y sobre el Patrimonio, a efectos de la aplicación de la reducción del 60% sobre*

los rendimientos derivados del arrendamiento de bienes inmuebles destinados a vivienda.

En su Fundamento Jurídico Tercero, establece la Distinción entre declaración y autoliquidación.

> *Acepta la Sala el fundamento de la sentencia recurrida cuando distingue a los efectos de la interpretación de lo que deba entenderse por rendimientos declarados por el contribuyente, a que se refiere el artículo 23.2.1 de la Ley del Impuesto sobre la Renta de las Personas Físicas, entre declaración y autoliquidación.*

En efecto, mientras la primera viene descrita en el articulo 119. 1.º de la LGT, la segunda, está en un artículo posterior, el 120. El artículo 119 dispone en su apartado 1 que:

> "*Se considerará declaración tributaria todo documento presentado ante la Administración tributaria donde se reconozca o manifieste la realización de cualquier hecho relevante para la aplicación de los tributos*".

Y se añaden a continuación una serie de efectos que se vinculan a dicha declaración:

> "3. *Las opciones que según la normativa tributaria se deban ejercitar, solicitar o renunciar con la presentación de una declaración no podrán rectificarse con posterioridad a ese momento, salvo que la rectificación se presente en el período reglamentario de declaración.*
>
> 4. En la liquidación resultante de un procedimiento de aplicación de los tributos podrán aplicarse las cantidades que el obligado tributario tuviera pendientes de compensación o deducción, sin que a estos efectos sea posible modificar tales cantidades pendientes mediante la presentación de declaraciones complementarias o solicitudes de rectificación después del inicio del procedimiento de aplicación de los tributos".

Sin entrar a valorar estos condicionamientos a la declaración, lo cierto es que se prevén para un momento anterior al procedimiento de aplicación de los tributos.

Por el contrario, a la autoliquidación se refiere el articulo 120 de la LGT que dispone que:

1. Las autoliquidaciones son declaraciones en las que los obligados tributarios, además de comunicar a la Administración los datos necesarios para la liquidación del tributo y otros de contenido informativo, realizan por sí mismos las operaciones de calificación y cuantificación necesarias para determinar e ingresar el importe de la deuda tributaria o, en su caso, determinar la cantidad que resulte a devolver o a compensar. En estas autoliquidaciones el ciudadano colabora con la Administración realizando por si mismo las operaciones de calificación y cuantificación de la existencia o no de la deuda tributaria, sin perjuicio de que posteriormente la Administración pueda comprobar y regularizar en su caso dicha autoliquidación. "2. Las autoliquidaciones presentadas por los obligados tributarios podrán ser objeto de verificación y comprobación por la Administración, que practicará, en su caso, la liquidación que proceda.

Aparte de que propio precepto prevé la posibilidad de solicitar rectificación con posterioridad a la autoliquidación, se prevé igualmente la petición de devolución de ingresos indebidos.

Nos encontramos ya en una fase de regularización en la que la Administración esta obligada a dictar la liquidación procedente, aunque el resultado sea favorable para el ciudadano contribuyente. Esta es una exigencia del Estado de Derecho que consagra nuestra Constitución en el art. 1.1. y 9.1, y que se deriva igualmente del sistema tributario que prevé el artículo 31 de la misma norma, que ha de ser "justo".

A continuación el fundamento Jurídico CUARTO.— El principio de regularización integra.

Esta Sala bien y *manifestando en reciente sentencia que cuando la Administración inicia y procedimiento de comprobación, verificación de datos o inspección y procede a la regularización del contribuyente, ésta ha de ser integra, afectando no solo al tributo gestionado, sino a todos aquellos que estén relacionados directamente con los mismos presupuestos fácticos, y por ello debe llamar al procedimiento a quienes puedan ser afectados por la resolución del mismo.*

En este sentido por ejemplo la sentencia: 1182/2020, de 2 del 17 de septiembre de 2020, donde se sostiene (Fdto. jurídico primero) que:

> "No es ocioso indicar, llegados a este punto, que la jurisprudencia de la Sección segunda de esta Sala ha abordado recientemente el principio de bue-

na administración, ínsito en el artículo 103.1 de la Constitución, habiéndose indicando al respecto [por ejemplo en la Sentencia de 17 de abril de 2017 (rec. 785/2016, ES:TS:2017.1503), fundamento jurídico tercero] que: "le era exigible a la Administración una conducta lo suficientemente diligente como para evitar definitivamente las posibles disfunciones derivada de su actuación, por así exigirlo el principio de buena administración que no se detiene en la mera observancia estricta de procedimiento y trámites, sino que más allá reclama la plena efectividad de garantías y derechos reconocidos legal y constitucionalmente al contribuyente". Y, del mismo modo, en la Sentencia de 5 de diciembre de 2017 (rec. 1727/2016, ES:TS:2017:4499), fundamento jurídico cuarto, indicamos que "[a] la Administración, y claro está, a los órganos económico administrativos conformadores de aquella, le es exigible una conducta lo suficientemente diligente como para evitar posibles disfunciones derivada de su actuación, por así exigirlo el principio de buena administración que no se detiene en la mera observancia estricta de procedimiento y trámites, sino que más allá reclama la plena efectividad de garantías y derechos reconocidos legal y constitucionalmente al contribuyente. Del derecho a una buena Administración pública derivan una serie de derechos de los ciudadanos con plasmación efectiva, no es una mera fórmula vacía de contenido, sino que se impone a las Administraciones públicas de suerte que a dichos derechos sigue un correlativo elenco de deberes a estas exigibles, entre los que se encuentran, desde luego, el derecho a la tutela administrativa efectiva".

La Sala comparte estos argumentos y evidentemente estos principios, y por otra parte la propia normativa relativa a quienes presentan un interés legítimo que ha de ser afectado por la resolución que se adopte en el procedimiento, exige que se le llame al mismo para no causarle indefensión, tanto sean los particulares interesados, en este caso las entidades mercantiles vinculadas, como las Administraciones competentes en su caso para resolver o gestionar el impuesto en su caso".

Pues bien, *es evidente que los procedimientos de aplicación de los tributos prevén que la resolución que les pone termino, pueda ser favorable a los sometidos al mismo. En consecuencia, la regularización de una autoliquidación ha de ser integra, tanto en lo que les beneficia como en lo que les perjudica. Ello sin perjuicio de la potestad sancionadora de la Administración por la declaración extemporánea, o por la falta de esa declaración.*

En consecuencia, a la pregunta de la Sección Primera sobre:

Precisar el alcance de la expresión "rendimientos declarados por el contribuyente" contenida en el artículo 23.2 de la Ley 35/2016, de 28 de noviembre, del Impuesto sobre la Renta de las Personas Físicas *y de modificación parcial de las leyes de los Impuestos sobre Sociedades, sobre la Renta de no Residentes y sobre el Patrimonio, a efectos de la aplicación de la reducción del 60% sobre los rendimientos derivados del arrendamiento de bienes inmuebles destinados a vivienda"*, ha de responderse en el sentido de que tal limitación se refiere a las declaraciones, y no a la comprobación de las autoliquidaciones.

Otro supuesto que se refiere a esta reducción, es el siguiente: No será de aplicación esta reducción en caso de alquilar una vivienda a una persona jurídica que la destinará a vivienda de sus empleados, debido a que «debe entenderse que se trata de un arrendamiento de un bien inmueble destinado a vivienda, de acuerdo con lo dispuesto en el artículo 2 de la Ley 29/1994, de 24 de noviembre (RCL 1994, 3272), de Arrendamientos Urbanos (BOE de 25 de noviembre). Contestaciones de la DGT a consultas vinculantes núm. 1164/2004, de 3 mayo (JUR 2004, 178942) y núm. 274/2008, de 8 de febrero (JUR 2008, 97572).

En sentido contrario, se ha afirmado la procedencia de la aplicación de la reducción prevista para el arrendamiento de inmuebles destinados a vivienda aunque el contrato se haya firmado por una entidad mercantil, cuando el destino del inmueble sea el de servir de vivienda para un empleado de la sociedad o arrendamiento de una vivienda por la embajada para residencia habitual de sus funcionarios o arrendamiento de una vivienda por una entidad mercantil para ser utilizada como vivienda por uno de los accionistas. [STSJ de Madrid de 5 de julio de 2011 (JT 2011, 734) y contestaciones de la DGT núm.118/2008, de 22 de enero (JUR 2008, 64140) y núm. 264/2005, de 11 de octubre (JUR 2005, 250915).

Ahora bien, el TEAC en su Resolución de 8 de septiembre de 2016 (JT 2016, 1111) (R.G. 5138/2013), ha establecido que el solo hecho de que el arrendador de un inmueble susceptible de ser utilizado como vivienda sea persona jurídica no impide la reducción.

Tampoco será de aplicación la reducción señalada cuando el arrendamiento del inmueble se celebre por temporada, sea ésta de verano o cualquier otra, o que su destino es el alojamiento turístico, como tampoco será de aplicación cuando se cede en arrendamiento apartamentos a una agencia inmobiliaria, siendo ésta los que los subarrienda en nombre propia a sus clientes, o se arrienda una vivienda a una asociación sin ánimo de lucro aunque dicha asociación la destine a residencia habitual de menores o marginados. [Contestaciones de la DGT a consultas vinculantes núm. 1163/2004, de 3 mayo (JUR 2004, 178941) núm. 99/2005, de 8 marzo (JT 2005, 464), núm. 1721/2008, de 23 de septiembre (JUR 2008, 341378) y núm.1692/2008, de 16 de septiembre (JUR 2008, 336149) y Resolución del TEAC de 8 marzo 2018 (JT 2018, 207)].

En el caso de las agencias públicas de alquiler como mecanismos para potenciar el mercado de alquiler, la posibilidad de aplicarse la deducción el titular de la vivienda que la ofrece en alquiler estará condicionada a la forma en que se instrumente la contratación.

IRPF. Rendimientos de capital inmobiliario. Reducciones en caso de alquiler mediante agencias públicas de alquiler. a) si la labor de la sociedad es de mera intermediación, se entiende que los ingresos, deducido como gasto el porcentaje que perciba la agencia pública de alquiler, son del titular de la vivienda, siendo de aplicación la deducción; b) si la agencia aparece como arrendadora frente al inquilino, los ingresos que la agencia pública satisfaga al titular de la vivienda constituirán rendimientos ingresos del capital inmobiliario sin derecho a practicarse reducción (al haber contratado con una persona jurídica que no puede destinar el inmueble a constituir su vivienda) y las cantidades satisfechas por la entidad estarían, en este supuesto, sujetas a retención. [Contestaciones de la DGT a consultas vinculantes núm.1691/2008, de 16 de septiembre (JUR 2008, 336147), núm. 862/2008 de 24 de abril (JUR 2008, 159602), núm. 611/2008 de 28 de marzo (JUR 2008, 121084), núm.V0376-10 de 02 de marzo de 2010 (JUR 2010, 191580)].

Cuando existan varios arrendatarios de una misma vivienda, esta reducción se aplicará sobre la parte del rendimiento neto que proporcionalmente corresponda a los arrendatarios que cumplan los requisitos anteriores.

En la reducción por alquiler se da un supuesto que es el que afecta a los arrendamientos de inmuebles a estudiantes para vivienda; la resolución de la doctrina administrativa ha sido no considerar susceptibles de aplicación de la reducción en el gravamen de los rendimientos recibidos por alquiler por vivienda a los arrendamientos de inmuebles a estudiantes para destinarlos a vivienda; porque se trata de arrendamientos de temporada[47]; tal y como señala SÁNCHEZ MANZANO, son muchas las resoluciones administrativas tanto del TEAC como de la DGT en las cuales se manifiesta claramente que la no aplicación de la reducción a estos supuestos radica en la temporalidad del arrendamiento.

Pero no todas las resoluciones se dan en este sentido, véase la Sentencia del Tribunal Superior de Justicia de Galicia Sala de lo Contencioso-administrativo, Sección 4.ª, Sentencia 150/2024 de 28 Feb. 2024, Rec. 15500/2023, donde se establece, que la aplicación de la reducción sobre el rendimiento neto de dos alquileres destinados a vivienda durante el curso académico al amparo del art. 23.2 de la LIRPF. El hecho de que el arrendamiento se haya acotado temporalmente en el año (o más concretamente hayan sido excluidos los meses no lectivos, julio y agosto), no impide que durante el período en que está arrendado (10 de los 12 meses del año) se destine a la necesidad de vivienda (en el sentido de residencia o morada) de los arrendatarios. El beneficio fiscal trata de incrementar la oferta de inmuebles arrendados y potenciar el alquiler de uso residencial, frente al turístico o la desocupación: interpretación de la Sala en consideración a las sucesivas reformas de la Ley 29/1994, principalmente de la Ley 12/2023, por el derecho a la vivienda.

El TSJ Galicia estima parcialmente el recurso contencioso administrativo interpuesto por el obligado tributario contra Acuerdo TEAR Galicia que desestima la reclamación económica administrativa contra la liquidación IRPF anulando la la Resolución TEAR, por no ser conforme a derecho, y la liquidación provisional girada, reconociendo el derecho del recurrente a que le aplique la reducción instada al amparo del artículo 23.2 de la LIRPF. La resolución del *TEAR confirma la liquidación provisional practicada por considerar que la reducción prevista en el artículo 23.2 de la LIRPF sólo se aplica cuando el arrendamiento de vivienda se ha realizado para satisfacer la necesidad permanente de vivienda de los arrendatarios, lo cual no sucede en el*

---

[47] Para un mayor desarrollo de esta cuestión nos remitimos al trabajo de Sánchez Manzano, J. D., "La doctrina administrativa en torno a la reducción por arrendamientos de vivienda. Los arrendamientos de temporada. Particular alusión a los arrendamientos a estudiantes en el marco de los rendimientos del capital inmobiliario en el IRPF", BIB 2023\1883, **Revista Quincena Fiscal** num.14/2023.

caso controvertido, en el que se fija como período de arrendamiento el del curso académico/universitario; así como, que no procede la pretendida deducción de los gastos de los rendimientos íntegros del capital mobiliario del artículo 23.1 de la LIRPF, por cuanto en relación con los gastos de suministro, no se ha acreditado que debiesen ser abonados por el arrendador y en relación con las derramas no se ha acreditado su imputación al período en que el gasto sea exigible.

En el Fundamento **TERCERO, se establece que** "Resulta incontrovertido que la reducción pretendida por el recurrente se plantea con respecto a dos inmuebles, ambos alquilados durante 10 meses durante el año 2017; destinados al mismo fin de vivienda "universitaria" tanto en ejercicios precedentes, como posteriores.

La duración de los contratos se hace coincidir con el período académico, quedando el inmueble sin arrendar durante los meses de julio y agosto.

De la normativa antes transcrita se evidencia que *no es preciso que el contrato se supedite a un determinado período de tiempo para que sea aplicable el beneficio fiscal del artículo 23.2; siendo el único requisito el de que se arriende el inmueble con un destino de vivienda respecto de los arrendatarios.*

Mientras que la Administración demandada considera que el arrendamiento previsto para el curso escolar es un arrendamiento de temporada conforme al citado artículo 3 de la LAU y por ende para un uso distinto de vivienda; no se puede acoger su criterio, de un lado, porque realmente la LIRPF no nos remite expresamente a la LAU para la interpretación del artículo 23.2. Y de otro, porque, a criterio de esta Sala, el hecho de que el arrendamiento en este caso se haya acotado temporalmente en el año (o más concretamente hayan sido excluidos los meses no lectivos, julio y agosto), no impide que durante el período en que está arrendado (10 de los 12 meses del año) se destine a la necesidad de vivienda (en el sentido de residencia o morada) de los arrendatarios. Más si cabe cuando se aprecia que algunos de estos arrendatarios, son los mismos en los sucesivos cursos escolares.

Esta interpretación además debe hacerse en consideración a las sucesivas reformas de la Ley 29/1994, entre ellas la más reciente, Ley 12/2023, de 24 de mayo, por el derecho a la vivienda, entre cuyos objetivos se establecen *"Facilitar el acceso a una vivienda digna y adecuada a las personas que tienen dificultades para acceder a una vivienda en condiciones de mercado, prestando especial atención a jóvenes y colectivos vulnerables y favoreciendo la existencia de una oferta a precios asequibles y adaptada a las realidades de los ámbitos urbanos y rurales";* que están íntimamente ligada al fin perseguido con la Ley 46/2002 al introducir el beneficio fiscal al que se quiere acoger el recurrente de *"incrementar la oferta de viviendas arrendadas y minorar el precio de los alquileres",* potenciando el alquiler de inmuebles de uso residencial, frente al uso turístico de las mismas o su desocupación.

Asimismo, como apunta el actor, para idénticos supuestos, este criterio es el acogido por otras Salas, como el TSJ de Castilla y León (Burgos) o el de Madrid, en concreto el primero de ellos, en la sentencia 160/2022 de 22 de julio (ECLI:ES:TSJCL:2022:3200), dispone:

> *"(...) la Sala no comparte el criterio recogido en la resolución impugnada, dado que la normativa aplicable no limita la reducción al arrendamiento de viviendas al concepto de arrendamiento de vivienda del* artículo 2 de la LAU, *ni en el artículo 23.2 se hace referencia alguna al carácter temporal o no del arrendamiento, pero es que además aun cuando pudiera resultar justificado dicho criterio interpretativo tratándose de viviendas para uso turístico o vacacional, entendemos que el arrendamiento durante un año aun cuando sea para fines académicos no puede excluirse de la aplicación de la reducción, ni entender así que no se estén satisfaciendo las necesidades de residencia real, efectiva y permanente durante el curso escolar del arrendatario, ya que en este caso sí que se cumple igualmente la finalidad que preveía la exposición de motivos de la Ley 46/2002 cuando introdujo la reducción por arrendamiento de viviendas como incentivo para incrementar la oferta de viviendas arrendadas y minorar el precio de los alquileres, lo que puede ser discutible cuando se trata de viviendas para fines turísticos, pero en modo alguno en este caso y tampoco cabe entender que por qué el arrendatario este estudiando resulte que el arrendamiento tiene un uso distinto al de vivienda y que resultara aplicable el* artículo 3 de la LAU *y el derecho consagrado en la Constitución es igualmente aplicable a quien se traslada a otra ciudad con fines académicos o profesionales, siempre que el inmueble lo destine a su vivienda y no cabe en modo alguno compartir la afirmación de la contestación a la demanda de que la vivienda digna y adecuada no abarque las viviendas ocupadas con la finalidad escolar o académica"*

Y la sentencia del TSJ de Madrid, 525/2021, de 6 de octubre (ECLI:ES:TSJM:2021:10348), que con respecto al artículo 23.2 de la LIRPF prevé:

"La indicada reducción se vincula al arrendamiento de vivienda, sin exigir que su duración supere un determinado periodo de tiempo. El concepto de vivienda es pacífico: el inmueble en el que una o varias personas residen.

*La Administración pretende restringir ese concepto incorporando al mismo la palabra "habitual", término que no emplea el*art. 23.2 de la Ley del IRPF*y que, por ello, resulta ajeno a la reducción que nos ocupa.*

La Ley 35/2006 exige que la vivienda tenga carácter habitual en su art. 68.1 *(redacción anterior al año 2013) para poder aplicar la deducción por su adquisición, entendiéndose por vivienda habitual a tal efecto la que constituya la residencia del contribuyente durante un plazo continuado de, al menos, tres años (*art. 54.1 del Real Decreto 439/2007*). Pero —hay que repetirlo— el* art. 23.2 de la Ley del IRPF *no condiciona la reducción que nos ocupa a la duración del arrendamiento durante ese periodo o cualquier otro, ya que solo exige que el arrendatario destine el inmueble a vivienda, sin ningún requisito adicional, de suerte que la AEAT trata de supeditar la aplicación de la aludida reducción al cumplimiento de exigencias que no vienen impuestas por el ordenamiento jurídico, lo que no resulta admisible.*

*También invoca la Administración que el alquiler a estudiantes es un arrendamiento de temporada por curso escolar, y no un alquiler de vivienda. De nuevo esta tesis pugna con el tenor literal del*art. 23.2 de la Ley del IRPF*y trata de limitar el concepto "arrendamiento de vivienda" en función de su duración y de la actividad que realiza el inquilino, sin tener en cuenta que en ese caso el inmueble constituye la morada o residencia del arrendatario, es decir, su vivienda, aunque sea por un espacio temporal determinado y no indefinido.*

El art. 2.1 de la Ley 29/1994, de 24 de noviembre, de Arrendamientos Urbanos *(EDL 1994/18384), define el arrendamiento de vivienda en estos términos:*

"1. Se considera arrendamiento de vivienda aquel arrendamiento que recae sobre una edificación habitable cuyo destino primordial sea satisfacer la necesidad permanente de vivienda del arrendatario."

La acepción del término "permanente" es "que permanece", y permanecer es mantenerse o estar en algún sitio "durante cierto tiempo", sin que sea necesaria una estancia mínima concreta.

Además, el art. 9.1 de dicha Ley dispone que la duración del arrendamiento de vivienda "será libremente pactada por las partes", por lo que tampoco se vincula la naturaleza del arrendamiento (vivienda) a un periodo de duración del contrato."

En consecuencia, procede la estimación del recurso y por tanto la anulación de la liquidación impugnada."

V.2. REDUCCIONES POR RENDIMIENTOS CON UN PERÍODO DE GENERACIÓN SUPERIOR A DOS AÑOS Y LOS OBTENIDOS DE FORMA NOTORIAMENTE IRREGULAR EN EL TIEMPO

Según el art. 23.3 de la LIRPF y el art. 15 del RIRPF:

Los rendimientos netos con un período de generación superior a dos años tienen derecho a una reducción del 30 por ciento.

Los rendimientos que se califiquen reglamentariamente como obtenidos de forma notoriamente irregular en el tiempo, se reducirán en un 30 por 100.

Hasta el 31 de diciembre de 2014 la reducción era del 40%.

El artículo 15 del RIRPF cita los rendimientos del capital inmobiliario que pueden considerarse obtenidos de forma notoriamente irregular en el tiempo. Es necesario que se imputen a un único periodo impositivo. Los supuestos mencionados constituyen una lista cerrada o numerus clausus y son los siguientes:

Importes obtenidos por el traspaso o la cesión del contrato de arrendamiento de locales de negocio.

Indemnizaciones percibidas del arrendatario, subarrendatario o cesionario por daños o desperfectos en el inmueble.

Importes obtenidos por la constitución o cesión de derechos de uso o disfrute de carácter vitalicio.

Desde el 1 de enero de 2015, la cuantía del rendimiento neto sobre la que se aplica la citada reducción no puede superar el importe de 300.000 euros anuales.

A diferencia de los rendimientos del trabajo irregulares u obtenidos de manera notoriamente irregular en el tiempo, en los que la reducción se aplica sobre el rendimiento íntegro, en el caso de los rendimientos de capital inmobiliario, dicha reducción se aplica sobre el rendimiento neto.

VI. RENDIMIENTO EN CASO DE PARENTESCO

El supuesto previsto en el artículo 24 de la LIRPF establece:

Cuando el adquirente, cesionario, arrendatario o subarrendatario del bien inmueble o del derecho real que recaiga sobre el mismo, sea el cónyuge o un pariente, incluidos los afines, hasta el tercer grado inclusive, la norma prevé una regla con un margado carácter antielusión. En estos casos, el obligado tributario calculará el rendimiento neto con base en las reglas generales que se acaban de examinar y dicho rendimiento neto total no podrá ser inferior al que resulte de las reglas del artículo 85 de esta Ley.

VII. IMPUTACIÓN DE RENTAS INMOBILIARIAS

El artículo 85 de la LIRPF (RCL 2006, 2123y RCL 2007, 458) regula la Imputación de rentas inmobiliarias para los bienes inmuebles urbanos no afectos a actividades económicas ni generadores de rendimientos de capital inmobiliario, excluida la vivienda habitual y el suelo no edificado. Es decir, en estos casos se imputará como mínimo el 2% o el 1,1% del valor catastral, según haya sido o no revisado.

En consecuencia, cuando la renta pactada exceda del 2% o el 1,1% por 100 del valor del inmueble, pero el rendimiento neto resultante de minorarla en el importe de todos los gastos deducibles sea inferior a aquella cuantía (únicamente podrán deducirse gastos hasta alcanzar el límite citado) deberá incrementarse hasta el porcentaje citado. Cuando la renta pactada sea inferior a los referidos porcentajes del valor del inmueble se computará automáticamente dicho porcentaje, sin que se pueda practicar deducción alguna.

El segundo problema que advertimos es que no se tiene en cuenta que, entre parientes, también es muy habitual la cesión gratuita que, como su propio nombre indica, no genera rendimiento alguno. De este modo, surge la duda de si debería aplicarse lo dispuesto en el art. 85 de la LIRPF/2006, o la presunción de onerosidad de los arts. 6.5 y 40 de la LIRPF/2006.

IRPF. Rendimientos de capital inmobiliario. Cesión gratuita a parientes. Si el contribuyente prueba que la cesión se realiza de forma gratuita, no obtendría por tal cesión rendimientos del capital inmobiliario pero sí, deberá efectuar la imputación de rentas inmobiliarias. En el supuesto de que no pudiera probar la gratuidad, o que el precio de la cesión es inferior al de mercado, el contribuyente, obtendría rendimientos del capital inmobiliario que deberá valorar por su valor de mercado, sin que el rendimiento neto total pueda ser inferior al que resulte de las reglas del artículo 85 conforme al artículo 24 de la LIRPF. [Contestaciones de la DGT a consultas núm. 497/2006 de 27 de marzo (JUR 2006, 145247) y núm. 640/2003, de 13 de mayo (JT 2003, 1653)].

Esta norma de valoración imperativa refiere el mínimo a los rendimientos netos y no a los íntegros. Es decir, persiguiéndose una finalidad antielusoria, se limita en gran medida la deducibilidad de los gastos lo que contradice el principio de capacidad económica, especialmente si se contrata a precios de mercado. En estos últimos casos la norma resultaría claramente discriminatoria en perjuicio del arrendamiento a familiares respecto del tratamiento que recibe el arrendamiento a terceros.

La Sentencia del Tribunal Superior de Justicia de Madrid, Sala de lo Contencioso-administrativo, Sección 5.ª, Sentencia 84/2019 de 30 Ene. 2019, Rec. 536/2017, es muy clara al respecto cuando establece que los gastos de un inmueble que no está arrendado no pueden ser objeto de reducción del rendimiento íntegro, porque este inmueble tributará en concepto de imputación de rentas inmobiliarias.

Sobre el gravamen de las rentas inmobiliarias en régimen de imputación de rentas, el Tribunal Supremo, Sala Tercera, de lo Contencioso-administrativo, Sección 2.ª, Sentencia 270/2021 de 25 Feb. 2021, Rec. 1302/2020, ha tratado las siguientes cuestiones casacionales.

a) *Determinar si las rentas procedentes de bienes inmuebles, que no se encuentran arrendados ni subarrendados, pero que están destinados a serlo, tributan como rendimientos del capital inmobiliario o como rentas imputadas.*

b) *Precisar, en su caso, si los gastos asociados a dichos bienes inmuebles deben admitirse como deducibles única y exclusivamente por el tiempo en que los mismos estuvieron arrendados y generaron rentas, en la proporción que corresponda, o si también deben admitirse como tales los generados durante el tiempo en que los inmuebles no estuvieron alquilados, pero sí en disposición de poder arrendarse.*

c) *Precisar el alcance de la expresión "rendimientos declarados por el contribuyente" contenida en el artículo 23.2 de la Ley 35/2006, de 28 de noviembre, del Impuesto sobre la Renta de las Personas Físicas, a efectos de la aplicación de la reducción sobre los rendimientos derivados del arrendamiento de bienes inmuebles destinados a vivienda.*

Además, dicho auto identifica a como normas jurídicas que, en principio, serán objeto de interpretación los artículos 23, apartados 1 y 2, y 85, apartado 1, de la Ley 35/2006, de 28 de noviembre, del Impuesto sobre la Renta de las Personas Físicas, en relación con el artículo 22 de dicho texto legal, y el artículo 13 del Reglamento del Impuesto sobre la Renta de las Personas Físicas, aprobado por el Real Decreto 439/2007, de 30 de marzo.

La respuesta a las dos primeras cuestiones casacionales es la siguiente:

1. Aunque la Sala de instancia afirma que las obras realizadas por la recurrente son de reparación y no de mera conservación, y ello "con los importantes efectos fiscales de cada una de ellas, a efectos de tratarse de gastos deducibles del rendimiento del capital inmobiliario o bien como gasto de amortización (articulo 13 y 14 de Reglamento del IRPF aprobado por RD 439/07 de 30 de Marzo)", no extrae de ello las oportunas consecuencias.
2. Ni de los preceptos reglamentarios que cita ni, desde luego, de la dicción del artículo 85 LIRPF —que en su apartado 1.º establece que "[e]n el supuesto de los bienes inmuebles urbanos (...) no afectos (...) a actividades económicas, ni generadores de rendimientos del capital, excluida la vivienda habitual y el suelo no edificado, tendrá la consideración de renta imputada la cantidad que resulte de aplicar el 2 por ciento al valor catastral, determinándose proporcionalmente al número de días que corresponda en cada período impositivo"—, ni de su interpretación conforme a los otros criterios hermenéuticos admitidos en Derecho (artículos 12.1 LGT y 3.1 CC), cabe inferir, como hace el Tribunal Superior de Justicia de la Comunidad Valenciana, que no cabe la imputación de rentas a unas fincas que están únicamente en expectativas de alquiler.

   Como indica el abogado del Estado, "el tenor literal del art. 85.1 LIRPF, supone inequívocamente que el legislador ha establecido un claro criterio de imputación proporcional al tiempo en que el inmueble no genere rendimientos de capital por no estar arrendado"; se "impone, efectivamente, una tributación mínima en el IRPF por los inmuebles no alquilados, distintos de la vivienda habitual, que no generan rendimientos de capital", y "nada dice sobre la posibilidad de que potencialmente puedan generarlos o de que su expectativa de destino sea el alquiler, AJD aunque estén temporalmente vacíos", sino que "entiende que todo inmueble que no sea la vivienda habitual, es susceptible de generar una renta o un ingreso, de modo que grava en el IRPF, con un mínimo equivalente al 2% o 1,1% del valor catastral según los casos, la mera posibilidad de obtener esa renta"".

3. Por tanto, *es evidente que la Sala incurre en manifiesto error cuando afirma que no es "lícito el imputar dichas rentas en los meses que no pudo alquilarse dichos inmuebles, siendo el espíritu de dicha imputación inmobiliaria que todo inmueble, que no sea la vivienda habitual, es susceptible de generar una renta o un ingreso". Y que la Administración "no niega que los pisos rehabilitados por el recurrente tienen como fin el arrendamiento a terceros, y por ende quiebra uno de los requisitos legales para imputar la renta al recurrente por los periodos que los pisos estuvieron vacíos (uno de ellos estuvo vacío diez meses en el año 2010, y otro piso no estuvo arrendado durante el 2012 durante once meses) pero sí se encuentran en expectativa de ser alquilados".*

El legislador entiende que todo inmueble que no sea la vivienda habitual, es susceptible de generar una renta o un ingreso, de modo que grava en el IRPF, con un mínimo equivalente al 2% o 1,1% del valor catastral según los casos, la mera posibilidad de obtener esa renta.

4. *Como también resulta palmario que cae en abierta contradicción cuando mantiene, por un lado, que "la estricta aplicación del artículo 23.1 LIRPF, precepto ubicado en el ámbito de los rendimientos del capital inmobiliario, permite concluir la no admisión de la deducibilidad de los gastos cuando no se hubieran obtenido rendimientos", pero afirma, por otro, que "en este caso, al igual que respecto a la aplicación de rendimientos de capital inmobiliario, existe una expectativa de alquiler, y por ende debe deducirse los gastos de todo el periodo, y no sólo cuando los inmuebles están efectivamente alquilados".*

Como indica el abogado del Estado, "en el supuesto de rendimientos inmobiliarios que nos ocupa, el art. 23.1.a) LIRPF, (...), es contundente al afirmar que solo son gastos deducibles "los gastos necesarios para la obtención de los rendimientos". Por tanto, si como dice el art. 22 LIRPF, los rendimientos íntegros son, en lo que ahora nos ocupa, todos los que se derivan del arrendamiento y, por tanto, la renta que paga el arrendatario, si el inmueble no está arrendado, por el tiempo en que no genera rendimiento íntegro alguno, no cabe deducir los gastos propiamente anuales como el IBI, seguros, gastos de comunidad, suministros etc, puesto que no son gastos necesarios para obtener unos ingresos que no se han obtenido". "La finalidad de la deducción de los gastos, es minorar la carga impositiva sobre el arrendador que percibe rentas. *No cabe ignorar que el hecho imponible es, precisamente, la obtención de renta derivada del arrendamiento. Por tanto, si no hay renta en el ejercicio o parte de él, no cabe deducir gastos imputables a ese periodo. Para el supuesto y el tiempo en que el inmueble no está arrendado, como se ha visto, lo que la LIRPF contempla es la imputación de rentas inmobiliarias siendo así que el art. 85 LIRPF, no contempla la deducción de gasto alguno".*

5. En cuanto a los gastos declarados y no admitidos del local, el artículo 23.2 LIRPF no permite aseverar que "es cierto que en el ejercicio. no obtuvo rentas por no haber llegado a ser arrendado, pero una vez acreditada la titularidad del bien inmueble y la existencia de gastos devengados con anterioridad a la fecha del arrendamiento, habrá que determinar que, de la prueba practicada, de la existencia de una actividad global de arrendamiento de tres inmuebles, del propósito evidenciado en tal sentido, sin prueba alguna de un posible aprovechamiento, uso o disponibilidad por sus propietarios, de la naturaleza de los gastos y su directa relación con el negocio de arrendamiento, su imprescindibilidad, resulta patente que tales gastos se encuentran expresamente destinados a posibilitar la actividad de arrendamiento y, consecuentemente, debe admitirse la deducción de los gastos". Simplemente, tiene razón el abogado del Estado cuando subraya que nada de esto está en la Ley.

Coincidimos con el abogado del Estado en que "el art. 23.2 LIRPF, reduce los rendimientos netos que tributarán por el Impuesto, cuando proceden de arrendamientos de inmuebles para vivienda, en unos porcentajes muy considerables pero estableciendo el requisito, de que "tratándose de rendimientos netos positivos", hayan sido "declarados por el contribuyente". El precepto es taxativo pues dice, de modo terminante, que "la reducción solo resultará aplicable" respecto de esos rendimien-

tos", por lo que *la "reducción no procede si el contribuyente no declara rendimiento alguno pero tampoco si no declara un rendimiento positivo sino negativo, de manera que solo después, como consecuencia del procedimiento de comprobación realizado por la Administración tributaria, el rendimiento resulta ser positivo".*

6. El corolario de lo expuesto es que la respuesta a las dos primeras cuestiones casacionales debe ser la siguiente:

   a) *Conforme al artículo 85 LIRPF, las rentas procedentes de bienes inmuebles, que no se encuentran arrendados ni subarrendados, pero que están destinados a serlo, tributan como rentas imputadas.*

   b) *Según el artículo 23.1 LIRPF, los gastos asociados a dichos bienes inmuebles deben admitirse como deducibles única y exclusivamente por el tiempo en que los mismos estuvieron arrendados y generaron rentas, en la proporción que corresponda.*

Respuesta a la tercera cuestión casacional. Remisión a la sentencia n.º 429/2019 de esta Sala y Sección de 19 de marzo de 2018, dictada en el recurso de casación núm. 2070/2017 (sic), **y otras posteriores.**

La tercera cuestión casacional objetiva que plantea el auto de admisión del presente recurso ya ha sido resuelta por las sentencias de esta Sala y Sección de 19 de marzo de 2018, dictada en el recurso de casación núm. 2070/2017, de 20 de marzo de 2018, dictada en el recurso de casación núm. 2522/2017, y de 16 de abril de 2018, dictada en el recurso de casación núm. 255/2016.

De manera que *los razonamientos que se exponen a continuación son, por elementales en exigencias de los principios de unidad de doctrina y seguridad jurídica, reproducción de los incluidos en aquellas sentencias, en las que se abordan idénticas cuestiones fácticas y jurídicas a las que aquí se plantean.*

Razona así la sentencia de 19 de marzo de 2018:

> "*SEGUNDO. Normativa aplicable.*
>
> * *El* artículo 23.2 de la Ley 35/2006, *que la parte recurrente identifica como infringido por la sentencia que impugna preveía, en la redacción vigente para el periodo impositivo 2012, lo que sigue:*
>
> * "1.º En los supuestos de arrendamiento de bienes inmuebles destinados a vivienda, el rendimiento neto calculado con arreglo a lo dispuesto en el

apartado anterior, se reducirá en un 60 por ciento. Tratándose de rendimientos netos positivos, la reducción sólo resultará aplicable respecto de los rendimientos declarados por el contribuyente.

* *2.º Dicha reducción será del 100 por ciento, cuando el arrendatario tenga una edad comprendida entre 18 y 30 años y unos rendimientos netos del trabajo o de actividades económicas en el período impositivo superiores al indicador público de renta de efectos múltiples.*

* *El arrendatario deberá comunicar anualmente al arrendador, en la forma que reglamentariamente se determine, el cumplimiento de estos requisitos.*

* Cuando existan varios arrendatarios de una misma vivienda, esta reducción se aplicará sobre la parte del rendimiento neto que proporcionalmente corresponda a los arrendatarios que cumplan los requisitos previstos en este número 2.º".

* *2. La redacción de este precepto actualmente en vigor, aunque suprime la reducción del 100%, se mantiene en la misma línea, permitiendo el porcentaje de reducción del 60% siempre que los rendimientos hayan sido declarados por el obligado tributario.*

TERCERO.— Distinción entre declaración y autoliquidación.

* *Acepta la Sala el fundamento de la sentencia recurrida cuando distingue a los efectos de la interpretación de lo que deba entenderse por rendimientos declarados por el contribuyente, a que se refiere el* artículo 23.2.1 de la Ley del Impuesto sobre la Renta de las Personas Físicas, *entre declaración y autoliquidación.*

* *En efecto, mientras la primera viene descrita en el* artículo 119. 1.º de la LGT, *la segunda, está en un artículo posterior, el 120. El artículo 119 dispone en su apartado 1 que:*

* *"Se considerará declaración tributaria todo documento presentado ante la Administración tributaria donde se reconozca o manifieste la realización de cualquier hecho relevante para la aplicación de los tributos".*

* *Y se añaden a continuación una serie de efectos que se vinculan a dicha declaración:*

* "3. Las opciones que según la normativa tributaria se deban ejercitar, solicitar o renunciar con la presentación de una declaración no podrán rectificarse con posterioridad a ese momento, salvo que la rectificación se presente en el período reglamentario de declaración.

* 4. En la liquidación resultante de un procedimiento de aplicación de los tributos podrán aplicarse las cantidades que el obligado tributario tuviera

pendientes de compensación o deducción, sin que a estos efectos sea posible modificar tales cantidades pendientes mediante la presentación de declaraciones complementarias o solicitudes de rectificación después del inicio del procedimiento de aplicación de los tributos".

* *Sin entrar a valorar estos condicionamientos a la declaración, lo cierto es que se prevén para un momento anterior al procedimiento de aplicación de los tributos.*

* *Por el contrario, a la autoliquidación se refiere el* artículo 120 de la LGT *que dispone que:*

* *1. Las autoliquidaciones son declaraciones en las que los obligados tributarios, además de comunicar a la Administración los datos necesarios para la liquidación del tributo y otros de contenido informativo, realizan por sí mismos las operaciones de calificación y cuantificación necesarias para determinar e ingresar el importe de la deuda tributaria o, en su caso, determinar la cantidad que resulte a devolver o a compensar. En estas autoliquidaciones el ciudadano colabora con la Administración realizando por si mismo las operaciones de calificación y cuantificación de la existencia o no de la deuda tributaria, sin perjuicio de que posteriormente la Administración pueda comprobar y regularizar en su caso dicha autoliquidación. "2. Las autoliquidaciones presentadas por los obligados tributarios podrán ser objeto de verificación y comprobación por la Administración, que practicará, en su caso, la liquidación que proceda.*

* *Aparte de que propio precepto prevé la posibilidad de solicitar rectificación con posterioridad a la autoliquidación, se prevé igualmente la petición de devolución de ingresos indebidos.*

* *Nos encontramos ya en una fase de regularización en la que la Administración esta obligada a dictar la liquidación procedente, aunque el resultado sea favorable para el ciudadano contribuyente. Esta es una exigencia del Estado de Derecho que consagra nuestra Constitución en el art. 1.1. y 9.1, y que se deriva igualmente del sistema tributario que prevé el artículo 31 de la misma norma, que ha de ser "justo".*

CUARTO.— El principio de regularización integra.

* *Esta Sala bien y manifestando en creciente sentencia que cuando la Administración inicia y procedimiento de comprobación, verificación de datos o inspección y procede a la regularización del contribuyente, ésta ha de ser integra, afectando no solo al tributo gestionado, sino a todos aquellos que estén relacionados directamente con los mismos presupuestos fácticos, y por ello debe llamar al procedimiento a quienes puedan ser afectados por la resolución del mismo.*

* *En este sentido por ejemplo la* sentencia: 1182/2020, de 2 del 17 de septiembre de 2020, *donde se sostiene (Fdto. jurídico primero) que:*

* "No es ocioso indicar, llegados a este punto, que la jurisprudencia de la Sección segunda de esta Sala ha abordado recientemente el principio de buena administración, ínsito en el artículo 103.1 de la Constitución, habiéndose indicando al respecto [por ejemplo en la Sentencia de 17 de abril de 2017 (rec. 785/2016, ES:TS:2017.1503), fundamento jurídico tercero] que: "le era exigible a la Administración una conducta lo suficientemente diligente como para evitar definitivamente las posibles disfunciones derivada de su actuación, por así exigirlo el principio de buena administración que no se detiene en la mera observancia estricta de procedimiento y trámites, sino que más allá reclama la plena efectividad de garantías y derechos reconocidos legal y constitucionalmente al contribuyente". Y, del mismo modo, en la Sentencia de 5 de diciembre de 2017 (rec. 1727/2016, ES:TS:2017:4499), fundamento jurídico cuarto, indicamos que "[a] la Administración, y claro está, a los órganos económico administrativos conformadores de aquella, le es exigible una conducta lo suficientemente diligente como para evitar posibles disfunciones derivada de su actuación, por así exigirlo el principio de buena administración que no se detiene en la mera observancia estricta de procedimiento y trámites, sino que más allá reclama la plena efectividad de garantías y derechos reconocidos legal y constitucionalmente al contribuyente. Del derecho a una buena Administración pública derivan una serie de derechos de los ciudadanos con plasmación efectiva, no es una mera fórmula vacía de contenido, sino que se impone a las Administraciones públicas de suerte que a dichos derechos sigue un correlativo elenco de deberes a estas exigibles, entre los que se encuentran, desde luego, el derecho a la tutela administrativa efectiva".

*La Sala comparte estos argumentos y evidentemente estos principios, y por otra parte la propia normativa relativa a quienes presentan un interés legítimo que ha de ser afectado por la resolución que se adopte en el procedimiento, exige que se le llame al mismo para no causarle indefensión, tanto sean los particulares interesados, en este caso las entidades mercantiles vinculadas, como las Administraciones competentes en su caso para resolver o gestionar el impuesto en su caso".

* *Pues bien, es evidente que los procedimientos de aplicación de los tributos prevén que la resolución que les pone termino, pueda ser favorable a los sometidos al mismo. En consecuencia la regularización de una autoliquidación ha de ser integra, tanto en lo que les beneficia como en lo que les perjudica. Ello sin*

perjuicio de la potestad sancionadora de la Administración por la declaración extemporánea, o por la falta de esa declaración.

QUINTO.— Cuestión planteada.

** En consecuencia, a la pregunta de la Sección Primera sobre:*

** Precisar el alcance de la expresión "rendimientos declarados por el contribuyente" contenida en el* artículo 23.2 de la Ley 35/2016, de 28 de noviembre, del Impuesto sobre la Renta de las Personas Físicas *y de modificación parcial de las leyes de los Impuestos sobre Sociedades, sobre la Renta de no Residentes y sobre el Patrimonio, a efectos de la aplicación de la reducción del 60% sobre los rendimientos derivados del arrendamiento de bienes inmuebles destinados a vivienda", ha de responderse en el sentido de que tal limitación se refiere a las declaraciones, y no a la comprobación de las autoliquidaciones".*

Análisis Jurídico

IMPUESTO SOBRE LA RENTA DE LAS PERSONAS FISICAS. Cuantificación: base imponible. Rendimientos del capital inmobiliario. Reducciones (por período de generación y otras). Rentas derivadas del arrendamiento de bienes inmuebles destinados a vivienda

Alcance: aplicación de los rendimientos declarados por el contribuyente: interpretación: limitación referida a las declaraciones y no a la comprobación de las autoliquidaciones

SEXTO.— Criterios interpretativos sobre los artículos 85, 23.1 **y** 23.2 LIRPF.

Conforme a lo hasta aquí expuesto, y según ordena el artículo 93.1 LJCA, procede fijar la siguiente interpretación del precepto legal concernido en este litigio:

a) *Conforme al artículo 85 LIRPF, las rentas procedentes de bienes inmuebles, que no se encuentran arrendados ni subarrendados, pero que están destinados a serlo, tributan como rentas imputadas.*

b) *Según el artículo 23.1 LIRPF, los gastos asociados a dichos bienes inmuebles deben admitirse como deducibles única y exclusivamente por el tiempo en que los mismos estuvieron arrendados y generaron rentas, en la proporción que corresponda.*

c) *El alcance de la expresión "rendimientos declarados por el contribuyente" contenida en el artículo 23.2 de la Ley 35/2016, de 28 de noviem-*

bre, del Impuesto sobre la Renta de las Personas Físicas y de modificación parcial de las leyes de los Impuestos sobre Sociedades, sobre la Renta de no Residentes y sobre el Patrimonio, a efectos de la aplicación de la reducción del 60% sobre los rendimientos derivados del arrendamiento de bienes inmuebles destinados a vivienda", ha de entenderse en el sentido de que tal limitación se refiere a las declaraciones, y no a la comprobación de las autoliquidaciones.

Y la Resolución de las pretensiones deducidas en el proceso que conduce a la estimación del recurso de casación núm. **1302/2020,** interpuesto por la ADMINISTRACIÓN GENERAL DEL ESTADO, representada por el abogado del Estado, contra la sentencia dictada el 11 de diciembre de 2019 por la Sección 3.ª de la Sala de lo Contencioso-Administrativo del Tribunal Superior de Justicia de la Comunidad Valenciana.

Así como desestimar el recurso núm. 1217/2017 promovido por doña Elsa frente a la resolución del Tribunal Económico-Administrativo Regional de la Comunidad Valenciana de 25 de julio de 2017, desestimatoria de la reclamación económico-administrativa número NUM000 y acumulada NUM001, formuladas en asunto relativo al Impuesto sobre la Renta de las Personas Físicas, ejercicios 2010 y 2012.

VIII. CRITERIOS DE INDIVIDUALIZACIÓN DE LOS RENDIMIENTOS DEL CAPITAL INMOBILIARIO

Tal y como señala el art. 11 LIRPF (RCL 2006, 2123y RCL 2007, 458), los rendimientos del capital inmobiliario corresponden a las personas que sean titulares (propietarios) de los bienes inmuebles rústicos o urbanos de los cuales procedan. En el supuesto de derechos reales de disfrute, el rendimiento íntegro del capital inmobiliario debe imputarse al titular del mismo (usufructuario) y no al nudo propietario.

Cuando no resulte debidamente acreditada la titularidad de los bienes o derechos, la Administración tributaria tendrá derecho a considerar como titular a quien figure como tal en un registro fiscal o en cualquier otro registro de carácter público. Esta presunción tiene carácter iuris tantum y admite, por ello, prueba en contrario.

IRPF. Rendimientos de capital inmobiliario. Titularidad de los rendimientos. En el caso de rendimientos derivados del arrendamiento de inmueble adquirido en virtud de contrato privado de compraventa elevado después a escritura pública, la concreción de la fecha de transmisión de la vivienda es determinante a efectos de a quién debe atribuirse los rendimientos generados durante ese periodo. En este sentido, la fecha de transmisión de la vivienda coincidirá con la del contrato privado de compraventa siempre que junto a éste se haga entrega de la misma y, por tanto, se deberán declarar los rendimientos del capital inmobiliario percibidos desde la formalización del contrato de compraventa [Resolución de la DGT núm. V1172-18 de 9 mayo 2018 (JUR 2018, 190871)].

En caso de matrimonio, los rendimientos procedentes de los bienes inmuebles y derechos reales sobre los mismos que, de acuerdo con las disposiciones reguladoras del régimen económico del matrimonio, sean comunes a ambos cónyuges, corresponderán por mitad a cada uno de ellos (salvo que se justifique otra cuota distinta de participación).

Debe tenerse presente, además, que el régimen de gananciales es el establecido con carácter supletorio por el Código Civil (LEG 1889, 27) en su art. 1361 cuando no consta indicación del régimen económico matrimonial.

IRPF. Rendimientos de capital inmobiliario. Presunción de ganancialidad. Cuando procede esta presunción de la individualización de los rendimientos puede hacerse por mitad entre los dos cónyuges. [STSJ Madrid de 19 enero 2000 (JUR 2000, 159802)].

Es irrelevante, por tanto, que los rendimientos generados por el inmueble, por ejemplo, en caso de arrendamiento, tengan civilmente la consideración de ingresos gananciales. Si el inmueble es privativo de uno de los cónyuges, aunque esté casado en régimen de gananciales y produzca ingresos de este tipo, sólo aquél deberá imputarse las rentas del capital inmobiliario.

Tampoco la solicitud de un préstamo por ambos cónyuges para la adquisición del inmueble altera estas reglas de individualización. Siempre y cuando civilmente el inmueble mantenga su condición de bien privativo, sólo el cónyuge titular del mismo se imputará los ingresos y deducirá los gastos correspondientes. A estos efectos, interesa destacar que el artículo 1357 del Código Civil (LEG 1889, 27) establece que «los bienes comprados a plazos por uno de los cónyuges antes de comenzar la sociedad tendrán siempre carácter privativo, aun cuando la totalidad o parte del precio aplazado se satisfaga con dinero ganancial». Y la fecha relevante para fijar la adquisición del bien es, por aplicación del artículo 1258 del Código civil, la de perfección del contrato que tendrá lugar por el mero consentimiento de las partes contratantes.

IRPF. Rendimientos de capital inmobiliario. Imputación de rentas. En el caso de un matrimonio en separación de bienes propietario de dos viviendas residiendo cada uno en una de ellas por motivos laborales, cada cónyuge debe efectuar la imputación de rentas inmobiliarias respecto a su participación en la titularidad del inmueble que no constituye su vivienda habitual [Resolución DGT V1603/2019, 27/06/2019 (JUR 2019, 229158)].

Capítulo tercero
TRIBUTACIÓN DE LA VIVIENDA

SUMARIO: I. INTRODUCCIÓN. II. EL GRAVAMEN DE LA VIVIENDA EN NUESTRO SISTEMA IMPOSITIVO. III. DETERMINACIÓN DE RENDIMIENTOS DEL CAPITAL INMOBILIARIO PARA EL SUPUESTO DE ALQUILER DE LA VIVIENDA. IV. TRANSMISIÓN DE VIVIENDA.

I. INTRODUCCIÓN

En el ámbito de los rendimientos del capital inmobiliario existe un elemento patrimonial que debe ser estudiado detalladamente, me refiero a la vivienda, bien inmueble cuya propiedad es detentada por un gran número de contribuyentes.

El derecho a la vivienda digna está reconocido en nuestra Constitución desde 1978, por tanto, los poderes públicos, están obligados a tomar las medidas oportunas para que los ciudadanos puedan hacer efectivo este derecho fundamental. Si a lo anterior añadimos que los ciudadanos sean personas mayores, la obligación de los operadores jurídicos públicos es más necesaria, y urgente su actuación.

El art. 47.1 de la Constitución Española establece el derecho de todos los españoles a disfrutar de una vivienda que sea digna y adecuada. Se encomienda a los poderes públicos que promuevan las condiciones necesarias y que establezcan las normas pertinentes para hacer efectivo el indicado derecho, con una regulación de la utilización del suelo conforme al interés general para impedir la especulación. Por su parte, el art. 33 del mismo cuerpo legal reconoce el derecho a la propiedad privada y la delimitación de este derecho por la función social, de conformidad con las leyes. No se contemplan en la Constitución usos que no sean sociales en relación con el derecho de propiedad, y es interesante relacionarlo con otros dos preceptos, como es el art. 128, en el que se indica que la riqueza del país está subordinada al interés general, y el art. 40, en el que se encomienda a los poderes públicos que promuevan las condiciones favorables para el progreso social y económico y para una distribución de la renta más equitativa.

Por lo que se refiere a los textos internacionales, la Declaración Universal de Derechos Humanos de 1948, en su art. 25, indica que:

> «Toda persona tiene derecho a un nivel de vida adecuado que le asegure, así como a su familia, la salud y el bienestar, y en especial la alimentación, el vestido, la vivienda, la asistencia médica y los servicios sociales necesarios; tiene asimismo derecho a los seguros en caso de desempleo, enfermedad, invalidez, viudez y otros casos de pérdida de sus medios de subsistencia por circunstancias independientes de su voluntad».

El Pacto Internacional de Derechos Económicos, Sociales y Culturales, 1966 (RCL 1977, 893), su art. 11.1 preceptúa:

> «Los Estados Partes en el presente Pacto reconocen el derecho de toda persona a un nivel de vida adecuado para sí y su familia, incluso alimentación, vestido y vivienda adecuados, y a una mejora continua de las condiciones de existencia. Los Estados Partes tomarán medidas apropiadas para asegurar la efectividad de este derecho, reconociendo a este efecto la importancia esencial de la cooperación internacional fundada en el libre consentimiento».

Como bien indica RAMÓN FERNÁNDEZ[48], quien ha trabajado la función social de la vivienda, "Esta política en materia de vivienda a lo largo del tiempo no ha resultado demasiado satisfactoria para los colectivos a los que iba dirigido, y los problemas se han venido derivando en diversos aspectos, como en el caso de las viviendas de protección pública, y que, en realidad, ha devengado en que el derecho al acceso a una vivienda no ha quedado asegurado y situaciones como la burbuja inmobiliaria, las ejecuciones hipotecarias por impago, entre otras, han convertido el acceso a ese derecho fundamental en una utopía más que en una realidad.

El derecho al disfrute de una vivienda entendido como disponer de un lugar habitable, un techo, se enfronta con la no ocupación de viviendas, bien por razón de no habitabilidad o bien por una mala gestión de la propiedad privada, en el caso de viviendas que pueden ser ocupadas. La disposición de viviendas y su no utilización u ocupación es un claro ejemplo de incumplimiento de la función social de la vivienda. La función social de la vivienda va más allá de los meros intereses particulares, por lo que la desocupación supone un incumplimiento de dicha función, ya que es precisamente esa situación que puede devenir por un interés del titular, no es admisible para alcanzar la función social común, que va más allá de la función individual de la misma.1 La titularidad del bien, en este caso, la vivienda, se debe entender como orientado al cumplimiento de la función social, con un uso residencial, más allá de intereses particulares, y comprendiendo que la función social de la vivienda se relaciona estrechamente con la función social de la propiedad, no siendo comprendido en términos absolutos, sino como una parte del mismo derecho, ya que la función social y el uso forman parte del derecho de propiedad en sí."

---

48 "La función social de la vivienda y la protección de los consumidores", **Revista de Derecho Patrimonial** 44/2017, BIB 2017\43033.

II. EL GRAVAMEN DE LA VIVIENDA EN NUESTRO SISTEMA IMPOSITIVO

En el sistema impositivo español la vivienda está gravada por los distintos niveles de imposición territorial, esto es, estatal, autonómico y local, en las distintas situaciones jurídicas y económicas que pueden darse en torno a la vivienda. En este trabajo vamos a detenernos en el gravamen de la vivienda en el impuesto más relevante en España, el Impuesto sobre la Renta de las Personas físicas y en el ámbito de la imposición local.

Como veremos en los epígrafes posteriores, no existen beneficios fiscales subjetivos por razón de que el titular de la vivienda sea una persona mayor. Nos referiremos a los supuestos en que puede encontrarse los inmuebles de las personas físicas, excepto al que constituya la vivienda habitual, que no genera ni gastos ni ingresos, a no ser que se encuentre dentro del ámbito de aplicación de la deducción por inversión en vivienda vigente en su momento.

Es mucha la distribución competencial que afecta a la vivienda, como bien ha desarrollado QUINTANA FERRER,[49] "la distribución competencial en materia de vivienda entre el Estado, las Comunidades Autónomas y los Entes Locales con el objetivo de fijar la intervención en este ámbito de estos tres niveles de gobierno, que son los poderes públicos a los que alude el art. 47 CE, llamados a promover las condiciones y la normativa pertinentes para hacer efectivo el derecho de los españoles a disfrutar de una vivienda digna y adecuada, así como las consecuencias de las políticas adoptadas hasta el momento por todos ellos en el sector del arrendamiento residencial. Este estudio resulta necesario para explicar los graves problemas que presenta en la actualidad este mercado, en los términos apuntados en la introducción de este trabajo, y delimitar el ámbito material de la vivienda sobre el cual pueden actuar fiscalmente las Comunidades Autónomas para hacer frente a esta situación, aprovechando las posibilidades que ofrece la función extrafiscal de los tributos mediante el establecimiento de beneficios fiscales.

---

49 "El arrendamiento estable y permanente de viviendas: efectos de las políticas públicas, impacto de la fiscalidad y promoción a través de beneficios fiscales autonómicos", ***Quincena Fiscal,*** N.º 18, Sección Estudios, Quincena del 16 al 31 Oct. 2024, Aranzadi.

Por lo que respecta a las competencias estatales sobre vivienda, la disposición final (DF) séptima de la Ley 12/2023, de 24 de mayo, por el derecho a la vivienda (en adelante, LDV) enumera distintos títulos competenciales contenidos en diversos apartados del art. 149.1 CE. Dos de ellos son genéricos y presentan una naturaleza transversal, como son la regulación de las condiciones básicas que garanticen la igualdad de todos los españoles en el ejercicio de los derechos y en el cumplimiento de los deberes constitucionales (149.1.1) y las bases y coordinación de la planificación general de la actividad económica (149.1.13 CE) (10). Mientras que el resto, las competencias en legislación procesal, legislación civil y hacienda general (149.1.6, 149.1.8 y 149.1.14 CE), cubren disposiciones concretas de la LDV que inciden en sectores materiales reservados en exclusividad al Estado. Por su parte, las Comunidades Autónomas tienen reconocida en el art. 148.1.3 CE la competencia exclusiva sobre vivienda, que debe ejercerse dentro de los límites fijados por las competencias estatales que se acaban de enumerar, mientras que los Entes Locales disponen de competencias en la promoción y gestión de la vivienda de protección pública, conservación y rehabilitación de la edificación, en los términos fijados por la legislación estatal y autonómica, según dispone el art. 25.2.a de la Ley 7/1985, de 2 de abril, reguladora de las bases de régimen local (LRBRL).

Los dos títulos básicos y transversales contenidos en los números 1 y 13 del art. 149.1 CE que amparan la competencia del Estado en materia de vivienda tienen un alcance expansivo en la jurisprudencia constitucional, limitando en gran medida la competencia exclusiva autonómica en este ámbito. Ello es así, en primer lugar, porque la competencia estatal sobre las condiciones básicas que garantizan la igualdad de todos los españoles en el ejercicio de los derechos y en el cumplimiento de los deberes constitucionales (149.1.1) es una «competencia exclusiva para incidir sobre los derechos y deberes constitucionales desde una concreta perspectiva, la de la garantía de la igualdad en las posiciones jurídicas fundamentales, dimensión que no es, en rigor, susceptible de desarrollo como si de unas bases se tratara», constituyendo «un título competencial autónomo, positivo o habilitante» (STC 61/1997, de 20 de marzo, FJ 7.º). Por su parte, el título sobre bases y coordinación de la planificación general de la actividad económica (art. 149.1.13) ha fundamentado desde la STC 152/1988, de 20 de julio, la aprobación de los planes estatales de vivienda (11), y a pesar de que el alto tribunal exige «una lectura restrictiva» de este título (STC 141/2014, de 1 de septiembre, FJ 5), el art.

149.1.13 ha sido refrendado como habilitante para que el Estado articule medidas de tutela a los colectivos más vulnerables y de fomento de la vivienda, que son contenidos propios de la competencia exclusiva autonómica (STC 37/2022, de 10 de marzo, FJ 4) (12).

Por lo que respecta a los títulos competenciales exclusivos del Estado que amparan la regulación en la LDV de distintos aspectos específicos, el art. 149.1.6 (legislación procesal) cubre la acción pública en materia de vivienda (art. 5 LDV) o los procedimientos relacionados con la ocupación ilegítima de vivienda (DF quinta); el art. 149.1.8 (legislación civil) ampara el contenido del derecho de propiedad de la vivienda, fijando las facultades, deberes y cargas del propietario (arts. 10 y 11 LDV), cuestiones relativas al parque público de viviendas (arts. 32 a36 LDV), o el polémico sistema de contención de rentas del alquiler (DF primera) (13); y el art. 149.1.14 (hacienda general) legitima la incorporación de medidas fiscales, como las dos dispuestas en la propia LDV: la introducción en el art. 23.2 de la Ley 35/2006, de 28 de noviembre, del Impuesto sobre la Renta de las Personas Físicas (en adelante, LIRPF), de reducciones entre el 50 y el 90 por ciento sobre el rendimiento neto obtenido por los arrendadores de vivienda habitual (DF segunda), y la modificación del art. 72.4 de la Ley Reguladora de las Haciendas Locales, aprobado por Real Decreto Legislativo 2/2004, de 5 de marzo (LRHL), con el fin de modular el recargo de los inmuebles de uso residencial desocupados con carácter permanente en el Impuesto sobre Bienes Inmuebles (IBI) que grava a los propietarios (DF tercera)."

III. DETERMINACIÓN DE RENDIMIENTOS DEL CAPITAL INMOBILIARIO PARA EL SUPUESTO DE ALQUILER DE LA VIVIENDA

En los supuestos en los cuales la vivienda esté alquilada, su titular deberá computar en su IRPF un rendimiento de capital inmobiliario calculado conforme al contenido de los artículos 22 a 24 de la ley del IRPF.

El artículo 22 define los rendimientos íntegros del capital inmobiliario en los siguientes términos:

1. Tendrán la consideración de rendimientos íntegros procedentes de la titularidad de bienes inmuebles rústicos y urbanos o de derechos

reales que recaigan sobre ellos, todos los que se deriven del arrendamiento o de la constitución o cesión de derechos o facultades de uso o disfrute sobre aquéllos, cualquiera que sea su denominación o naturaleza.

2. Se computará como rendimiento íntegro el importe que por todos los conceptos deba satisfacer el adquirente, cesionario, arrendatario o subarrendatario, incluido, en su caso, el correspondiente a todos aquellos bienes cedidos con el inmueble y excluido el Impuesto sobre el Valor Añadido o, en su caso, el Impuesto General Indirecto Canario.

Estableciendo el artículo 23 los gastos deducibles y reducciones

1. Para la determinación del rendimiento neto, se deducirán de los rendimientos íntegros los gastos siguientes:

   a) Todos los gastos necesarios para la obtención de los rendimientos. Se considerarán gastos necesarios para la obtención de los rendimientos, entre otros, los siguientes:

      1.º Los intereses de los capitales ajenos invertidos en la adquisición o mejora del bien, derecho o facultad de uso y disfrute del que procedan los rendimientos, y demás gastos de financiación, así como los gastos de reparación y conservación del inmueble. El importe total a deducir por estos gastos no podrá exceder, para cada bien o derecho, de la cuantía de los rendimientos íntegros obtenidos. El exceso se podrá deducir en los cuatro años siguientes de acuerdo con lo señalado en este número 1.º.

      2.º Los tributos y recargos no estatales, así como las tasas y recargos estatales, cualquiera que sea su denominación, siempre que incidan sobre los rendimientos computados o sobre el bien o derecho productor de aquéllos y no tengan carácter sancionador.

      3.º Los saldos de dudoso cobro en las condiciones que se establezcan reglamentariamente.

      4.º Las cantidades devengadas por terceros como consecuencia de servicios personales.

   b) Las cantidades destinadas a la amortización del inmueble y de los demás bienes cedidos con éste, siempre que respondan a su depreciación efectiva, en las condiciones que reglamentariamente se determinen. Tratándose de inmuebles, se entiende que la amortización cumple el requisito de efectividad si no excede del resultado de aplicar el 3 por 100 sobre el mayor de los siguientes valores: el coste de adquisición satisfecho o el valor catastral, sin incluir el valor del suelo.

En el supuesto de rendimientos derivados de la titularidad de un derecho o facultad de uso o disfrute, será igualmente deducible en concepto de depreciación, con el límite de los rendimientos íntegros, la parte proporcional del valor de adquisición satisfecho, en las condiciones que reglamentariamente se determine.

2. En los supuestos de arrendamiento de bienes inmuebles destinados a vivienda, el rendimiento neto positivo calculado con arreglo a lo dispuesto en el apartado anterior, se reducirá en un 60 por ciento. Esta reducción sólo resultará aplicable respecto de los rendimientos declarados por el contribuyente.

3. Los rendimientos netos con un período de generación superior a dos años, así como los que se califiquen reglamentariamente como obtenidos de forma notoriamente irregular en el tiempo, se reducirán en un 30 por ciento, cuando, en ambos casos, se imputen en un único período impositivo.

   La cuantía del rendimiento neto a que se refiere este apartado sobre la que se aplicará la citada reducción no podrá superar el importe de 300.000 euros anuales.

IV. TRANSMISIÓN DE VIVIENDA

En la actual Ley del Impuesto sobre la Renta de las Personas Físicas el gravamen de la transmisión de vivienda tiene su regulación en la sección cuarta, que regula las ganancias y pérdidas patrimoniales, concretamente los artículos 31 y siguientes.

Conforme a esta Ley la transmisión de la vivienda es considerada uno de los supuestos que configuran el hecho imponible del IRPF, el señalado en el artículo 6.1 d): "Las ganancias y pérdidas patrimoniales". El artículo 34 indica que: "Son ganancias y pérdidas patrimoniales las variaciones en el valor del patrimonio del contribuyente que se pongan de manifiesto con ocasión de cualquier alteración en la composición de aquél, (...)."

Conforme a esta definición indudablemente la transmisión de una vivienda supone una variación en el valor del patrimonio del contribuyente y una alteración en la composición del mismo.

La determinación de la cuantía a computar en concepto de ganancia o pérdida patrimonial está regulada en el artículo 32 de la Ley del Impuesto sobre la Renta de las Personas Físicas que establece:

> "1. El importe de las ganancias o pérdidas patrimoniales será:
>
> a) En el supuesto de transmisión onerosa o lucrativa, la diferencia entre los valores de adquisición y transmisión de los elementos patrimoniales.
>
> b) En los demás supuestos, el valor de mercado de los elementos patrimoniales o partes proporcionales, en su caso.
>
> 2. Si se hubiesen efectuado mejoras en los elementos patrimoniales transmitidos, se distinguirá la parte del valor de enajenación que corresponda a cada componente del mismo."

Este precepto contiene la norma general sobre la cuantificación de las ganancias y pérdidas patrimoniales.

El precepto se refiere a las dos posibilidades que pueden dar origen a una alteración patrimonial:

- Transmisión onerosa o lucrativa de cualquier elemento patrimonial perteneciente al contribuyente, determinándose en este caso la ganancia o pérdida patrimonial por la diferencia entre los valores de transmisión y adquisición. Este será el supuesto más común en los casos de transmisión de vivienda.
- En los demás supuestos, esto es, cuando la ganancia provenga de la incorporación de bienes o derechos al patrimonio del contribuyente, su cuantía coincidirá con el valor de mercado de los bienes o derechos adquiridos[50].

---

50 PEREZ ROYO advierte de los problemas que se pueden plantear cuando se incorporen al patrimonio del contribuyente bienes o derechos, en los que hay que estar al valor de

No obstante, recoge en su apartado 2 la referencia a los supuestos en que se hubiesen efectuado mejoras en el elemento patrimonial transmitido.

Determinación de los valores de adquisición y transmisión.

Si bien el importe de las ganancias y pérdidas patrimoniales que tienen su origen en la variación del valor de los elementos que integran el patrimonio, se determina por la diferencia entre el valor de transmisión y de adquisición del elemento que sale del patrimonio, es necesario, estudiar el significado de estos conceptos y analizar las partidas que los integran, la determinación de estos términos viene a ser el núcleo central a la hora de cuantificar las ganancias y pérdidas patrimoniales que se ponen de manifiesto en la transmisión de la vivienda.

La Ley del Impuesto sobre la Renta de las Personas Físicas se refiere al valor de adquisición y transmisión, distinguiendo entre transmisiones a título oneroso y transmisiones a título lucrativo[51].

Determinación de los valores de adquisición y transmisión en las transmisiones a título oneroso.

a. Valor de adquisición.

En las transmisiones a título oneroso tal y como establece el artículo 33 de la Ley del Impuesto sobre la Renta de las Personas Físicas, el valor de adquisición está formado por:

a) El importe real por el que dicha transmisión se hubiere efectuado.

CALERO GALLEGO[52], considera que la Ley no se refiere al valor real del bien adquirido sino a "las cantidades realmente satisfechas

---

mercado. **Manual del Impuesto sobre la Renta de las Personas Físicas**, Marcial Pons, Madrid, 1999, pág. 297.

51 CALERO GALLEGO abogó por la determinación de estos conceptos por separado, según que la adquisición o la transmisión hubiesen sido a título oneroso o a título lucrativo. "Comentarios a los artículos 46 y 47 de la Ley 18/1991, de 6 de junio, del Impuesto sobre la Renta de las Personas Físicas", en la obra con AAVV **Comentarios a la Ley del Impuesto sobre la Renta de las Personas Físicas y a la Ley del Impuesto sobre el Patrimonio. Libro Homenaje a Luis Mateo Rodríguez,** Aranzadi, Pamplona, 1995, págs. 760-761.

52 "Comentarios a los artículos 46 y 47 de la Ley 18/1991, de 6 de junio, del Impuesto sobre la Renta de las Personas Físicas", en la obra con AAVV **Comentarios a la Ley**

por el adquirente", por lo que se obvia cualquier alusión al valor normal de mercado. En consecuencia, según este autor debemos entender por importe real el precio efectivamente satisfecho en la adquisición[53].

No son de la misma opinión las posiciones doctrinales[54] que consideran que el valor real se corresponde con el valor de mercado o el valor que se hubiera decidido entre sujetos independientes en condiciones normales de competencia.

Es necesario, en una referencia a las ganancias y pérdidas patrimoniales aludir, aunque sea de forma breve, a la determinación del término valor real, y puesto que se trata de un concepto jurídico indetermi-

---

del Impuesto sobre la Renta de las Personas Físicas y a la Ley del Impuesto sobre el Patrimonio, ob. cit., págs. 761. De la misma opinión es PEREZ ROYO, que señala que "no tiene ningún sentido sustituir la referencia a lo efectivamente satisfecho por el valor objetivo o de mercado del bien que se adquiere", en **Manual del Impuesto sobre la Renta de las Personas Físicas**, ob. cit., pág. 299.

53 En este mismo sentido ya se manifestó con anterioridad CAYON GALIARDO, que además señaló que identificar importe real con el precio satisfecho en la adquisición supone que se mantenga la posibilidad de "manejar precios históricos reales muy diferentes de los valores que pudieron declararse a la Administración Tributaria o, incluso, inscribirse en documentos públicos". "Comentarios al artículo 46 de la Ley 18/1991", en la obra con AAVV **Comentarios a la Ley del I.R.P.F. y Reglamento del Impuesto**, Colex, Madrid, 1993, pág. 425.

54 Entre otros, TEJERIZO LOPEZ, "Valoración en las alteraciones patrimoniales", **XXXV Semana de Estudios de Derecho Financiero**, Instituto de Estudios Fiscales, Madrid, 1990, pág. 76; SANTIDRIAN ALEGRE y MORENO ROYES, **Los nuevos Impuestos sobre la Renta y el Patrimonio**, ob. cit., pág. 179; CALVO ORTEGA, "Impuesto sobre las Donaciones", en la obra con AAVV, **Fiscalidad de las Sucesiones y las Donaciones**, Lex Nova, Valladolid, 1991, pág. 602; ESCRIBANO LOPEZ, F., "Seis novedades en el Impuesto sobre el Patrimonio", **Civitas, Revista Española de Derecho Financiero**, n.º 75, 1992, pág. 568; ESPEJO POYATO, "Valoración unitaria o estanqueidad de valoraciones. ¿Es ésta la cuestión?"; **Carta Tributaria**, Monografía n.º 109, 1990, pág. 10; VARONA ALABERN, en "Comentarios al artículo 10 de la Ley del Impuesto sobre el Patrimonio", en la obra con AAVV, **Comentarios a la Ley del Impuesto sobre la Renta de las Personas Físicas y a la Ley del Impuesto sobre el Patrimonio. Libro Homenaje a Luis Mateo Rodríguez**, Aranzadi, Pamplona, 1995, pág. 1562.

nado debe ser concretado por el interesado en su declaración y eventualmente por la Administración a través del expediente de comprobación[55].

b) El legislador establece además que una vez determinado el valor real de la operación, hay que añadir a esta cuantía el coste de las inversiones y mejoras efectuadas en los bienes adquiridos y los gastos y tributos[56] inherentes a la adquisición, excluidos los intereses, que hubieran sido satisfechos por el adquirente. Los intereses son gastos deducibles en los casos que se establezca legalmente, pero no forman parte del valor de adquisición.

   La suma de estas dos partidas (señaladas en los apartados a y b) que integran el valor de adquisición, se minorará en el importe de la amortización en las condiciones que se establezcan reglamentariamente[57].

---

55 Véanse al respecto: AGÜLLO AGUERO, A., "Base imponible y comprobación de valores" en la obra con AAVV **Comentarios a la nueva Ley del Impuesto sobre Sucesiones y Donaciones**, La Ley, Madrid, 1998, pág. 86; ARRANZ DE ANDRES en su trabajo: "Las transmisiones lucrativas en el Impuesto sobre la Renta de las Personas Físicas", **Revista de Derecho Financiero y Hacienda Pública**, n.º 245, 1997, pág. 602.

56 EL ITPAJD, ISD o IVA que gravará la adquisición de los bienes o derechos por parte del contribuyente. De todas formas hay que tener presente que en el caso de activos empresariales o profesionales el IVA sólo aumentará el valor de adquisición de los mismos en la medida en que no resulte deducible del IVA repercutido por el titular en el ejercicio de su actividad.

57 Se ha eliminado la alusión legal a la amortización mínima a que se refería la ley 18/1991, lo que daba lugar a problemas de interpretación especialmente en relación con las transmisiones de inmuebles. CALERO GALLEGO puso de manifiesto en torno a esta cuestión que si atendíamos al tenor literal del precepto se debían tener en cuenta las amortizaciones sólo en los casos en que la ley las admitía como gasto fiscalmente deducible, es cuando había que computarse la amortización mínima, independientemente que el sujeto las haya practicado o no en su momento las amortizaciones legalmente previstas, o lo haya hecho por importe inferior al normativamente establecido. Pero, tal y como señala el autor citado, no tendría sentido que el sujeto hubiese de descontar del valor de adquisición unas amortizaciones no practicadas porque no procedían en virtud de las previsiones legales. La tesis de esta autor se ve corroborada por el artículo 8 del Reglamento del Impuesto sobre la Renta de las Personas Físicas. En "Comentarios a los artículos 46 y 47 de la Ley 18/1991, de 6 de junio, del Impuesto sobre la Renta de las Personas Físicas", en la obra con AAVV **Comentarios a la Ley del Impuesto sobre la**

El artículo 38 del Reglamento del Impuesto sobre la Renta de las Personas Físicas, determina que estas amortizaciones serán las fiscalmente deducibles, computándose en todo caso la amortización mínima, con independencia de la efectiva consideración de ésta como gasto.

Considerándose como amortización mínima la resultante del período máximo de amortización o el porcentaje fijo que corresponda según cada caso.

b. Valor de transmisión.

El valor de transmisión, regulado en el artículo 33.3 de la Ley del IRPF[58], será el importe real por el que la enajenación se hubiese efectuado, disminuido con el importe de los gastos y tributos inherentes a la transmisión, excluidos los intereses, que hubieran sido satisfechos por el transmitente. El importe real del valor de enajenación es el efectivamente satisfecho siempre que no resulte inferior al normal de mercado, en cuyo caso prevalecerá este.

El artículo 32.2 de la Ley advierte: "Si se hubiesen efectuado mejoras en los elementos patrimoniales transmitidos, se distinguirá la parte del valor de enajenación que corresponda a cada componente del mismo". Ahora bien, la Ley no señala cómo debe hacerse tal distinción.

Al igual que sucede en la determinación del valor de adquisición, el valor de transmisión se equipara con el importe real por el que se hubiera llevado a cabo la enajenación, lo que supone como ya señalara CAZORLA PRIETO[59] que: "De una forma acompasada al principio de capacidad económica, se prima el criterio de la realidad económica que haya prevalecido en cada acto o negocio jurídico en particular". Pero el autor citado pone de manifiesto la incongruencia existente entre la identificación del valor de enajenación y el

---

Renta de las Personas Físicas y a la Ley del Impuesto sobre el Patrimonio, ob. cit., pág. 764.

58 Es una norma desafortunada desde todos los puntos de vista, tal y como ha indicado PEREZ ROYO, **Manual del Impuesto sobre la Renta de las Personas Físicas**, ob. cit., pág. 305.

59 **Lecciones del Impuesto sobre la Renta de las Personas Físicas**, Universidad Complutense de Madrid, Madrid, 1993, pág. 142. En el mismo sentido, PEREZ ROYO en **Manual del Impuesto sobre la Renta de las Personas Físicas**, ob. cit., pág. 306.

importe real de la operación, con el hecho de que si el valor normal del mercado del bien difiere del importe real satisfecho, prevalecerá el valor normal del mercado, lo que supone que "tras establecer acertadamente el criterio del importe real en cada caso, le sobrepone el del valor de mercado, que puede ser distinto del realmente satisfecho, y que, a la postre, puede resultar atentatorio al principio constitucional de capacidad económica"[60].

Se podrán deducir la totalidad de los tributos inherentes a la transmisión, lo que supone que el Impuesto sobre el Incremento del Valor de los Terrenos de Naturaleza Urbana disminuirá en su totalidad el importe de la enajenación, y no sólo el 25% de este Impuesto, como establecía el artículo 46.Tres de la Ley 18/1991, de 6 de junio, del Impuesto sobre la Renta de las Personas Físicas. Esta nueva situación atiende a que la deducción de la cuota del IRPF de la cuantía satisfecha por el transmitente por el Impuesto sobre el Incremento del Valor de los Terrenos de Naturaleza Urbana se ha eliminado, y ello como se debe según podemos leer en el Libro Blanco, "al hecho de que este impuesto, si se satisface auténticamente por quien transmite una propiedad inmueble, representa un coste derivado de esa transmisión y como tal debería reconocerse a la hora de computar las ganancias o pérdidas patrimoniales correspondientes".

Determinación de los valores de adquisición y transmisión en las transmisiones a título lucrativo.

El artículo 34 de la Ley del Impuesto sobre la Renta de las Personas Físicas, establece qué debemos entender por valor de adquisición y transmisión, cuando la enajenación se realiza a título gratuito o lucrativo.

Las ganancias y pérdidas patrimoniales surgidas como consecuencia de la realización de transmisiones lucrativas, se determinarán por la diferencia entre los valores de adquisición y transmisión de los elementos patrimoniales de que se trate, tal y como establece el artículo 32 de la Ley del Impuesto so-

---

60 **Lecciones del Impuesto sobre la Renta de las Personas Físicas**, ob. cit., pág. 142. En el mismo sentido se manifestaron, entre otros: PEREZ ROYO en su obra **La nueva regulación del Impuesto sobre la Renta de las Personas Físicas**, Marcial Pons, Madrid, 1991, pág. 154; PEREZ HERRERO, "El nuevo régimen de imposición de los incrementos y disminuciones de patrimonio en el Impuesto sobre la Renta de las Personas Físicas", **Impuestos**, n.º 21, Noviembre, 1996, pág. 15.

bre la Renta de las Personas Físicas. Si bien estos valores por mandato expreso del artículo 34 de la Ley citada serán los que resulten de la aplicación de las normas del Impuesto sobre Sucesiones y Donaciones.

Esta opción legislativa ha sido bien vista por la doctrina[61], que considera que esta remisión a las normas del Impuesto sobre Sucesiones y Donaciones para la determinación de los valores de adquisición y transmisión, supone homogeneizar las reglas de valoración, evitando de esta forma que según estemos en uno u otro impuesto los mismos elementos patrimoniales tengan asignadas diferentes valoraciones. En esta misma línea hay autores[62] que han señalado que defender otra postura, supondría atentar contra el principio de seguridad jurídica y asimismo supondría una transgresión del principio de que nadie puede ir contra sus propios actos.

No obstante, existen posiciones doctrinales[63] que consideran que más que unificar las valoraciones de los elementos patrimoniales en los distintos tributos, lo que se debe perseguir es unificar los criterios materiales de valoración, siendo la ley propia de cada tributo la que adapte a su propio hecho imponible los criterios de valoración previamente delimitados.

Hay que poner de manifiesto el artículo 18 de la Ley del Impuesto sobre Sucesiones para la determinación del valor real, este precepto otorga a la Administración la posibilidad de comprobar el valor real de los bienes y derechos transmitidos, que han sido consignados por los sujetos pasivos en

---

61 CAYON GALIARDO ha señalado al respecto: "La remisión es correcta por la función de impuesto cierre del sistema de imposición directa que desempeña actualmente el I.S.D. y que se traduce incluso en la no sujeción al I.R.P.F. de los incrementos de patrimonio sometidos a aquel tributo", en "Comentarios al artículo 47 de la Ley 18/1991, de 6 de junio, del Impuesto sobre la Renta de las Personas Físicas", en la obra con A.A.V.V. **Comentarios a la Ley del I.R.P.F. y Reglamento del Impuesto**, ob. cit., pág. 429; LOPEZ BERENGUER, **Manual del Impuesto sobre la Renta**, Aranzadi, Pamplona, 1980, pág. 28; ELIAS OSTUA en "Incrementos de patrimonio y otras cuestiones", **Crónica Tributaria**, n.º 35, 1981, pág. 29.

62 Véase, en este sentido: MUÑOZ DEL CASTILLO, "Tributación de las Plusvalías en el Impuesto General sobre la Renta de las Personas Físicas", **Civitas Revista Española de Derecho Financiero**, n.º 11, 1976, pág. 466.

63 CAAMAÑO ANIDO, **Régimen fiscal de las Donaciones**, Marcial Pons, Madrid, 1993, págs. 171 y 172.

sus respectivas liquidaciones, por los medios de comprobación admitidos en el artículo 52 de la Ley General Tributaria.

Si el valor comprobado por la Administración resulta mayor al declarado por el sujeto pasivo, siempre que este haya aplicado la correspondiente regla del Impuesto sobre el Patrimonio, prevalecerá el valor comprobado, y no procederán sanciones.

Sobre si esta norma es aplicable a efectos del Impuesto sobre la Renta de las Personas Físicas, hemos de señalar lo que en su momento puso de manifiesto CAYON GALIARDO[64], que consideró que no puede afirmarse que se pueda aplicar esta norma en el ámbito del Impuesto sobre la Renta de las Personas Físicas, teniendo en cuenta que el artículo 18 de la Ley del Impuesto sobre Sucesiones y Donaciones se remitía al Impuesto Extraordinario del Patrimonio de las Personas Físicas y no al Impuesto sobre el Patrimonio de las Personas Físicas vigente, en el que no se menciona la regla general de valoración que contenía el Impuesto Extraordinario del Patrimonio de las Personas Físicas en su artículo 10 que aludía "al valor real de los bienes y derechos que sean atribuibles al sujeto pasivo". El actual Impuesto sobre el Patrimonio regulado por la Ley 19/1991, de 6 de junio, no menciona esta regla general sino que cada elemento patrimonial se valora conforme a una regla específica y existe una cláusula residual de "valor de mercado".

El autor concluye señalando que no deben aplicarse sanciones cuando la comprobación administrativa obtenga uno diferente por la aplicación de alguno de los medios previstos en el artículo 52 de la Ley General Tributaria. En su opinión, con la que coincidimos, el elemento clave está en concretar que se debe entender por valor real[65].

a' Valor de adquisición.

Por tanto, en el supuesto de ganancias y pérdidas patrimoniales que tengan su origen en transmisiones lucrativas, el valor de adquisición se determi-

---

64 "Comentarios al artículo 47 de la Ley 18/1991, de 6 de junio, del Impuesto sobre la Renta de las Personas Físicas", en la obra con A.A.V.V. **Comentarios a la Ley del I.R.P.F. y Reglamento del Impuesto**, ob. cit., pág. 429-430.

65 En este mismo sentido véase también ARRANZ DE ANDRES, en "Las transmisiones lucrativas en el Impuesto sobre la Renta de las Personas Físicas", ob. cit., pág. 602.

nará conforme a las normas del Impuesto sobre Sucesiones y Donaciones, si el elemento que ahora se transmite se incorporó al patrimonio a través de un negocio jurídico gratuito, mientras que si se incorporó al patrimonio mediante un negocio jurídico oneroso la determinación de este valor se hará conforme a la regla contenida en el artículo 33.1 de la Ley del Impuesto sobre la Renta de las Personas Físicas.

En consecuencia, si el bien que se transmite se adquirió a título gratuito, para determinar el valor de adquisición hay que tener en cuenta el valor neto de los bienes y derechos adquiridos, entendiéndose como tal el valor real de los bienes y derechos minorado por las cargas y deudas que fueren deducibles, tanto si la transmisión es mortis causa como inter vivos, tal y como señala el artículo 9 de la Ley 29/1987, de 18 de diciembre, del Impuesto sobre Sucesiones y Donaciones.

Esta primera partida debe ser corregida mediante la aplicación de las previsiones legales establecidas en el artículo 33.1 de la Ley del Impuesto sobre la Renta de las Personas Físicas, esto es, se sumara el coste de las inversiones y mejoras efectuadas en los bienes adquiridos y los gastos y tributos inherentes a la adquisición, excluidos los intereses que hubieran sido satisfechos por el adquirente. Si no se procediera a esta corrección se vulneraría como ya señalara SIMON ACOSTA[66] "el principio de capacidad contributiva al gravarse como renta o incremento las mejoras realizadas en sus bienes por el sujeto pasivo".

El resultado de esta operación se minorará en el importe de las amortizaciones.

b' Valor de transmisión.

Por su parte el valor de enajenación de los bienes transmitidos a título gratuito, a efectos del cómputo de la plusvalía producida se determinará conforme a las normas del Impuesto sobre Sucesiones y Donaciones, de este valor se deducirán los gastos y tributos inherentes a la transmisión siempre que hubieran sido satisfechos por el transmitente.

---

66 "Comentarios al artículo 20 de la Ley 44/1978, de 8 de septiembre, del Impuesto sobre la Renta de las Personas Físicas" en la obra con AAVV **Comentarios a la Leyes Tributarias y Financieras**, Tomo III, Edersa, Madrid, 1983, pág. 316.

Capítulo cuarto

REGULACIÓN TRIBUTARIA DE DETERMINADAS SITUACIONES JURÍDICAS INMOBILIARIAS. GRAVAMEN EN EL IRPF DE LA VIVIENDA SITUADA EN UN CONJUNTO HISTÓRICO

SUMARIO: I. INTRODUCCIÓN. II. CUANDO LA VIVIENDA SITUADA EN EL CONJUNTO HISTÓRICO CONSTITUYE LA VIVIENDA HABITUAL DE SU TITULAR. III. REGLAS ESPECIALES DE IMPUTACIÓN TEMPORAL APLICABLES A LA VIVIENDA SITUADA EN UN CONJUNTO HISTÓRICO. IV. DEDUCCIÓN POR ACTUACIONES PARA LA PROTECCIÓN Y DIFUSIÓN DEL PATRIMONIO HISTÓRICO ESPAÑOL Y DE LAS CIUDADES, CONJUNTOS Y BIENES DECLARADOS PATRIMONIO MUNDIAL.

I. INTRODUCCIÓN

Cuando hablamos de conjuntos históricos en las ciudades españolas, a veces nos olvidamos que dentro ellos hay viviendas que constituyen la vivienda habitual de sus habitantes. Estas viviendas necesitan unos cuidados especiales y además no se puede hacer cualquier reforma, sino que siempre hay que atenerse a la normativa, generalmente local, que existe al respecto; incluso para pintar una vivienda enmarcada dentro de un conjunto histórico no se puede hacer con el color que a su titular gustaría, sino que hay que elegir ese color dentro de las posibilidades que señala la norma aplicable.

Como vamos a exponer a continuación, el tratamiento de una vivienda bien constituya ésta la vivienda habitual de su titular, bien se encuentre en situación distinta al alquiler o a constituir la vivienda habitual, es objeto de un gravamen igual que si no estuviera situada en un conjunto histórico,

La única normativa especial para inmuebles situados en un conjunto histórico es la que se contiene en los artículos 14.2 y 68.5 de la Ley reguladora del Impuesto sobre la Renta de las Personas Físicas, ésta última introducida en la normativa reguladora del IRPF por la Ley del Mecenazgo.

II. CUANDO LA VIVIENDA SITUADA EN EL CONJUNTO HISTÓRICO CONSTITUYE LA VIVIENDA HABITUAL DE SU TITULAR

La legislación fiscal atribuye el carácter de vivienda habitual a aquélla que constituye la residencia del contribuyente durante un plazo continuado de tres años. Ésta es la definición que de vivienda habitual nos proporciona la Ley del Impuesto sobre la Renta de las Personas Físicas y a la que se remiten el resto de los tributos del sistema impositivo. Este concepto, sin embargo, resulta matizado tanto por la propia legislación de desarrollo como por la doctrina administrativa. El Reglamento del Impuesto sobre la Renta de las Personas Físicas en el artículo 54. 1 y 2 del Real Decreto 439/2007 de 30 de marzo, por el que se aprueba el citado Reglamento, delimita el concepto cuando nos dice que la vivienda habitual debe tratarse de una edificación, y que debe constituir la residencia continuada, durante tres años, por lo menos, al mismo tiempo que nos indica que dicha edificación debe ser habitada de forma efectiva y permanente por el propio contribuyente en un plazo de doce meses a partir de la fecha de adquisición o terminación de las obras de construcción. La doctrina administrativa añade aún otra condición no expresamente fijada en la legislación: la necesidad de la vivienda se posea durante estos tres años —por lo menos— a título de propietario o, lo que es lo mismo, en pleno dominio. Estas características son fundamentales a la hora de determinar si nos encontramos ante una vivienda habitual —en el sentido legal/fiscal— o no. Así, por ejemplo, es unánime la interpretación de que no constituye vivienda habitual aquélla que ha sido residencia de una persona durante tres años de forma alterna. No se cumpliría en este caso el requisito de la continuidad —por lo menos tres años consecutivos—. Tampoco entraría dentro de este concepto legal aquella vivienda que ha constituido residencia habitual durante por lo menos tres años continuados en virtud de contrato de alquiler aunque con posterioridad se haya adquirido la plena propiedad si no transcurren tres años ocupándola en concepto de propietario.

Son éstas, pues, las limitaciones que se imponen a la hora de calificar una vivienda como habitual a los efectos de la legislación fiscal: la residencia permanente, la continuidad en dicha residencia y el título habilitador para que dicha vivienda pueda tener tal consideración.

Al mismo tiempo, la ley impone algunas excepciones a tener en cuenta a la hora de calificar la vivienda como habitual. Estas excepciones van referidas al tiempo necesario de permanencia continuada (por lo menos 3 años) y vienen recogidas en el artículo 68, 1.3 de la Ley del Impuesto (RCL 2006, 2123 y RCL 2007, 458) y en el artículo 54. 2 del Reglamento del Impuesto (RCL 2007, 664). Ambos artículos nos definen en qué casos no es necesaria la permanencia de tres años para que la vivienda no pierda su carácter de habitual. La Ley establece unos criterios más amplios que los que detalla el Reglamento. El artículo 68, 1.3 de la Ley nos dice que «No obstante, se entenderá que la vivienda tuvo aquel carácter cuando, a pesar de no haber transcurrido dicho plazo (de 3 años), se produzca el fallecimiento del contribuyente o concurran circunstancias que necesariamente exijan el cambio de vivienda, tales como separación matrimonial 6, traslado laboral, obtención de primer empleo o de empleo más ventajoso u otras análogas» mientras que el Reglamento en su artículo 68, 1,3 parece limitar los supuestos cuando dice que «No obstante, se entenderá que la vivienda no pierde el carácter de habitual cuando se produzcan las siguientes circunstancias:

Para el supuesto de que el inmueble situado en un conjunto que sea declarado Patrimonio Histórico constituya la vivienda habitual no existe, a efectos del IRPF, norma alguna que otorgue un tratamiento fiscal distinto a una vivienda que no esté dentro de un conjunto histórico.

Habiendo sido ya eliminada la deducción por inversión en vivienda habitual, para nuevas adquisiciones de vivienda habitual; el tratamiento es, como acabamos de señalar el mismo que para cualquier otra vivienda habitual.

III. REGLAS ESPECIALES DE IMPUTACIÓN TEMPORAL APLICABLES A LA VIVIENDA SITUADA EN UN CONJUNTO HISTÓRICO

Existe una regla especial prevista en el artículo 14. 2 LIRPF.

La Ley 35/2006, del IRPF, recoge (art. 14.2.j) una regla especial de imputación temporal de las ayudas públicas otorgadas por las administraciones competentes a los titulares de bienes de interés cultural inscritos en el Registro General, cuando dichas ayudas están destinadas a su conservación y rehabilitación: dichas ayudas podrán imputarse por cuartas partes en el periodo impositivo en que se obtengan y en los tres siguientes, siempre y cuando se cumplan las exigencias establecidas en la norma, particularmente en lo referido al cumplimiento de los deberes de visita y exposición pública de dichos bienes.

IV. DEDUCCIÓN POR ACTUACIONES PARA LA PROTECCIÓN Y DIFUSIÓN DEL PATRIMONIO HISTÓRICO ESPAÑOL Y DE LAS CIUDADES, CONJUNTOS Y BIENES DECLARADOS PATRIMONIO MUNDIAL

El artículo 68.5 de la Ley del IRPF establece una deducción en la base liquidable del contribuyente para el supuesto de inversiones que tengan como finalidad la protección del y difusión del Patrimonio Histórico Español y de las ciudades, conjuntos y bienes declarados Patrimonio Mundial.

Los contribuyentes tendrán derecho a una deducción en la cuota del 15 por 100 del importe de las inversiones o gastos que realicen para:

a) La adquisición de bienes del Patrimonio Histórico Español, realizada fuera del territorio español para su introducción dentro de dicho territorio, siempre que los bienes sean declarados bienes de interés cultural o incluidos en el Inventario general de bienes muebles en el plazo de un año desde su introducción y permanezcan en territorio español y dentro del patrimonio del titular durante al menos cuatro años.

   La base de esta deducción será la valoración efectuada por la Junta de calificación, valoración y exportación de bienes del patrimonio histórico español.

b) La conservación, reparación, restauración, difusión y exposición de los bienes de su propiedad que estén declarados de interés cultural conforme a la normativa del patrimonio histórico del Estado y de las Comunidades Autónomas, siempre y cuando se cumplan las exigencias establecidas en dicha normativa, en particular respecto de los deberes de visita y exposición pública de dichos bienes.

c) La rehabilitación de edificios, el mantenimiento y reparación de sus tejados y fachadas, así como la mejora de infraestructuras de su propiedad situados en el entorno que sea objeto de protección de las ciudades españolas o de los conjuntos arquitectónicos, arqueológicos, naturales o paisajísticos y de los bienes declarados Patrimonio Mundial por la Unesco situados en España.

a) La adquisición de bienes del Patrimonio Histórico Español, realizada fuera del territorio español para su introducción en España, siempre que los bienes permanezcan en dicho territorio y dentro del patrimonio del titular durante cuatro años, al menos.

   A diferencia de lo que ocurría con anterioridad, en que era necesaria la inscripción en el Registro de Bienes de Interés Cultural, basta con que el bien sea integrante del Patrimonio Histórico Español para que origine el derecho a la deducción.

   La base de esta deducción será la valoración efectuada por la Junta de Calificación, Valoración y Exportación.

b) La conservación, reparación, restauración, difusión y exposición de los bienes de su propiedad que estén declarados de interés cultural conforme a la normativa del Patrimonio Histórico del Estado y de las Comunidades Autónomas, siempre y cuando se cumplan las exigencias establecidas en dicha normativa, en particular respecto de los deberes de visita y exposición públicas de dichos bienes.

Quiere significarse con ello que en los casos en que el propietario de estos bienes obtenga rendimientos de los mismos —por ejemplo, mediante la percepción de cantidades en concepto de acceso o visita—, los gastos citados serán deducibles de los rendimientos íntegros percibidos por tal actividad, siendo, en consecuencia, deducibles en la base, no en la cuota. Cuestión distinta es que alguno de tales gastos —por ejemplo, los que no sean de estricto mantenimiento, sino que respondan al concepto de inversión, como pueden ser los de restauración— deba tratarse como tal inversión empresarial, supuesto en el que concurrirá tanto una deducción de la cuota —por inversión empresarial— y un gasto fiscalmente deducible de los ingresos, en la base, como cuota de amortización del mayor valor del bien, causado por la inversión.

c) La rehabilitación de edificios, el mantenimiento y reparación de sus tejados y fachadas, así como la mejora de infraestructuras de su propiedad situados en el entorno que sea objeto de protección de las ciudades españolas o de los conjuntos arquitectónicos, arqueológicos, naturales y paisajísticos y de los bienes declarados Patrimonio Mundial por la UNESCO, situados en España.

La suma de la base de esta deducción y la de donativos no podrá exceder del 10 por 100 de la base liquidable del contribuyente —art. 69 de la Ley—.

Según la Ley 16/1985, de 25 de junio, del Patrimonio Histórico Español, el mismo está integrado, entre otros, por los inmuebles y objetos muebles de interés artístico, histórico, paleontológico, arqueológico, etnográfico, científico o técnico. De acuerdo con su artículo 69.2, los bienes de interés cultural deben inscribirse en Registro General de Bienes de Interés Cultural, y los bienes muebles no declarados de interés cultural, en el Inventario General de Bienes Muebles.

En el artículo 38.1 del TRLIS se recoge una deducción encaminada a proteger y conservar nuestro patrimonio histórico, a la que se tiene derecho en caso de realizar inversiones o gastos en los bienes integrantes del mismo. Su finalidad es la protección y difusión del Patrimonio Histórico Español, y de las ciudades, conjuntos y bienes declarados Patrimonio Mundial por la Unesco, que estén situados en España.

Adviértase que el límite se vincula a la base liquidable, y no a la base imponible. Aunque el artículo 19 de la Ley 49/2002 se remite al artículo 56 de la Ley 40/1998, dicha referencia debe entenderse realizada en la actualidad al artículo 70 del Real Decreto Legislativo 3/2004, de 5 de marzo, por el que se aprueba el Texto Refundido de la Ley del Impuesto sobre la Renta de las Personas Físicas. Resulta lamentable que el legislador no haya atendido las críticas realizadas a esta defectuosa regulación (réplica de la contenida en la Ley 30/1994) y motivadas por la inexistencia de un concepto único de base liquidable, ya que la Ley del Impuesto se refiere a la base liquidable general y a la base liquidable especial, lo que genera dudas con la determinación de dicho límite.

Por último, señalar que el art. 97.3 de la Ley del IRPF también ha extendido la posibilidad de pagar la deuda tributaria correspondiente a este impuesto mediante la entrega de bienes integrantes del patrimonio cultural inscritos en el Registro General o en el Inventario General de Bienes Muebles.

Capítulo quinto
RENDIMIENTOS DEL CAPITAL MOBILIARIO

I. INTRODUCCIÓN

La importancia del ahorro es un hecho incuestionable en la sociedad, tanto para los ahorradores como para el propio sistema económico y tributario de un país. La decisión de ahorrar implica no consumir en el momento, pero sí obtener unos beneficios en el futuro. Son distintos los instrumentos que se ofrecen a los consumidores para canalizar sus ahorros y sus inversiones. Las decisiones de ahorro y consumo que adopta una persona son el resultado de un proceso de planificación. El individuo que decide no consumir hoy, tiene mayor capacidad de consumo mañana. Este razonamiento hace que el ahorro sea un fenómeno intertemporal.

Existen dos tipos de ahorro; el ciudadano ahorra para un futuro próximo y, también ahorra para disponer de más consumo en la jubilación. Durante su vida laboral activa, las personas ahorran una fracción de su renta con la finalidad de acumular un patrimonio que le permita financiar sus gastos de consumo durante la jubilación.

En el modelo del ciclo vital entre consumo y ahorro, teniendo como perspectiva la jubilación, los agentes económicos intentan mantener constante a lo largo de toda su vida la utilidad que les reporta el consumo. Podemos suponer que cada individuo vive dos períodos. En el primer período trabaja, obtiene una renta, y decide consumir una parte y ahorrar otra. En el segundo período está jubilado y su consumo se financia, en parte, con el ahorro del primer período[67].

Partimos por tanto de la necesidad de ahorrar para los ciudadanos, siendo de gran importancia la fiscalidad que recae sobre el ahorro.

La fiscalidad del ahorro no grava todos los activos de igual forma. No se trata únicamente de que la política fiscal difiera entre países, sino que en el sistema fiscal de un país pueden existir pluralidad de leyes y preceptos. En España, el gravamen sobre los rendimientos del capital lo encontramos en el Impuesto sobre la Renta de las Personas Físicas y en el Impuesto sobre Sociedades. El gravamen de los rendimientos del ahorro de los individuos se encuentra incorporado en el IRPF. La fiscalidad que soportan los rendimientos

---

[67] Véase CABEZAS ARIAS, J., **Fiscalidad de los productos y servicios financieros**, Ediciones CEF, 2021, Madrid, págs. 13 y ss.

es diferente en función del tipo de activo, de la naturaleza jurídica del emisor del mismo o de la forma de adquisición o de reintegro.

Voy a tratar en esta investigación el gravamen de los rendimientos de capital mobiliario en el impuesto más importante del sistema impositivo español; tanto a nivel de contribuyentes a los que afecta como por la cantidad monetaria que se recauda por parte de la Hacienda Pública, el Impuesto sobre la Renta de las Personas Físicas. La relevancia del impuesto viene dada por su capacidad recaudatoria y por ser el máximo exponente como figura tributaria de los principios de justicia material contenidos en el artículo 31.1 de la Constitución Española.

La fuente generadora de los rendimientos del capital mobiliario es el capital, previsto como hecho imponible, y así establece su gravamen el artículo 22 de la Ley 35/2006, de 28 de diciembre, reguladora del Impuesto sobre la Renta de las Personas Físicas: "Tendrán la consideración de rendimientos íntegros del capital la totalidad de las utilidades y contraprestaciones, cualquiera que sea su denominación o naturaleza, que provengan directa o indirectamente de elementos patrimoniales, bienes o derechos, cuya titularidad corresponda al sujeto pasivo y no se hallen afectos a actividades empresariales o profesionales realizadas por el mismo".

La norma una vez analizados los rendimientos que provienen de los bienes inmuebles establece la regulación de los rendimientos provenientes del capital mobiliario. La regulación de este tipo de rentas por parte de un Estado implica la posibilidad de atraer inversiones de ciudadanos tanto comunitarios como extracomunitarios. Pero las decisiones de inversión por parte de los ahorradores no nacen en un día, sino que, en la mayoría de los casos, son producto del conocimiento de cuáles sean las situaciones jurídicas y tributarias que puedan o vayan a producirse.

Resulta imprescindible partir de un análisis de la normativa aplicable, detectando los aspectos más claramente necesitados de reforma y las cuestiones que se encuentra resueltas de forma adecuada.

El estudio de la fiscalidad del ahorro debe partir del análisis de la composición del ahorro y de los conceptos que lo integran.

Existen una serie de principios que deben presidir la regulación de la fiscalidad del ahorro, aun partiendo de la base de que tales principios generales, en la práctica, no se presentan con tanta concreción en la normativa aplicable en ningún país, pero al menos deben tenerse presentes para efectuar un análisis de la fiscalidad de los instrumentos de ahorro[68].

La fiscalidad del ahorro debería tratar de conciliar dos objetivos que, aunque a veces se presentan como excluyentes, no debería serlo:

Por un lado, atender a los principios generales de la imposición, que se encuentran plasmados en las normas constitucionales y se manifiestan, de forma especial, en la imposición sobre la renta de las personas físicas (generalidad, capacidad económica, igualdad y progresividad).

Por otro lado, atender a los objetivos de índole económica derivados de la internacionalización de la actividad económica, la necesidad de atraer inversiones extranjeras y evitar la deslocalización del ahorro nacional, entre otros.

La conciliación de los dos objetivos señalados, que pueden resumirse en equidad y eficiencia, obligaría a la búsqueda de una serie de objetivos secundarios, como son:

Globalidad. Debe tenerse en cuenta, de forma conjunta, el régimen fiscal aplicable a la totalidad de los instrumentos canalizadores del ahorro, tratando de evitar incoherencias o desarmonías en el régimen fiscal aplicable a cada uno de ellos en relación con el aplicable a los demás.

Neutralidad fiscal. Ligado al anterior objetivo, la pretensión de neutralidad fiscal exigiría que la preferencia por uno u otro instrumento no derivara, exclusiva ni principalmente, de factores fiscales.

Simplicidad. Que colaboraría al logro de los dos objetivos generales (los señalados en primer lugar).

Sistematización. Que obliga a analizar el sistema fiscal en su conjunto, teniendo en cuenta todos los impuestos que resultan aplicables y todas las rentas obtenidas.

Favorecimiento del ahorro-previsión a largo plazo, de forma compatible con el objetivo de neutralidad fiscal.

---

68 ESTEBAN PAÚL, A., **Fiscalidad de los productos financieros**, IEF, Madrid, 2005, págs. 23 y ss.

Colaboración con los objetivos económicos generales y, en particular, con los objetivos de crecimiento, estabilidad y empleo.

La normativa reguladora de la tributación del ahorro debería tomar en consideración la totalidad de los objetivos enunciados y, consiguientemente, es desde la perspectiva desde la que debería valorarse dicha normativa.

La normativa tributaria aplicable en la mayoría de los países concede, por motivos muchas veces exclusivamente históricos o de tradición, excesiva trascendencia al instrumento de ahorro utilizado, lo que en numerosas ocasiones condiciona, de forma fundamental, el régimen fiscal de los rendimientos obtenidos.

En contra de dicho planteamiento, los impuestos personales deben responder al principio de capacidad económica, por lo que, adoptando la perspectiva del ahorrador, por tanto, en el Impuesto sobre la Renta de las Personas Físicas, debe valorarse el rendimiento obtenido, no el origen del mismo. Nosotros, como ya hemos referido, vamos a detenernos en el análisis de la tributación de los ahorradores personas físicas.

Como es bien sabido por todos, en el Impuesto sobre la Renta de las Personas Físicas contiene una compartimentación de los rendimientos obtenidos por los contribuyentes del impuesto, a través de su inclusión en diferentes categorías. La inclusión de un determinado rendimiento en una de estas categorías conlleva importantes consecuencias, por cuanto determina un régimen de liquidación distinto.

Esta compartimentación se encuentra absolutamente justificada en función del origen y características de las rentas; no obstante, siguen existiendo zonas de confluencia en las cuales se plantean, a veces, dudas en cuanto a la adscripción de un determinado rendimiento a una u otra categoría.

La forma en que el sistema fiscal afecta al comportamiento económico es un tema que suscita mucho debate. Los impuestos pueden modificar las decisiones de los agentes económicos. Debido a la imposición, los individuos pueden modificar las horas que deciden trabajar, los bienes que deciden consumir o la cantidad de renta que ahorran. La imposición puede inducir también a invertir en un determinado activo, a contratar un seguro, a comprar una vivienda, a llevar a cabo donaciones o a solicitar financiación. Realmente, la imposición afecta a una lista de decisiones tan extensa que es sumamente difícil detallarla. Los impuestos siempre suponen un coste para los contribuyentes. Un impuesto reduce el bienestar del individuo por una doble vía. Por un lado, la transferencia de renta al sector público produce un efecto renta. Por otro lado, los impuestos pueden distorsionar las decisiones económicas de los individuos, lo que se denomina efecto sustitución. El efecto renta que se produce en un individuo es inevitable, salvo que el impuesto no tenga recaudación alguna.

La importancia del ahorro para un país es algo incuestionable, como se puede leer en el Informe para la Reforma del Sistema Tributario presentado en el año 2022, desde un enfoque histórico (en promedio desde 1999), la tasa de ahorro en España se situó en el 8,5% de la renta disponible de los hogares mientras que, para la eurozona, esta media se situaba en el 13,2%. Es destacable que, según los datos de Eurostat, solo Dinamarca, Polonia y Grecia presentaron durante este periodo una tasa media inferior a la de España. Si consideramos el periodo 1999-2012, la tasa de ahorro en España alcanzaba el 9% (frente al 13,1% de la eurozona). Sin embargo, si tenemos en cuenta el periodo 2012-2020 (es decir, una vez pasados los peores años de la crisis financiera de 2008) la tasa de ahorro en España descendió hasta el 7,5%, mientras que la de la eurozona se mantuvo estable (13,3%), lo que invita a pensar que la mayor tasa de los años anteriores responde a un ahorro precaución propio de un ciclo económico adverso. Del mismo modo, la llegada de la pandemia de covid-19 ha provocado un aumento sin precedentes del ahorro de los hogares (en 2020 por incapacidad de consumir y posteriormente también por el temor asociado a la incertidumbre). De hecho, España fue el país de la eurozona que registró un mayor incremento de la tasa de ahorro en la primera mitad de 2020. Concretamente, en 2020 la tasa de ahorro alcanzó, en términos desestacionalizados, el 25,7% de la renta disponible, lo que supuso cuatriplicar la registrada en 2019 (6,3%) y doblar el máximo de la anterior crisis financiera (12,1% en 2009). En 2021 (último dato disponible), la tasa de ahorro se ha moderado respecto al máximo de 2020, pero todavía se situaba en el 10,6% de la renta disponible de las familias (4,3 puntos por encima del 2019). Ahora bien, si tenemos en cuenta el ahorro promedio de los 5 anteriores a la pandemia, el exceso de ahorro en España durante el conjunto de 2020 puede estimarse en el 5% del PIB. Este exceso de ahorro se concentró, fundamentalmente, en el 2020 (2,2% del PIB). Asimismo, los modelos de Banco de España sugieren que el ahorro forzoso acumulado hasta el 2020 también ha sido similar en la eurozona (2,5% del PIB). Todo indica, por tanto, que la tasa de ahorro debería de retornar a su senda de equilibrio entre finales de 2021 y comienzos de 2022, si bien existe aún una elevada incertidumbre.

El progreso económico y la modernización del sistema financiero, a los que hay que unir los problemas que planean sobre los sistemas públicos de pensiones, han ampliado considerablemente el abanico de los instrumentos en los que las familias pueden colocar sus ahorros. La regulación del IRPF ha tenido que ir dando acomodo a los productos que sucesivamente han ido apareciendo en el mercado, dándose la circunstancia de que, en algunos casos, ha sido la propia normativa fiscal la que ha creado el instrumento.

II. RÉGIMEN JURÍDICO DEL GRAVAMEN DE LOS RENDIMIENTOS DEL CAPITAL MOBILIARIO EN IRPF

Los rendimientos de capital mobiliario o también denominados del ahorro han sido, desde la publicación de nuestra Constitución de 1978, los que han sufrido una metamorfosis más acusada respecto al resto del catálogo de rentas que componen nuestro IRPF. Lo que ha marcado su evolución normativa ha sido la ausencia significativa del principio de neutralidad fiscal de los diferentes productos generadores de estos rendimientos, debido a la tributación diferenciada que han recibido a lo largo de los casi cuarenta años transcurridos desde la publicación de la primera Ley de Renta de las Personas Físicas.

El principio de neutralidad en la tributación de las rentas del ahorro exige que a todas se les aplique el mismo tratamiento fiscal, independientemente del instrumento a través del que se originen las mismas. Los contribuyentes o, mejor dicho, inversores deben tomar decisiones sin la interferencia de la fiscalidad de los diferentes instrumentos de ahorro. Sobre todo, en aras de los principios de igualdad tributaria y libre competencia[69].

---

69 Vid. SANZ GADEA, E., "Tributación sobre las ganancias de capital y modelos de imposición sobre las rentas de capital", en: CAYÓN GALIARDO, A.M. y ARRIETA MARTÍNEZ DE PISÓN, J, (coord..), Presente y futuro de la imposición directa en

II.1. RENDIMIENTOS DEL CAPITAL. DEFINICIÓN

La Segunda Sección de la Ley 35/2006, reguladora del IRPF, bajo el título Rendimientos del Capital, tras un artículo común, distingue dos tipos de rentas radicalmente distintas, por un lado, los rendimientos del capital mobiliario (subsección 2, artículos 25 y 26) y, por otro lado, rendimientos del capital inmobiliario (subsección 1.ª, artículos 22 a 24).

La definición legal general sobre qué son los rendimientos del capital se encuentra contenida en el artículo 21 de la Ley, común a rendimientos del capital mobiliario e inmobiliario.

Según este artículo serán rendimientos del capital "la totalidad de las utilidades o contraprestaciones cualquiera que sea la denominación o naturaleza, dinerarias o en especie, que provengan, directa o indirectamente, de elementos patrimoniales, bienes o derechos cuya titularidad corresponda al contribuyente y no se hallen afectos a actividades económicas realizadas por el mismo."

A continuación, aclara la norma que las rentas derivadas de la transmisión de la titularidad de los elementos patrimoniales, aun cuando exista un pacto de reserva de dominio, tributarán como ganancias o pérdidas patrimoniales, salvo que por esta ley se califiquen como rendimientos del capital.

Incluyéndose, en todo caso, como rendimientos del capital:

a) Los provenientes de los bienes inmuebles, tanto rústicos como urbanos, que no se hallen afectos a actividades económicas realizadas por el contribuyente.

b) Los que provengan del capital mobiliario y, en general, de los restantes bienes o derechos de que sea titular el contribuyente, que no se encuentren afectos a actividades económicas realizadas por éste.

España, Lex Nova, Valladolid, 1997, pp. 366 y ss. Sobre el principio de igualdad tributaria y demás principios constitucionales tributarios del artículo 31.1 CE se puede consultar, AGUALLO AVILÉS, A y BUENO GALLARDO, E., "Observaciones sobre el alcance de los principios constitucionales del art. 31.1 CE", en: ALBIÑANA GARCIA-QUINTANA, C., GONZÁLEZ GARCÍA, E., RAMALLO MASSANET, J., LEJEUNE VALCARCEL, E., YÁBAR STERLING, A. (coord.), **Estudios en homenaje al profesor Pérez de Ayala**, 2007, pp.57-94.

Por tanto, además de la titularidad de elementos patrimoniales por parte del contribuyente, el elemento fundamental para determinar si nos encontramos ante un rendimiento del capital o no, se encuentra en el dato de la afectación, o mejor dicho de la no afectación a actividades económicas de los elementos susceptibles de generar los rendimientos.

Esta definición fue muy criticada por la doctrina, valgan las reflexiones de BANACLOCHE PÉREZ[70] quien indicara, que en relación a la definición legal: y lo que podía haber sido esta definición se advertirá que no lo es.

Primero, porque la referencia a la "totalidad" de utilidades y contraprestaciones, es además de superflua engañosa, porque el IRPF se refiere a cada rendimiento y no a un rendimiento global neto. Segundo, porque queda en la indefinición a qué "naturaleza" de las utilidades o contraprestaciones se refiere la Ley, una vez que se añade "sean en dinero o en especia". Y, tercero, porque hay otras exclusiones den concepto de rendimiento del capital (...) y, con evidente incongruencia, otras inclusiones derivadas de elementos económica y jurídicamente afectos a una actividad que se excluyen (art. 27.1. c de la Ley...) por mandato de la ley.

En la misma línea se pronunciaba CLAVIJO HERNÁNDEZ[71] señalando que en la Ley del IRPF se incluye dentro del concepto fiscal de "renta" una variada gama de "rendimientos del capital" que, desde el ángulo estrictamente jurídico, no tienen nada en común, o muy poco, y que se puede sintetizar a efectos puramente expositivos, en dos grupos: a) rendimientos del capital mobiliario (...) y b) rendimiento del capital inmobiliario.

Veamos a continuación qué sucede con la definición de rendimientos del capital mobiliario, teniendo que indicar, en primer lugar, que no existe un concepto legal específico de los rendimientos del capital mobiliario, más allá de la definición general de los rendimientos del capital. La técnica empleada por el legislador va a ser la delimitación de los bienes susceptibles de generar esta categoría de renta, de entre todos aquellos bienes muebles no afectos a actividades económicas, pues no todos generarán rendimientos del capital.

---

70 "El IRPF: los rendimientos del capital", **Impuestos**, la Ley, 2000, págs. 61 y 62.

71 **Los rendimientos del Capital en el Nuevo Impuesto sobre la Renta de las Personas Físicas.** Ed. Civitas, Madrid. 1980. Páginas 69-70

Dicha técnica responde a una decisión consciente del legislador, que, si bien aporta la ventaja de la seguridad jurídica, tan deseable, presenta otras dificultades y aspectos críticos, tales como la falta de sistematicidad y coherencia interna[72].

Las leyes tributarias no han definido nunca qué debemos entender por capital mobiliario, esta categoría de renta se construye sobre la existencia de una serie de productos financieros que generan rendimientos objeto de gravamen en el Impuesto sobre la Renta de las Personas Físicas por ponerse de manifiesto la capacidad económica por parte del contribuyente.

Esta inexistencia de definición del concepto se debe a que la necesidad de cambio constante de los productos financieros que generan este tipo de rendimientos hace que sea imposible una definición previa que se adapte a las nuevas modalidades que generan este tipo de rendimientos.

Lo que sí hace la norma es agrupar los activos financieros bajo una serie de características lo que hace posible la clasificación a que se refiere la Ley del IRPF. Además de esto, la delimitación de los rendimientos del capital mobiliario se efectúa por contraposición al concepto de bien inmueble: rendimientos del capital mobiliario serían los que provengan de bienes y derecho que no sean inmuebles o derechos reales que recaigan sobre los mismos.

Por tanto, siguiendo a GARCÍA-OVIES y SESMA SÁNCHEZ[73] vamos a analizar las principales características que recaen sobre este tipo de rendimientos. Estamos ante un tipo de rendimientos que son ingresos o utilidades que proviene de una serie elementos patrimoniales cuya titularidad

---

72 Al respecto PITA GRANDAL señala que: "... en relación con el concepto de rendimientos del capital mobiliario el legislador sabe que se trata de una realidad económica cambiante, renovable y mutable por lo que todo esfuerzo por definir el capital mobiliario hubiese devenido inmediatamente insuficiente. (...) Se ha optado por definir rendimientos con dificultad adicional de que en dicha definición es preciso acudir a conceptos jurídicos en unos casos indeterminados y en otros generalmente determinados únicamente de forma parcial e incompleta. En este sentido el propio concepto de capital mobiliario o el concepto de valor mobiliario". **Rendimientos del capital mobiliario en el impuesto sobre la renta de las personas físicas,** Vigo, 1999.

73 **Fiscalidad de las rentas del capital mobiliario en España**, Lex Nova, Valladolid, 1995, págs. 19 yss.

corresponde al contribuyente, por tanto, también es importante la definición de cuales son estos elementos patrimoniales que generan los rendimientos del capital mobiliario.

De la lectura de los preceptos, especialmente el artículo 25 de la LIRPF que contienen las distintas características de los rendimientos de capital mobiliario, a los que nos iremos refiriendo a lo largo de este trabajo, ya podemos decir, que el legislador con esta falta de precisión, lo que pretende es sujetar a gravamen cualquier rendimiento que tuviera su origen en elementos patrimoniales que no sean rendimientos originados en el rendimiento del capital inmobiliario.

Bien es cierto que cuando hablamos de elementos patrimoniales generadores de rendimientos de capital mobiliario, en la mente de todos está el concepto de activo financiero o producto financiero. De forma sencilla, podemos decir que un *activo financiero* es un instrumento que canaliza el ahorro hacia la inversión. Se materializa en un contrato realizado entre dos partes, que pueden ser personas físicas o jurídicas. Se trata de un término elaborado en el ámbito de la economía. Vamos a traer aquí la afirmación que realizan GARCÍA-OVIES y SESMA SÁNCHEZ[74] quienes indican que "tienen la consideración de activos financieros todas aquellas operaciones financieras, ya se reflejen o no documentalmente, que canalizan el ahorro y la inversión de unos agentes económicos a otros, y en este sentido, como ejemplo de operaciones que tienen reflejo documental pueden citarse la operación de participación social que representa una acción o el crédito que representa una obligación". Y para terminar indicar, la reflexión que hacen las autoras citadas quienes señalan: "La expresión activos financieros que "hace referencia a una realidad económica compleja y heterogénea basada en la circulación de recursos económicos y que debe entenderse siempre como inversión financiera, con independencia de las operaciones particulares en que se instrumente dicha realidad, o los mecanismos jurídicos que la encubran. En segundo lugar, que a los efectos que a nosotros nos interesan, es decir, a efectos tributarios, la atención prioritaria recae en el rendimiento de la operación, o en la forma de manifestarse el mismo, su periodo de generación, de determinación o inde-

---

74 **Fiscalidad de las rentas del capital mobiliario en España**, ob. cit., pág. 29

terminación a priori, o su cuantificación, entre otros aspectos, y no tanto en la operación financiera en sí misma."[75].

Por su parte el artículo 91 del Reglamento del IRPF contiene el *Concepto y clasificación de activos financieros a los efectos del gravamen de los rendimientos del capital mobiliario*, así establece:

> "1. Tienen la consideración de activos financieros los valores negociables representativos de la captación y utilización de capitales ajenos, con independencia de la forma en que se documenten.
>
> 2. Tendrán la consideración de activos financieros con rendimiento implícito aquellos en los que el rendimiento se genere mediante diferencia entre el importe satisfecho en la emisión, primera colocación o endoso y el comprometido a reembolsar al vencimiento de aquellas operaciones cuyo rendimiento se fije, total o parcialmente, de forma implícita, a través de cualesquiera valores mobiliarios utilizados para la captación de recursos ajenos.
>
> Se incluyen como rendimientos implícitos las primas de emisión, amortización o reembolso.
>
> Se excluyen del concepto de rendimiento implícito las bonificaciones o primas de colocación, giradas sobre el precio de emisión, siempre que se encuadren dentro de las prácticas de mercado y que constituyan ingreso en su totalidad para el mediador, intermediario o colocador financiero, que actúe en la emisión y puesta en circulación de los activos financieros regulados en esta Norma.
>
> Se considerará como activo financiero con rendimiento implícito cualquier instrumento de giro, incluso los originados en operaciones comerciales, a partir del momento en que se endose o transmita, salvo que el endoso o cesión se haga como pago de un crédito de proveedores o suministradores.
>
> 3. Tendrán la consideración de activos financieros con rendimiento explícito aquellos que generan intereses y cualquier otra forma de retribución pactada como contraprestación a la cesión a terceros de capitales propios y que no esté comprendida en el concepto de rendimientos implícitos en los términos que establece el apartado anterior.

[75] GARCÍA-OVIES SARANDESES I. y SESMA SÁNCHEZ, B. **Fiscalidad de las rentas del capital mobiliario en España**, ob. cit., pág. 33.

4. Los activos financieros con rendimiento mixto seguirán el régimen de los activos financieros con rendimiento explícito cuando el efectivo anual que produzcan de esta naturaleza sea igual o superior al tipo de referencia vigente en el momento de la emisión, aunque en las condiciones de emisión, amortización o reembolso se hubiese fijado, de forma implícita, otro rendimiento adicional. Este tipo de referencia será, durante cada trimestre natural, el 80 por 100 del tipo efectivo correspondiente al precio medio ponderado redondeado que hubiera resultado en la última subasta del trimestre precedente correspondiente a Bonos del Estado a tres años, si se tratara de activos financieros con plazo igual o inferior a cuatro años; a Bonos del Estado a cinco años, si se tratara de activos financieros con plazo superior a cuatro años pero igual o inferior a siete, y a Obligaciones del Estado a 10, 15 ó 30 años, si se tratara de activos con plazo superior. En el caso de que no pueda determinarse el tipo de referencia para algún plazo, será de aplicación el del plazo más próximo al de la emisión planeada.

A efectos de lo dispuesto en este apartado, respecto de las emisiones de activos financieros con rendimiento variable o flotante, se tomará como interés efectivo de la operación su tasa de rendimiento interno, considerando únicamente los rendimientos de naturaleza explícita y calculada, en su caso, con referencia a la valoración inicial del parámetro respecto del cual se fije periódicamente el importe definitivo de los rendimientos devengados.

No obstante lo anterior, si se trata de deuda pública con rendimiento mixto, cuyos cupones e importe de amortización se calculan con referencia a un índice de precios, el porcentaje del primer párrafo será el 40 por ciento."

De esta definición contenida en el precepto transcrito se extraen las siguientes conclusiones: son instrumentos negociables, representan la captación de recursos ajenos y no incide en la calificación de activo financiero el sustrato material utilizado para su representación[76].

Por tanto, volviendo a la inexistencia de definición legal, el establecimiento de esta técnica responde a una decisión del legislador, como ha indicado

---

76 Véase JABALERA RODRÍGUEZ, A., "Los activos financieros en el IRPF: las rentas obtenidas por cesión a terceros", en la obra colectiva **Estudios de Derecho Financiero y Tributario en Homenaje al Profesor Calvo Ortega**, Tomo II, Lex Nova, Valladolid, 2005, pág. 1597.

VENTURA ESCACENA[77], que hace que "la ausencia de una regla general que permita determinar a priori la inclusión o no de una renta dentro del concepto de rendimiento del capital mobiliario va a obligar a que la norma deslinde, específicamente para cada caso, los rendimientos del capital de los restantes tipos de renta, en especial de las ganancias y pérdidas patrimoniales.

II.2. CLASES DE RENDIMIENTOS DE CAPITAL MOBILIARIO

Veamos a continuación las clases de rendimientos de capital mobiliario que recoge la Ley del Impuesto sobre la Renta de las Personas Físicas.

La normativa reguladora del Impuesto sobre la Renta de las Personas Físicas (IRPF) recoge diversos Rendimientos de Capital Mobiliario que se contemplan en la Ley 35/2006, de 28 de noviembre, del Impuesto sobre la Renta de las Personas Físicas. La determinación de su conceptualización será una cuestión fundamental porque, como sabemos, en función de su distinta naturaleza van a formar parte; bien de la renta del ahorro, y tributarán al correspondiente tipo proporcional; o bien, de la renta general, tributando en este caso al tipo marginal.

La normativa distingue en cuatro apartados el gravamen de los rendimientos del capital mobiliario a lo largo del artículo 25 LIRPF:

1. Los rendimientos obtenidos por la participación en los fondos propios de cualquier tipo de entidad.
2. Los rendimientos obtenidos por la cesión a terceros de capitales propios.
3. Los rendimientos procedentes de operaciones de capitalización o de contratos de seguro de vida o invalidez y de rentas derivadas de la imposición de capitales.
4. Otros rendimientos, donde quedan incluidos los procedentes de la propiedad intelectual, de asistencia técnica, etcétera, que tendremos ocasión de analizar.

---

77 Tesis Doctoral **Fiscalidad del ahorro mobiliario en el IRPF**, Universidad de Sevilla, 2021, pág. 93.

No debemos olvidar que constituyen la renta de ahorro tres de ellos; el cuarto tipo no puede ser considerado un tipo de ahorro, sino una decisión del legislador de incluir como rendimientos del capital mobiliario este tipo de rendimientos; todos ellos de muy distinta naturaleza.

En concreto, los Rendimientos de Capital Mobiliario previstos en los apartados 1, 2 y 3 del artículo 25 de esta ley, que van a ser los que hemos enumerado dentro de los tres primeros grupos. No obstante, los Rendimientos de Capital Mobiliario previstos en el apartado 2 del artículo 25 de esta ley (o rendimientos obtenidos por la cesión a terceros de capitales propios), procedentes de entidades vinculadas con el contribuyente formarán parte de la renta general, y tributaría al tipo marginal.

Las ganancias y pérdidas patrimoniales que se pongan de manifiesto con ocasión de transmisiones de elementos patrimoniales van a formar parte de la renta del ahorro, pero conviene precisar ahora que la mayoría de los rendimientos del capital van a formar parte de la renta del ahorro. En concreto, todos excepto los denominados por el legislador «otros Rendimientos de Capital Mobiliario», donde, como hemos comentado, quedan incluidos los procedentes de la propiedad intelectual, de asistencia técnica, derechos de imagen.

Sólo los tres primeros se integrarán en la base imponible del ahorro y, además, en el caso de los derivados de cesión de capitales a terceros, se establece un límite a partir del cual, las rentas se integrarán en la parte general (art. 46.a) segundo párrafo).

II.2.A. Gravamen de los rendimientos obtenidos por la participación en los fondos propios de cualquier tipo de entidad

El legislador en el artículo 25.1 LIRPF no ofrece una definición general de rendimientos obtenidos por la participación en fondos propios, sino que los enumera cuáles son e incluye entre ellos, con carácter general, cualquier utilidad derivada de la condición de socio.

El citado artículo 25.1 LIRPF establece que quedarán incluidos en esta categoría:

Rendimientos obtenidos por la participación en los fondos propios de cualquier tipo de entidad.

Quedan incluidos dentro de esta categoría los siguientes rendimientos, dinerarios o en especie:

a) Los dividendos, primas de asistencia a juntas y participaciones en los beneficios de cualquier tipo de entidad.

b) Los rendimientos procedentes de cualquier clase de activos, excepto la entrega de acciones liberadas que, estatutariamente o por decisión de los órganos sociales, faculten para participar en los beneficios, ventas, operaciones, ingresos o conceptos análogos de una entidad por causa distinta de la remuneración del trabajo personal.

c) Los rendimientos que se deriven de la constitución o cesión de derechos o facultades de uso o disfrute, cualquiera que sea su denominación o naturaleza, sobre los valores o participaciones que representen la participación en los fondos propios de la entidad.

d) Cualquier otra utilidad, distinta de las anteriores, procedente de una entidad por la condición de socio, accionista, asociado o partícipe.

e) La distribución de la prima de emisión de acciones o participaciones. El importe obtenido minorará, hasta su anulación, el valor de adquisición de las acciones o participaciones afectadas y el exceso que pudiera resultar tributará como rendimiento del capital mobiliario.

No obstante lo dispuesto en el párrafo anterior, en el caso de distribución de la prima de emisión correspondiente a valores no admitidos a negociación en alguno de los mercados regulados de valores definidos en la Directiva 2004/39/ CE (LCEur 2004, 1848 y LCEur 2005, 289) del Parlamento Europeo y del Consejo, de 21 de abril de 2004, relativa a los mercados de instrumentos financieros, y representativos de la participación en fondos propios de sociedades o entidades, cuando la diferencia entre el valor de los fondos propios de las acciones o participaciones correspondiente al último ejercicio cerrado con anterioridad a la fecha de la distribución de la prima y su valor de adquisición sea positiva, el importe obtenido o el valor normal de mercado de los bienes o derechos recibidos se considerará rendimiento del capital mobiliario con el límite de la citada diferencia positiva.

A estos efectos, el valor de los fondos propios a que se refiere el párrafo anterior se minorará en el importe de los beneficios repartidos con anterioridad a la fecha de la distribución de la prima de emisión, procedentes de reservas incluidas en los citados fondos propios, así como en el importe de las reservas legalmente indisponibles incluidas en dichos fondos propios que se hubieran generado con posterioridad a la adquisición de las acciones o participaciones.

El exceso sobre el citado límite minorará el valor de adquisición de las acciones o participaciones conforme a lo dispuesto en el primer párrafo de esta letra e).

Cuando por aplicación de lo dispuesto en el párrafo segundo de esta letra e) la distribución de la prima de emisión hubiera determinado el cómputo como rendimiento del capital mobiliario de la totalidad o parte del importe obtenido o del valor normal de mercado de los bienes o derechos recibidos, y con posterioridad el contribuyente obtuviera dividendos o participaciones en beneficios conforme al artículo 25. 1 a) de esta Ley procedentes de la misma entidad en relación con acciones o participaciones que hubieran permanecido en su patrimonio desde la distribución de la prima de emisión, el importe obtenido de los dividendos o participaciones en beneficios minorará, con el límite de los rendimientos del capital mobiliario previamente computados que correspondan a las citadas acciones o participaciones, el valor de adquisición de las mismas conforme a lo dispuesto en el primer párrafo de esta letra e).

Por tanto, quedan incluidos en esta categoría los siguientes rendimientos dinerarios o en especie:

Los **dividendos, primas de asistencia a juntas y participaciones en los beneficios** de cualquier tipo de entidad.

Los rendimientos procedentes de **cualquier clase de activos**, excepto la entrega de acciones liberadas que, estatutariamente o por decisión de los órganos sociales, **faculten para participar en los beneficios**, ventas, operaciones, ingresos o conceptos análogos de una entidad por causa distinta de la remuneración del trabajo personal.

Los rendimientos que se deriven de la constitución o cesión de **derechos o facultades de uso o disfrute**, cualquiera que sea su denominación o naturaleza, sobre los valores o participaciones que representen la participación en los fondos propios de la entidad.

Cualquier otra utilidad, distinta de las anteriores, procedente de una entidad por la condición de socio, accionista, asociado o partícipe. Como vemos en este apartado se establece una definición lo suficientemente amplia como para someter a gravamen por este concepto a cualquier tipo de calificación de un rendimiento que tuviera su origen en la condición de socio, accionista, asociado o partícipe.

La **distribución de la prima de emisión de acciones o participaciones**. El importe obtenido minorará, hasta su anulación, el valor de adquisición de las acciones o participaciones afectadas y el exceso que pudiera resultar tributará como rendimiento del capital mobiliario.

Con efectos 1 de enero de 2015 fue reformada la letra e) y si se dan las condiciones legales tributa, en concepto de **rendimiento del capital mobiliario**, la **distribución de la prima de emisión correspondiente a valores no admitidos a negociación**. Así ocurrirá cuando sea positiva la diferencia entre el valor de los fondos propios del último ejercicio cerrado con anterioridad a la fecha de distribución de la prima y el valor de adquisición de los títulos, en cuyo caso, el importe obtenido en la distribución (o el valor de mercado de los bienes o derechos recibidos) se considerará rendimiento del capital mobiliario con el límite de la citada diferencia positiva. Es decir, tributa como capital mobiliario la distribución de prima que corresponda al incremento de los fondos propios desde el momento de la adquisición del título hasta el momento de la distribución que se corresponde con reservas libremente disponibles.

En ese cálculo, los fondos propios deberán minorarse en los siguientes importes:

- En los beneficios, procedentes de reservas, repartidos con anterioridad a la fecha de la distribución de la prima de emisión.
- En el importe de las reservas legalmente indisponibles incluidas en dichos fondos propios que se hubieran generado con posterioridad a la adquisición de las acciones o participaciones.

Si lo percibido **excede del límite**, el exceso minorará el valor de adquisición hasta su anulación. Si tras esto lo percibido supera también el importe del valor de adquisición, el nuevo exceso tributará asimismo como rendimiento del capital mobiliario.

Con el objeto de **evitar supuestos de doble imposición**, si el reparto de la prima determinó rendimientos del capital mobiliario y con posterioridad el contribuyente obtiene dividendos o participaciones en beneficios de la misma entidad en relación con acciones o participaciones que hubieran permanecido en su patrimonio desde la distribución de la prima de emisión, el importe de estos minorará el valor de adquisición, con el límite de los rendimientos previamente computados por el reparto de la prima de emisión.

Además de los anteriores, también constituyen rendimientos de capital mobiliario, en el marco de **reducciones de capital**, cuando la devolución de aportaciones a los socios supere el valor de adquisición de los valores afectados (art. 33.3 LIRPF).

Vamos a tratar a continuación los supuestos más comunes para los contribuyentes.

Dividendos

En palabras de GARCÍA-OVIES y SESMA SÁNCHEZ[78], "los dividendos representan el beneficio típico dentro de las sociedades capitalistas, la parte de ganancia repartible correspondiente a cada acción en un ejercicio social determinado."

En cuanto al tratamiento tributario, siguiendo a CALVO VÉRGEZ[79], dentro del ámbito del IRPF se ha eliminado la exención de 1.500 euros recibidos en concepto de dividendos que contemplaba el art. 7 letra y) de la Ley 35/2006, reguladora del IRPF. De este modo, los accionistas han de tributar por cada euro cobrado en dividendos desde 2015.

Derechos de suscripción preferente o los scrip dividend

El derecho de suscripción preferente es el derecho que permite al accionista suscribir nuevas acciones de la entidad cuando ésta realice una ampliación de capital. La forma más frecuente de percepción de dividendos es la dineraria, si bien cada vez resulta más común que las compañías cotizadas y especialmente los bancos sustituyan el pago del dividendo dinerario por uno

---

[78] **Fiscalidad de las rentas del capital mobiliario en España**, ob. cit., pág.51.

[79] "La nueva fiscalidad de los dividendos tras la reforma del IRPF", **Actualidad Jurídica Aranzadi** num.905/2015, BIB 2015\1656

denominados scrip dividend, cuya particularidad radica en que al accionista se le entregan acciones de la compañía.

La venta de los derechos de suscripción en el IRPF ha tenido siempre un tratamiento fiscal diferente según se trate de derechos de suscripción de acciones con o sin cotización oficial. Si las acciones de donde se desagregan los derechos de suscripción preferente cotizan en mercados secundarios. Sólo cuando el valor de transmisión de los derechos excede del valor de adquisición de las acciones, el exceso será ganancia de patrimonio, anulándose en consecuencia el valor de los títulos (artículo 37.1.ª) 2.º párrafo LIRPF).

Sin perjuicio de lo anterior optándose por la aplicación de la fórmula del *scrip dividend* o dividendo en acciones, existe la posibilidad de diferir la tributación. En todo caso en el supuesto de que los contribuyentes recibiesen las acciones nuevas o vendiesen los derechos en el mercado aplazarían la tributación hasta que tuviese lugar la venta de las acciones.

Téngase presente a este respecto que en relación con estos derechos de suscripción preferente desgajados de valores cotizados, la Ley 26/2014, de 27 de noviembre, modificó las letras a), b) y c) del apartado 1 y el apartado 2 y suprimió el apartado 4 del art. 37 de la Ley del IRPF para, al margen de introducir ciertas actualizaciones terminológicas más acordes con la dicción contable, equiparar el tratamiento fiscal de la venta de derechos de suscripción preferente procedentes de valores cotizados y no cotizados.

Y como ha señalado CALVO VÉRGEZ[80], cuyo trabajo voy a seguir en la elaboración de esta materia, como seguramente se recordará, al amparo de la normativa anterior a la reforma el importe obtenido en la transmisión de derechos de suscripción procedentes de valores cotizados minoraba el valor de adquisición de tales valores hasta su anulación, tributando únicamente el exceso como ganancia patrimonial en el momento de la transmisión. A tales efectos, en el supuesto de que no se transmitiesen la totalidad de los derechos de suscripción, se entendía que los transmitidos corresponden a los valores más antiguos.

---

80 "La nueva fiscalidad de los dividendos tras la reforma del IRPF", ob. cit.

Pues bien, a resultas de las modificaciones introducidas, operativas a partir de 1 de enero de 2017, lo que se pretendió fue que el total importe obtenido en la transmisión de derechos de suscripción procedentes de valores cotizados tenga la consideración de ganancia patrimonial en el período impositivo en el que se produzca su transmisión, como ocurre con el importe obtenido en la transmisión de derechos de suscripción procedentes de valores no cotizados. Y precisamente como consecuencia de este cambio normativo se añade la Disposición Transitoria Vigésima Novena a la Ley del IRPF para establecer que, de cara a la determinación del valor de adquisición en la transmisión de valores cotizados, se deducirá el importe obtenido en las transmisiones de derechos de suscripción realizadas con anterioridad a 1 de enero de 2017, con exclusión del importe que de tales transmisiones hubiera tributado ya como ganancia patrimonial. A tales efectos, cuando no se hubieran transmitido la totalidad de los derechos de suscripción, se entenderá que los transmitidos corresponden a los adquiridos en primer lugar.[81]

De este modo, con efectos desde el 1 de enero de 2017 el importe obtenido por la transmisión de los derechos de suscripción procedentes de valores admitidos a negociación se califica como ganancia patrimonial sometida a retención para el transmitente en el período impositivo en que se produzca la transmisión, en lugar de la regla anterior de minoración del coste en virtud de la cual la ganancia patrimonial se producía en el momento de la transmisión de los valores. La introducción de dicha reforma implica por tanto que el tratamiento de valores cotizados se equipara con el tratamiento aplicable a los valores no admitidos a cotización en ningún mercado secundario, evitándose con ello la aplicación de una regla de diferimiento fiscal de difícil control. Téngase presente por otra parte a este respecto que, tras la reforma introducida por la Ley 26/2014, de 26 de noviembre, en las transmisiones a título oneroso de valores no admitidos a negociación se sustituye la referencia al valor teórico por el valor del patrimonio neto que corresponda a los valores transmitidos.

Con carácter adicional, y desde la misma fecha (1 de enero de 2017), cuando se transmitan acciones de las que se vendieron derechos de suscrip-

---

81 CALVO VÉRGEZ, J., "La nueva fiscalidad de los dividendos tras la reforma del IRPF", ob. cit.

ción con anterioridad a la entrada en vigor de la modificación y que no hayan tributado como ganancia patrimonial, su importe se minorara del coste de adquisición de las acciones de las que procedieran los derechos transmitidos. Y en las transmisiones de derechos de suscripción estarán obligados a retener o ingresar a cuenta por el Impuesto la entidad depositaria y, en su defecto, el intermediario financiero o el fedatario público que haya intervenido en la transmisión. A resultas de dicha modificación se suprime, a partir del 1 de enero de 2017, la regla en virtud de la cual cuando se transmitían derechos de suscripción de valores no negociados pero que estuviesen en proceso de convertirse en valores negociados su transmisión no generaba ganancia de patrimonio, sino que minoraba el valor de adquisición del título.

Por otra parte, habiendo optado la compañía en cuestión por la amortización de las acciones como fórmula de retribución al accionista (mediante la técnica consistente en la adquisición por parte de la empresa de acciones propias y su posterior eliminación) éste no habrá de declarar nada a la Administración tributaria. La realización de dicha operación puede permitir además que el beneficio por título crezca, incrementándose entonces en la misma proporción el dividendo por acción siempre y cuando el porcentaje destinado a su distribución *(pay out)* se mantenga.

En el supuesto de que la entidad optase por la entrega de acciones de otras empresas cotizadas tendría lugar un diferimiento fiscal, al margen de que aquéllas hayan de computarse como una devolución de la prima de emisión. No obstante, si aquéllas se calificasen como una devolución de reservas de libre disposición el beneficio obtenido tributaría dentro de los rendimientos de capital mobiliario como dividendo. En este último caso la entidad estaría en realidad emitiendo acciones a un precio superior a su valor nominal formando una reserva por prima de emisión, la cual se correspondería con aquello que los inversores pagaron de más por comprar esas acciones, procediéndose a remunerar al accionista a través de la devolución de la diferencia, no existiendo reparto de dividendos. El sometimiento a gravamen no se producirá hasta que tenga lugar la venta de las acciones.

Cabe por tanto la posibilidad de que la entidad de que se trate opte por devolver la prima de emisión mediante pago en efectivo. En dicho caso la citada reducción habría de computarse reduciendo el precio de adquisición de la cartera, con el consiguiente diferimiento de la tributación. Si la entidad en cuestión optara por devolver la prima de emisión mediante la entrega de acciones de autocartera, se estaría difiriendo igualmente la carga tributaria hasta el instante de venta de las acciones. En dicho supuesto el accionista recibiría de la entidad un conjunto de títulos en función del número de acciones que tuviese en ese momento. No obstante, la entidad contaría igualmente con la posibilidad de retribuir a sus accionistas mediante una ampliación de capital liberada o gratuita, produciéndose así una dilución de la presencia de los accionistas en el capital. En el presente caso, a diferencia de lo que sucede con el empleo de la fórmula del *scrip dividend* a la que nos hemos referido con anterioridad, el accionista no contaría con la opción de vender a la empresa. Habitualmente, el inversor tendrá un derecho de asignación por cada acción que posea. Los derechos ofrecidos por la entidad cotizan en el mercado, donde podrían comprarse y venderse, pudiendo los socios de la entidad quedarse con las nuevas acciones (en cuyo caso se diferiría la tributación hasta el momento en el que vendan sus títulos) o bien vender los derechos en el mercado, con la consiguiente rebaja del precio de compra de las acciones y aplazamiento del pago a Hacienda.

Téngase presente no obstante que, tras la reforma fiscal aprobada, con efectos desde el 1 de enero de 2017 la venta de derechos comenzará a tributar como ganancias patrimoniales, debiendo practicarse una retención del 19%.

Así de nuevo acudiendo a CALVO VÉRGEZ[82], cabe aludir por tanto a la existencia de un tratamiento fiscal asimétrico hasta 2017 entre la tributación en la venta de derechos de suscripción preferente y el cobro de dividendos. Desde un punto de vista estrictamente tributario creemos que será desaconsejable para los pequeños inversores cobrar dividendos o vender los derechos del *scrip* a la empresa o al banco, al gozar del mismo régimen fiscal que si se recibiera un dividendo. Ello podría fomentar el uso del *scrip dividend* como forma de retribución.

Por último, la entidad contaría con la posibilidad de ampliar capital mediante la entrega de acciones parcialmente liberadas, abonándose una parte en metálico y desembolsándose el resto con cargo a reservas o fondos propios. El régimen fiscal de esta última operación sería idéntico al indicado con anterioridad[83].

---

[82] "La nueva fiscalidad de los dividendos tras la reforma del IRPF".

[83] Calvo Vérgez, J., "La nueva fiscalidad de los dividendos tras la reforma del IRPF", BIB 2015\1656 **Actualidad Jurídica Aranzadi** núm. 905/2015

Primas de asistencia a juntas

La referencia a las primas de asistencia a las Juntas de accionistas suele asociarse de forma inmediata a la idea de un regalo social. En realidad, configuran un sistema de incentivos dirigido a los partícipes en el capital de una sociedad, normalmente anónima, que pretende atraerlos con la promesa de un pequeño presente o de un porcentaje calculado sobre su parte de capital, para fomentar su asistencia y participación en las Juntas de socios[84].

Al respecto GARCÍA OVÍES y SESMA SÁNCHEZ[85] señalan que: "La Ley grava expresamente, junto al dividendo, la prima de asistencia a juntas, cuya consideración como rendimiento del capital puede ofrecer alguna duda, puesto que se trata, efectivamente, de una ventaja derivada de la condición de socio pero no propiamente un fruto percibido como consecuencia de su participación en el capital", y no comparten la sujeción a gravamen de estos emolumentos como rentas, puesto que se impide la consideración como gasto de este tipo de emolumentos, a efectos del Impuesto sobre Sociedades, que se entregan al socio para incentivar la asistencia; aunque sí mantienen que esta opción desde el punto de vista práctico es la más acertada.

Carried interest

La legislación mercantil no define el carried interest, si bien es un concepto conocido y consolidado en el sector del capital riesgo. Los denominados carried interest se corresponden con acciones especiales o rendimientos derivados, directa o indirectamente, de participaciones, acciones u otros títulos que otorgan derechos económicos especiales a favor de los equipos gestores de proyectos empresariales, a través de una participación en el capital de las entidades que gestionan o de una retribución de otra índole ligada al valor de la acción. La retribución del carried interest se devenga una vez obtenido por los socios capitalistas el retorno mínimo que se les garantiza por su inversión, sea cual fuere el modo en que se articule su percepción por parte del equipo gestor.

---

84 Bago Oria, B., "El funcionamiento de las primas de asistencia a las juntas de accionistas". BIB 2011\1478, Revista de Derecho Mercantil num.279/2011, Editorial Civitas, SA

85 **Fiscalidad de las rentas del capital mobiliario en España**, ob. cit., pág. 52.

El objetivo primordial del régimen tributario especial del carried interest es la atracción de profesionales de alta cualificación del private equity y venture capital que potencie la promoción de un ecosistema de inversión en nuevas actividades o sectores competitivos.

Con idéntico objetivo, siguiendo la estela de Gipuzkoa, también el resto de los territorios forales (Bizkaia, Álava y la Comunidad Foral de Navarra) aprobaron a finales de 2019 y durante 2020 un régimen fiscal especial para el carried interest.

El último territorio en incorporar a su normativa una regulación específica del carried interest ha sido el territorio común.

Con efectos desde el 1 de enero de 2023 la Ley 28/2022, de 21 de diciembre, de fomento del ecosistema de las empresas emergentes, introdujo una modificación en la Ley del Impuesto sobre la Renta de las Persona Físicas (IRPF) (disposición adicional quincuagésima tercera —DA 53.ª—) en la que se regula el tratamiento fiscal del denominado carried interest a efectos del IRPF, expresión que hace referencia a la retribución adicional con la que se remunera a los gestores de determinadas entidades de inversión (principalmente capital-riesgo y venture capital) en caso de éxito en su gestión.

El precepto, bajo el título "Rendimientos del trabajo obtenidos por la gestión de fondos vinculados al emprendimiento, a la innovación y al desarrollo de la actividad económica", califica como rendimientos del trabajo, integrables al 50% de su importe en la base imponible general del impuesto, a los rendimientos que deriven directa o indirectamente de participaciones, acciones u otros derechos, incluidas comisiones de éxito, que otorguen derechos económicos especiales en determinados Fondos de Inversión Alternativa de carácter cerrado de la Directiva 2011/61/UE, y otros organismos de inversión análogos a los anteriores, siempre y cuando se cumplan, además, una serie de requisitos. Un análisis detallado de la regulación aprobada puede verse en nuestro Legal Flash | Claves de la ley de "startups" y en nuestro Post | Novedades sobre el carried interest.

Desde su entrada en vigor, la regulación aprobada ha suscitado en el sector algunas dudas interpretativas que la DGT ha venido a resolver en su contestación a consulta tributaria vinculante de 31 de julio de 2023 (V2295-23). A continuación, se exponen los criterios evacuados por la DGT:

Aclaración de la tipología de entidades extranjeras incluidas en el ámbito de aplicación de la norma

Para que el tratamiento fiscal señalado resulte aplicable, la DA 53.ª de la Ley del IRPF exige, entre otros requisitos, que los rendimientos del trabajo procedan de la titularidad de participaciones, acciones u otros derechos, incluidas comisiones de éxito, que otorguen derechos económicos especiales en las siguientes entidades previstas en su apartado 2:

- (entidades de capital-riesgo (ECR) previstas en el artículo 3 de la Ley 22/2014,
- fondos de capital-riesgo europeos (FCRE),
- fondos de emprendimiento social europeos (FESE),
- fondos de inversión a largo plazo europeos (FILPE) y
- otros organismos de inversión análogos a los anteriores.

En cuanto a la interpretación que deba darse a la expresión "otros organismos de inversión análogos a los anteriores", se venía planteando la duda en relación con los vehículos de inversión extranjeros. Al respecto, aunque la DGT indica que en principio no puede hacerse una generalización sobre qué organismos de inversión extranjeros pueden considerarse "análogos" a los anteriores y que debería efectuarse un análisis caso por caso, sí que pueden considerarse como organismos de inversión análogos las ECR extranjeras que cumplan los requisitos previstos por el artículo 14.2 de la Ley 22/2014, por la que se regulan las entidades de capital riesgo y otras entidades de inversión colectiva de tipo cerrado, para poder computar a efectos del coeficiente obligatorio de inversión de ECR españolas. Este artículo hace referencia a las ECR que cumplan los siguientes requisitos:

Estén establecidas en Estados miembros de la UE o en terceros países que no figuren en la lista de países y territorios no cooperantes del Grupo de Acción Financiera Internacional sobre el Blanqueo de Capitales y hayan firmado con España un convenio para evitar la doble imposición con cláusula de intercambio de información o un acuerdo de intercambio de información en materia tributaria; y

Ejerzan actividades similares a las de las ECR reguladas en la Ley 22/2014, sin necesidad de cumplir los coeficientes de diversificación de inversiones.

La DGT señala también que esta equiparación no exime a las ECR extranjeras de cumplir el resto de requisitos de la DA 53.ª de la Ley del IRPF, especialmente el relativo a que los derechos económicos especiales no procedan directa o indirectamente de entidades residentes en países o territorios calificados como jurisdicción no cooperativa o con los que no exista normativa sobre asistencia mutua en materia de intercambio de información tributaria.

Aplicación de la DA 53.ª de la Ley del IRPF a los "bonos" o "incentivos" que perciban los administradores, gestores o empleados de las entidades relacionadas en el apartado 2 y que se encuentren vinculados al carried interest al que dichas entidades tengan derecho

En ocasiones, los derechos económicos especiales (bonus o incentivos) que dan lugar a la obtención de los rendimientos del trabajo no se atribuyen directamente a los administradores, gestores o empleados de las entidades a que se refiere el apartado 1 (relacionadas en el apartado 2) sino que se atribuyen directamente a estas últimas entidades, de tal forma que las personas administradoras, gestoras o empleadas obtienen unos rendimientos que se determinan y liquidan en función de dichos derechos. Se trata de situaciones relativamente frecuentes, en las que generalmente la sociedad gestora (o una entidad de su grupo) es la titular de las acciones o participaciones especiales o la comisión de éxito, y a su vez tienen atribuido todo o parte del carried interest a sus administradores, gestores y/o empleados.

En estructuras de retribución como la señalada podría surgir la duda de si podría aplicarse el régimen fiscal de la DA 53.ª, a lo que la DGT se muestra favorable en la medida en que el derecho a la percepción y la cuantía del bonus o incentivo deriven de participaciones, acciones u otros derechos que otorguen derechos económicos especiales en las entidades relacionadas en el apartado 2 de la DA 53.ª.

Cobros parciales de carried interest antes del cumplimiento del plazo de 5 años de mantenimiento exigido a las participaciones, acciones u otros derechos

Entre los requisitos exigidos por la DA 53.ª de la Ley del IRPF para aplicar el régimen fiscal del carried interest se exige que los derechos económicos especiales derivados directa o indirectamente de participaciones, acciones u otros derechos, incluidas comisiones de éxito, deben mantenerse un período mínimo de 5 años, salvo que se produzca una transmisión mortis causa o se liquiden anticipadamente o queden sin efecto o se pierdan total o parcialmente como consecuencia del cambio de gestora, en cuyo caso, deberán haberse mantenido ininterrumpidamente hasta que se produzcan dichas circunstancias.

La regulación aprobada podría plantear la duda de si el requisito de mantenimiento de 5 años se debía entender incumplido en el caso de cobros del carried interest antes del transcurso del citado plazo.

En relación con esta cuestión la DGT señala que pueden efectuarse cobros anticipados de carried interest antes de que transcurra el plazo de 5 años —incluso en suspuestos distintos a los excepcionados por el precepto—, sin que ello dé lugar a un incumplimiento del requisito siempre y cuando los derechos económicos, acciones o participaciones se sigan manteniendo hasta que finalice el citado plazo.

Asimismo la DGT indica que, habiéndose percibido el carried interest antes del transcurso del plazo de 5 años, aplicándose a su cobro el régimen fiscal de la DA 53.ª, si, posteriormente, no se completara el citado plazo de mantenimiento, el contribuyente tendría que regularizar su situación tributaria en los términos previstos por el artículo 122 de la Ley General Tributaria. Es decir, el contribuyente tendría que incluir, en el período impositivo en que se incumpliera el requisito de mantenimiento, la cuota tributaria correspondiente al 50% del rendimiento del trabajo que no fue objeto de integración en la base imponible, junto con los correspondientes intereses de demora.

Retenciones a cuenta

La DGT ha aclarado que la base de retención que deberá tenerse en cuenta por la entidad que practique las retenciones a cuenta sobre los rendimientos del trabajo a los que se aplique el régimen de la DA 53.ª será una cantidad igual al 50% de las cantidades que se satisfagan o abonen al contribuyente. Ello es así porque la regla de integración al 50% prevista por la citada DA 53.ª no es una reducción fiscal ni una exención parcial, sino que se trata de una regla de no integración de rentas en la base imponible.

Por último, la DGT señala que el tipo de retención aplicable será un 35% si los rendimientos del trabajo a que se refiere la DA 53.ª son percibidos por el contribuyente en su condición de administrador o miembro de órgano representativo. Y si son percibidos en su condición de empleado, el porcentaje de retención aplicable será el que resulte del procedimiento de cálculo previsto en los artículos 80 y siguientes del Reglamento del IRPF.

Pero ¿es el carried interest un rendimiento del trabajo o un rendimiento del capital?

Desde un punto de vista técnico-tributario, hasta la aprobación de un régimen específico para el carried interest, la principal controversia a efectos del IRPF residía en determinar la calificación que deben recibir este tipo de rendimientos (trabajo vs. capital) ya que, mientras los rendimientos del trabajo tributan como renta general (con un gravamen de hasta el 49 % en los territorios forales), los rendimientos de capital mobiliario forman parte de la renta del ahorro (con una escala de tributación de entre el 20 % y el 26 %).

Así, la primera aproximación a su calificación jurídica nos llevaría a tratar estas rentas como rendimiento del trabajo o de actividades económicas, en la medida en que derivan de la actividad llevada a cabo por el equipo gestor en desempeño de su labor profesional, sea en el marco de una relación laboral o mercantil. La segunda y alternativa calificación partiría de considerar que dichos rendimientos derivan de la participación en los fondos propios en una entidad, dado que, desde una perspectiva más jurídica, estos rendimientos procederían directa o indirectamente de la condición de socio que tiene el equipo gestor que vincula su retribución al incremento de valor de la entidad.

La aprobación de una regulación específica para el carried interest no ha acabado con las dudas que suscita su naturaleza jurídica, ya que, mientras el territorio histórico de Gipuzkoa y la Comunidad Foral de Navarra han asimilado el carried interest a un rendimiento del capital mobiliario (dividendo), sometido a una escala de tributación máxima del 26 % en calidad de renta del ahorro, sin embargo, los territorios históricos de Bizkaia, Álava y territorio común (en proyecto de ley en tramitación parlamentaria) lo consideran rendimiento del trabajo, si bien permiten su integración en la base imponible general al 50 %, de modo que el resultado práctico es el mismo, pues la tributación efectiva es análoga en ambos supuestos, pese a que la renta se califique de manera distinta (e. g., tributación al 24,5 % en los territorios históricos como renta general).

Todavía parece pronto para valorar el impacto real de la regulación del carried interest en España, especialmente debido a la ralentización de proyectos empresariales que ha supuesto la pandemia de COVID-19 durante los años 2020 y 2021. Existen también algunas cuestiones que podrían resolverse mejor en la regulación del carried interest, lo que requerirá, probablemente, de mejoras técnicas en el futuro para dotar a su régimen de la necesaria seguridad jurídica. No obstante, se agradece la adopción de este tipo de medidas dirigidas a atraer talento y dinamizar la economía española mediante la presencia de gestores de fondos de inversión alternativos que generan una actividad económica de calidad y que creemos que deberá tener en el futuro un impacto positivo en el fortalecimiento de la competitividad y el tejido empresarial de nuestro país.

La normativa los sigue considerando como rendimiento del trabajo, pero incluye una reducción del 50% en esta tributación, de modo que a efectos prácticos la tributación efectiva de estos rendimientos se alinearía (o incluso mejoraría) la tributación actual de los rendimientos en la base del ahorro. Asimismo, hay que tener en cuenta que esta reducción requiere de varias condiciones para su aplicación: (i) vehículos específicos (capital-riesgo y análogos) (ii) el perceptor debe ser administrador, gestor o empleado del vehículo, entidad gestora o entidades de su grupo, (iii) rentabilidad mínima garantizada a los restantes inversores, (iv) mantenimiento de las acciones o derechos durante 5 años (salvo excepciones), y (v) sin paraísos fiscales o territorios que no colaboren en el intercambio de información.

La norma exige una participación directa en la entidad, lo que presumiblemente obligará a cambiar varias estructuras de retribución de los managers y/o empleados (que normalmente participan indirectamente en dichas entidades), si se quiere optar por la nueva reducción. Esta nueva normativa habilita un tratamiento fiscal en línea con los países de nuestro entorno y busca fomentar el desarrollo del capital-riesgo como elemento de financiación empresarial, con la finalidad de impulsar el emprendimiento y la actividad económica.

Sí es evidente que todas estas características de las empresas emergentes encajan mal con los marcos normativos tradicionales en el ámbito fiscal, mercantil, civil y laboral. Ello justifica un tratamiento diferenciado respecto a empresas con modelos de negocio convencionales.

II.2.B. Gravamen de los rendimientos derivados de la cesión a terceros de capitales propios

El segundo de los rendimientos del capital mobiliario, enumerados en el artículo 25 de la LIRPF, lo constituyen aquellos que derivan de la cesión a terceros de capitales propios; y el precepto citado ofrece una definición, y, a continuación, detalla algunos supuestos a modo de ejemplo con carácter abierto. Se trata de una definición muy amplia puesto que establece el precepto citado: "las contraprestaciones de todo tipo, cualquiera que sea su denominación o naturaleza, dinerarias o en especie, como los intereses y cualquier otra forma de retribución pactada como remuneración por tal cesión, así como las derivadas de la transmisión, reembolso, amortización, canje o conversión de cualquier clase de activos representativos de la captación y utilización de capitales ajenos".

Por tanto, lo que se pretende con esta amplitud es que cualquier tipo de contraprestación que se perciba a cambio de la entrega de un capital a una entidad quede sujeta a gravamen. Así, se incluyen supuestos que en su caso podrían ser dudosos. La DGT en Resolución a consulta vinculante 19/11/2008 entiende incluido en este concepto los intereses de los cooperativistas por su aportación a capital, que si bien se configura en la norma mercantil como algo más similar a un préstamo que a un capital, ciertamente no sería descabellado su calificación en el epígrafe primero del artículo 25.

También quedan sujetas las contraprestaciones derivadas de la transmisión, reembolso, amortización, canje o conversión de cualquier clase de activos representativos de la captación y utilización de capitales ajenos, esto es cualquier tipo de operación con los activos financieros.

Este segundo grupo de rendimientos de capital mobiliario, previsto en el artículo 25.2 LIRPF engloba las **contraprestaciones de todo tipo, cualquiera que sea su denominación o naturaleza, dinerarias o en especie, como los intereses y cualquier otra forma de retribución pactada como remuneración por tal cesión, así como las derivadas de la transmisión, reembolso, amortización, canje o conversión de cualquier clase de activos representativos de la captación y utilización de capitales ajenos**.

Por su parte, según el art. 91.1 RIRPF tienen la consideración de **activos financieros** los valores negociables representativos de la captación y utilización de capitales ajenos, con independencia de la forma en que se documenten.

El tratamiento aplicable a los rendimientos derivados de toda clase de activos financieros es homogéneo. La LIRPF los califica, en cualquier caso, como rendimientos del capital mobiliario, con independencia de que consistan en intereses u otras contraprestaciones, o que deriven de la transmisión, amortización, reembolso, canje o conversión de los activos.

La normativa vigente del IRPF los clasifica en **activos financieros con rendimiento implícito** (art. 91.2 RIRPF) **explícito** (art. 91.3 RIRPF) o **mixto** (art. 91.4 RIRPF) si bien la clasificación tendrá consecuencias fundamentalmente a efectos del régimen de retenciones aplicable y de acreditación de su adquisición.

La negociabilidad implica transmisibilidad en términos de mercado. La norma incluye los denominados valores de renta fija, entre los que se encuentran las letras del Tesoro, obligaciones y bonos del Estado, pagarés de empresa, etc. Se excluyen, por tanto, los valores como acciones y participaciones en entidades, representativos de fondos propios, cuya transmisión generará ganancias o pérdidas patrimoniales y la rentabilidad que reporte su titularidad rendimientos del capital mobiliario de los referidos en el art. 25.1 LIRPF.

Los **intereses** constituyen una de las posibles contraprestaciones —sea en metálico o en especie— por la cesión a terceros de capitales propios, cobrándose normalmente de manera separada o diferenciada del reembolso del capital. Constituyen intereses la contraprestación percibida que proceda de capitales colocados en cualquier clase de crédito, público o privado, español o extranjero (préstamos, deuda pública, etc.); los rendimientos de los créditos participativos y operaciones análogas; la contraprestación resultante de la imposición de capitales (plazos fijos) etc.

Se incluyen en esta fuente de renta los intereses que retribuyan una imposición de capitales, pero no los que tengan **carácter indemnizatorio**, como sucede con aquellos que compensen el retraso en un pago, que tendrán la consideración de ganancias patrimoniales.

Tampoco tendrá la consideración de rendimiento de capital mobiliario, sin perjuicio de su tributación por el concepto que corresponda, la contraprestación obtenida por el contribuyente por el **aplazamiento del precio o de las operaciones realizadas en desarrollo de su actividad económica** habitual (art. 25.5 LIRPF).

Gravamen en el IRPF de las criptomonedas

Dentro de este apartado debemos referirnos a las criptomonedas o criptoactivos, que siguiendo a CARRANZA ROBLES[86]: "Sin duda alguna, los criptoactivos constituyen una realidad compleja y palpable en la actualidad, cuya adopción masiva es todavía incierta, si bien no deberíamos descartar que finalmente alcanzara dicha universalidad. De hecho, parece tener una importante aceptación entre los jóvenes, tendencia que pudiera favorecer una paulatina adopción de los criptoactivos por la generalidad de la ciudadanía.

La posible proliferación de los criptoactivos, las ingentes cantidades de dinero que han conseguido un número considerable de usuarios y la necesidad de contribuir al sostenimiento del gasto público, han motivado que la Administración tributaria se detenga en dicha realidad, y que preste especial atención al cumplimiento de las obligaciones tributarias por parte de los usuarios de criptoactivos. Así, los usuarios de criptoactivos habrán de estar muy atentos a sus obligaciones tributarias, tanto materiales como formales, y más tomando en cuenta lo reciente de la materia y las novedades que se prevén."

Nos parece interesante traer aquí la contestación a la consulta vinculante de la DGT, en la cual se establece una calificación de determinados rendimientos obtenidos por el contribuyente:

A efectos de la delimitación de qué debemos entender por rendimientos del capital mobiliario, la Consulta Vinculante de la DGT de 20 de junio de 2022 (Número de consulta vinculante V1766/2022) en la cual se determina que la tributación de las recompensas obtenidas en criptoactivos a través del staking, son rendimientos del capital mobiliario y no rendimientos de actividades económicas, como pretende el consultante, llegando el Centro Directivo a esta conclusión por exclusión de la actividad que las genera de ser una actividad económica.

Así indica que el consultante va a operar como validador de redes de cadenas de bloques o blockchain, para lo cual manifiesta que es necesario tener un software determinado y bloquear fondos durante un período de tiempo.

---

86 "Obligaciones fiscales de los particulares por la compraventa, la tenencia y el intercambio de criptoactivos", **Revista Quincena Fiscal**, n.º3, febrero 2023, Aranzadi.

Por la realización de esta actividad será recompensado con criptomonedas Ethereum.

La actividad a la que se refiere el consultante se corresponde con un tipo de mecanismo de consenso para validar y crear bloques alternativos a la minería que se utiliza en algunas redes de blockchain y que se conoce como proof of stake o prueba de participación, o más comúnmente, como staking.

La actividad de staking se caracteriza por el bloqueo de criptoactivos en un monedero electrónico durante un tiempo a través de un contrato inteligente. Cuanto mayor sea la cantidad de criptoactivos bloqueados, mayor será la probabilidad de ser escogido por el sistema para validar los bloques y de ser recompensado, generalmente, con el mismo tipo de criptoactivo.

Comúnmente se habla de staking tanto para referirse a la actividad del propio valodador que bloquea los criptoactivos y que mantiene el sftware para validar los bloques, como para referirse a una nueva opción de inversión que se ofrece en el mundo de los criptoactivos consistente en el bloqueo de criptoactivos para ponerlos al servicio de un determinado validador, de manera que éste tenga mayores posibilidades de ser elegido y recompensado, y que la recompensa obtenida acabe remunerando a quienes hayan mantenido bloqueado los criptoactivos.

Las recompensas pueden depender de diferentes factore, entre ellos, la cantidad de criptoactivos bloqueados o el tiempo durante el que permanecen bloqueados los criptoactivos.

En el caso que nos ocupa, el consultante parece que no se va a limitar a la actividad de stacking como forma de inversión, sino que va a participar en las propias redes como validador.

En este sentido, en primer lugar, cabe plantarse se esa actividad constituye o no una actividad económica.

A este respecto, el artículo 27.1 de la Ley 35/2006, de 28 de noviembre, del Impuesto sobre la Renta de las Personas Físicas dispone que:

> "1. Se considerarán rendimientos íntegros de actividades económicas aquellos que, procediendo del trabajo personal y del capital conjuntamente, o de uno solo de estos factores, supongan por parte del contribuyente la ordenación por cuenta propia de medios de producción y de recursos humanos

> o de uno de ambos, con la finalidad de intervenir en la producción o distribución de bienes o servicios.
>
> En particular, tienen esta consideración los rendimientos de las actividades extractivas, de fabricación, comercio o prestación de servicios, incluidas las de artesanía, agrícolas, ganaderas, pesqueras, de construcción, mineras, y el ejercicio de profesiones liberales, artísticas y deportivas. (...)".

Por tanto, a efectos del Impuesto sobre la Renta de las Personas Físicas, para considerar que una actividad es una actividad económica, tiene que darse una ordenación por cuenta propia de medios de producción y de recursos humanos o de uno de ambos y que dicha ordenación se efectúe con la finalidad de intervenir en la producción o distribución de bienes o servicios.

El Centro Directivo viene interpretando que la consideración de una renta como rendimiento de actividades económicas en función de la mencionada ordenación habrá de determinarse en cada caso concreto, a la vista de las circunstancias concurrentes.

En el caso que nos ocupa, a juicio de la DGT, dado que el consultante le limitará a mantener bloqueados criptoactivos, que sólo participará en la validación de los bloques si es elegido aleatoriamente por el propio protocolo informático y que tal validación se efectuará automáticamente con unos recursos mínimos, no puede concluirse que esta actividad presente una organización mínima para considerar que existe una ordenación por cuenta propia de medios de producción y de recursos humanos o de uno de ambos, con la finalidad de intervenir en la producción o distribución de bienes o servicios.

Descartada, por tanto, la consideración del staking como actividad económica y no constituyendo tampoco un trabajo que derive de una relación laboral o estatutaria, los rendimientos que obtenga el consultante deberán calificarse como rendimientos íntegros del capital mobiliario obtenidos por la cesión a terceros de capitales propios satisfechos en especie.

La Contestación Vinculante indica que dado que los criptoactivos a los que se refiere la parte consultante no tienen la consideración de valores negociables, no serán deducibles los gastos previstos en la letra a) del artículo 26.1 de la LIRPF.

Los rendimientos en especie que obtenga la consultante se valorarán por su valor de mercado en euros el día de su percepción, de acuerdo con el artículo 43.1 de la LIRPF. Para efectuar la valoración en euros de los criptoactivos que se obtengan a lo lardo de un mismo día, se podrá utilizar el cambio medio de dicho día. El resultado se integrará en la base imponible del ahorro del IRPF de su preceptor conforme a los artículos 46 y 49 LIRPF

La DGT también establece en relación con la obligación de practicar ingreso a cuenta, que en principio se trata de una renta sujeta a retención o ingreso a cuenta de acuerdo con el artículo 75.1.b) del Reglamento del IRPF. No obstante, en la medida en que los rendimientos se obtengan directamente del propio sistema, no cabe considerar que exista un obligado a retener o ingresar a cuenta en los términos del artículo 76 RIRPF, de manera que no se efectuará ingreso a cuenta sobre los citados rendimientos.

Estamos de acuerdo con la DGT sobre la calificación que realiza sobre este tipo de rendimientos, además es claro que este instrumento atiende a las características de los instrumentos financieros que generan rendimientos de capital mobiliario.

Además, aún a pesar de lo complicado que puede parecer su lenguaje tecnológico, el poseer un bitcoin en realidad no es tan complicado, pues cualquier persona puede adquirirlo a través de las siguientes vías: minándolo con su propio ordenador; comprándolo a través de una trading platform (plataforma de negociación) o de un exchange (casa de cambio) pagando por ellos en euros u otra divisa; o recibiendo un ingreso de un tercero con motivo de una donación o de una transacción económica por la venta de un producto o realización de un servicio.

Y su funcionamiento también es igual de sencillo. En este sentido, si un determinado sujeto quiere realizar una determinada transacción electrónica a través de esta criptomoneda, lo primero que deberá realizar es abrir un wallet (o monedero virtual), esto es, una dirección o código en el que abonará o cargará la transacción y que permite enviar, recibir y almacenar criptomonedas; En este monedero tendrá la clave de acceso asimétrica compuesta de una clave de acceso pública y otra privada[87].

87 Véase el trabajo de ROMERO FLOR, L. M.ª, "Tributación del bitcoin", Quincena Fiscal, n.º 1/2022. (BIB 2022/37).

Con anterioridad a la Consulta citada, tenemos la Consulta vinculante V3625/2016, de 31 de agosto: la labor de minar bitcoin (bitcoin mining) va a tener ánimo lucrativo; pronunciándose al respecto la Dirección General de Tributos (DGT) señalando que para que una actividad de tal tipo sea considerada como económica se va a requerir que dicha actividad se realice en territorio español, suponga la ordenación por cuenta propia de medios de producción y/o recursos humanos con un fin determinado, y que dicho fin sea, precisamente, la intervención en la producción o distribución de bienes y servicios; y de ser así va a tener la obligación de matricularse en el Impuesto sobre Actividades Económicas (IAE), aun no existiendo habitualidad en el ejercicio de la actividad económica pues bastaría con un solo acto de realización de una actividad económica para que se produzca el supuesto grabado. Ahora bien, las Tarifas del Impuesto aún no recogen epígrafe alguno sobre cualquier actividad económica relacionada con criptomonedas, de manera que, atendiendo a lo dispuesto por la regla 8.ª de las Instrucciones del Impuesto20, la DGT ha declarado en sus Consultas vinculantes V3625/2016 y V2908/2917, de 31 de agosto y 13 de noviembre respectivamente, que la actividad de minería se trata de una actividad económica clasificada en el epígrafe 831.9 de la Sección Primera del IAE, bajo la denominación de "otros servicios financieros n.c.o.p."

Siguiendo el reciente trabajo de CALVO VÉRGEZ[88], llegamos a la conclusión que estamos claramente ante instrumentos financieros que generan rendimientos de capital mobiliario: "Dentro de las múltiples características propias de las criptomonedas cabe mencionar el hecho de que pertenecen al entorno digital, siendo su naturaleza la de bienes inmateriales, ya que no tienen soporte físico. Se crean como un modo de intercambio de bienes, derechos o servicios, e incluso de otras criptomonedas. No dependen de un ente gubernamental que las emita o respalde. Lo que otorga veracidad a la información transmitida mediante el intercambio con criptomonedas es el sistema de encriptación, mediante el cual se permite que dos personas independientes realicen una transacción sin que intervenga un tercero que de fe de la operación.

---

[88] "Una nueva "vuelta de tuerca" sobre el control de las criptomonedas en el marco de la lucha contra el fraude fiscal", **Revista Quincena Fiscal** num.17/2022, BIB 2022\3144.

El sistema en el que se basan las criptomonedas es el llamado registro digital distribuido (Distributed Ledger Technology, DLT). Cada transacción de criptomonedas se registra en un DLT que está protegido y respaldado por un sistema criptográfico, el cual permite que no haya una figura centralizadora de su funcionamiento, ya que son los participantes en el sistema los que verifican cada una de las operaciones. El "minado", por su parte, constituye el conjunto de procesos necesarios para validar y procesar las transacciones de una criptomoneda mediante la resolución de operaciones criptográficas, necesarias para mantener la estabilidad y seguridad de la Red. Este proceso está recompensado con la obtención de criptomonedas."

No sucede así con la transmisión o permuta de este tipo de activos que se considera por la DGT variaciones patrimoniales. Sobre la tributación de una serie de operaciones que transcribimos a continuación, la DGT en Consulta Vinculante V0648-24 de 11 de abril de 2024.

El consultante efectúa distintas operaciones con criptoactivos al margen de una actividad económica. Tributación de las rentas obtenidas en las distintas operaciones y posibilidad de deducir determinados gastos. La Contestación ha sido la siguiente: El consultante efectúa distintas operaciones con criptoactivos obteniendo rentas e incurriendo en una serie de gastos.

En primer lugar, debe señalarse que el Reglamento (UE) 2023/1114 del Parlamento Europeo y del Consejo, de 31 de mayo de 2023, relativo a los mercados de criptoactivos y por el que se modifican los Reglamentos (UE) 1093/2010 y (UE) 1095/2010 y las Directivas 2013/36/UE y (UE) 2019/1937, define el concepto de criptoactivo en su artículo 3.1.5) como "una representación digital de un valor o de un derecho que puede transferirse y almacenarse electrónicamente, mediante la tecnología de registro distribuido o una tecnología similar". Se trata de un concepto amplio que puede abarcar distintos tipos de activos virtuales, entre ellos, las monedas virtuales o criptomonedas.

Por su parte, el artículo 1.5 de la Ley 10/2010, de 28 de abril, de prevención del blanqueo de capitales y de la financiación del terrorismo, dispone:

> "5. Se entenderá por moneda virtual aquella representación digital de valor no emitida ni garantizada por un banco central o autoridad pública, no necesariamente asociada a una moneda legalmente establecida y que no posee

estatuto jurídico de moneda o dinero, pero que es aceptada como medio de cambio y puede ser transferida, almacenada o negociada electrónicamente."

Desde el punto de vista del Impuesto sobre la Renta de las Personas Físicas, este Centro Directivo viene considerando en diversas consultas vinculantes (V0999-18, V1149-18 y V1948-21 (LA LEY 2147/2021), entre otras) a las monedas virtuales o criptomonedas como bienes inmateriales.

El artículo 2 de la Ley 35/2006, de 28 de noviembre, del Impuesto sobre la Renta de las Personas Físicas y de modificación parcial de las leyes de los Impuestos sobre Sociedades, sobre la Renta de no Residentes y sobre el Patrimonio, BOE de 29 de noviembre de 2006 (en adelante, LIRPF), dispone que:

"Constituye el objeto de este Impuesto la renta del contribuyente, entendida como la totalidad de sus rendimientos, ganancias y pérdidas patrimoniales y las imputaciones de renta que se establezcan por la ley, con independencia del lugar donde se hubiesen producido y cualquiera que sea la residencia del pagador."

En cuanto a las operaciones que realiza el consultante al margen de una actividad económica y los gastos en los que incurre, se describen a continuación exponiendo el correspondiente tratamiento fiscal.

1. Compraventa y permuta de criptomonedas.

El artículo 33.1 de la LIRPF establece:

> "1. Son ganancias y pérdidas patrimoniales las variaciones en el valor del patrimonio del contribuyente que se pongan de manifiesto con ocasión de cualquier alteración en la composición de aquél, salvo que por esta Ley se califiquen como rendimientos."

Dado que las compraventas de las criptomonedas a cambio de euros no se realizan por el consultante en el ámbito de una actividad económica, las ventas darán lugar a ganancias o pérdidas patrimoniales, de acuerdo con el citado artículo 33.1 de la LIRPF.

El artículo 34.1.a) de la LIRPF establece, con carácter general, que el importe de las ganancias o pérdidas patrimoniales será, en el supuesto de transmisión onerosa o lucrativa, la diferencia entre los valores de adquisición y transmisión de los elementos patrimoniales, valores que, en el caso de transmisiones a título oneroso, vienen definidos en el artículo 35 de la LIRPF, que dispone:

> "1. El valor de adquisición estará formado por la suma de:
>
> a) El importe real por el que dicha adquisición se hubiera efectuado.
>
> b) El coste de las inversiones y mejoras efectuadas en los bienes adquiridos y los gastos y tributos inherentes a la adquisición, excluidos los intereses, que hubieran sido satisfechos por el adquirente.
>
> (...)
>
> 2. El valor de transmisión será el importe real por el que la enajenación se hubiese efectuado. De este valor se deducirán los gastos y tributos a que se refiere la letra b) del apartado 1 en cuanto resulten satisfechos por el transmitente.
>
> Por importe real del valor de enajenación se tomará el efectivamente satisfecho, siempre que no resulte inferior al normal de mercado, en cuyo caso prevalecerá éste."

Por otra parte, debe señalarse que las ganancias o pérdidas patrimoniales deberán calcularse de manera independiente para cada tipo de criptomoneda.

Las criptomonedas de un tipo, computables por unidades o fracciones de unidades, tienen su origen en un mismo protocolo informático y todas las del mismo tipo poseen las mismas características, siendo iguales entre sí, lo que confiere a las diferentes unidades o fracciones de unidades de la criptomoneda en cuestión la naturaleza de bienes homogéneos.

De acuerdo con el criterio de este Centro Directivo (consultas vinculantes V0975-22 y V2520-22 (LA LEY 2818/2022), entre otras), en el caso de monedas virtuales homogéneas, a efectos de determinar la correspondiente ganancia o pérdida patrimonial, cuando se efectúen ventas parciales de criptomonedas de un mismo tipo que hubieran sido adquiridas en diferentes momentos, debe considerarse que las criptomonedas que se transmiten son las adquiridas en primer lugar.

En el caso de intercambios de una moneda virtual por otra moneda virtual, la operación constituye una permuta, conforme al artículo 1.538 del Código Civil, que dispone:

> "La permuta es un contrato por el cual cada uno de los contratantes se obliga a dar una cosa para recibir otra."

En consecuencia, y teniendo en cuenta el anteriormente citado artículo 33.1 de la LIRPF, el intercambio entre monedas virtuales diferentes que pueda efectuar el consultante al margen de una actividad económica dará lugar a la obtención de renta, que se calificará como ganancia o pérdida patrimonial conforme al citado artículo 33.1 de la LIRPF y cuya cuantificación deberá realizarse conforme a lo previsto en los artículos 34.1.a) y 35, ya mencionados, y en el artículo 37.1.h) de la LIRPF, que establece que cuando la alteración en el valor del patrimonio proceda:

> "h) De la permuta de bienes o derechos, incluido el canje de valores, la ganancia o pérdida patrimonial se determinará por la diferencia entre el valor de adquisición del bien o derecho que se cede y el mayor de los dos siguientes:
>
> – El valor de mercado del bien o derecho entregado.
>
> – El valor de mercado del bien o derecho que se recibe a cambio."

A efectos de posteriores transmisiones, el valor de adquisición de las monedas virtuales obtenidas mediante permuta será el valor que haya tenido en cuenta el contribuyente por aplicación de la regla prevista en el citado artículo 37.1.h) de la LIRPF como valor de transmisión en dicha permuta.

En relación con ambos tipos de operaciones, compraventa y permuta de criptomonedas, el consultante indica que soporta unas comisiones que debe pagar a las plataformas en las que opera ("trading fees") y unas comisiones que denomina de uso de red ("gas fee"). Estas últimas comisiones están asociadas a una red de cadena de bloques ("blockchain") que funciona bajo lo que se conoce como "proof of work", prueba de trabajo o minería, como mecanismo de consenso para validar las transacciones. Si los citados gastos se originan por la realización de dichas operaciones, guardando, por tanto, relación directa con las mismas, y son satisfechos por el consultante, serán computables para determinar los respectivos valores de adquisición y de transmisión en la forma prevista en el artículo 35 anteriormente transcrito.

En ambos casos, transmisión de las monedas virtuales a cambio de euros o de otras monedas virtuales, la ganancia o pérdida patrimonial deberá integrarse, en el periodo impositivo en el que tenga lugar la alteración patrimonial, en la base imponible del ahorro del consultante de conformidad con los artículos 46 y 49 de la LIRPF.

2. Depósitos de criptoactivos en diferentes plataformas de finanzas descentralizadas (DeFi).

El consultante efectúa depósitos de criptoactivos en varias plataformas de finanzas descentralizadas por los que obtiene rendimientos. En particular:

Por un lado, utiliza una plataforma que optimiza los rendimientos del consultante por su participación en reservas de liquidez ("liquidity pools") que proveen de liquidez a los mecanismos de creación de mercado automatizada ("Automated Market Maker" o AMM). Esta plataforma utiliza estrategias de inversión "delta-neutrales" a través de algoritmos para que el consultante minimice determinados riesgos asociados a la participación en las reservas de liquidez. En estas reservas de liquidez, los proveedores de liquidez ("liquidity providers") suministran liquidez al mercado manteniendo depositados criptoactivos durante un tiempo para que la plataforma pueda operar. En el momento en el que se aportan los criptoactivos, el "liquidity provider" recibe lo que se conoce como "liquidity provider token" o "LP token" que representa su participación en el "liquidity pool". Además, a cambio de su participación, el proveedor de liquidez obtiene unos rendimientos vinculados a las operaciones que se efectúen en el "pool".

Por otro lado, el consultante utiliza otra plataforma de optimización de rendimientos depositando criptoactivos que la plataforma invierte en distintas operaciones del ecosistema DeFi a través de contractos inteligentes.

Dejando al margen la obtención y reembolso de los "LP tokens", cuestión que excede de la consulta planteada, los rendimientos que el consultante obtenga derivados de los "liquidity pools" de la primera plataforma, así como los rendimientos que obtenga como consecuencia de las inversiones efectuadas por la segunda plataforma, consecuencia en ambos casos del depósito o bloqueo de criptoactivos durante un tiempo, tendrán la consideración de rendimientos íntegros del capital mobiliario obtenidos por la cesión a terceros de capitales propios del artículo 25.2 de la LIRPF, que dispone:

> "2. Rendimientos obtenidos por la cesión a terceros de capitales propios.

> Tienen esta consideración las contraprestaciones de todo tipo, cualquiera que sea su denominación o naturaleza, dinerarias o en especie, como los intereses y cualquier otra forma de retribución pactada como remuneración por tal cesión, así como las derivadas de la transmisión, reembolso, amortización, canje o conversión de cualquier clase de activos representativos de la captación y utilización de capitales ajenos.
>
> [...]"

Estos rendimientos se valorarán por su valor de mercado en euros el día de su percepción en caso de ser obtenidos en criptoactivos, de conformidad con el artículo 43.1 de la LIRPF, y se integrarán en la base imponible del ahorro del Impuesto sobre la Renta de las Personas Físicas de su perceptor en virtud de los artículos 46 y 49 de la LIRPF.

3. "Staking"

En sentido estricto, el "staking" consiste en un tipo de mecanismo de consenso para validar y crear bloques, alternativo a la minería, que se utiliza en algunas redes de "blockchain" y que se conoce como "proof of stake" o prueba de participación, o, más comúnmente, como "staking".

La actividad de "staking" se caracteriza por el bloqueo de criptoactivos en un monedero electrónico durante un tiempo a través de un contrato inteligente. Cuanto mayor sea la cantidad de criptoactivos bloqueados, mayor será la probabilidad de ser escogido por el sistema para validar los bloques y de ser recompensado, generalmente, con el mismo tipo de criptoactivo.

Comúnmente se habla de "staking" tanto para referirse a la actividad del propio validador que bloquea los criptoactivos y que mantiene el software para validar los bloques, como para referirse a la opción de inversión consistente en el bloqueo de criptoactivos para ponerlos al servicio de un determinado validador, de manera que éste tenga mayores posibilidades de ser elegido y recompensado, y que la recompensa obtenida acabe remunerando a quienes hayan mantenido bloqueados los criptoactivos.

Según el escrito de consulta, el consultante no actúa como validador, sino que participa como inversor limitándose al bloqueo de criptoactivos para un validador a cambio de la obtención de un rendimiento.

De acuerdo con el criterio de este Centro Directivo fijado en la consulta vinculante V1766-22, los rendimientos que obtenga el consultante como consecuencia de la operativa de "staking" deberán calificarse como rendimientos íntegros del capital mobiliario obtenidos por la cesión a terceros de capitales propios satisfechos en especie del artículo 25.2 de la LIRPF.

Los rendimientos en especie que obtenga el consultante se valorarán por su valor de mercado en euros el día de su percepción, de acuerdo con el artículo 43.1 de la LIRPF. El resultado se integrará en la base imponible del ahorro del Impuesto sobre la Renta de las Personas Físicas de su perceptor, de conformidad con los artículos 46 y 49 de la LIRPF.

En relación con esta operativa, para obtener los rendimientos, el consultante manifiesta tener que abonar una comisión fija ("comisión de acuñación", según denomina el consultante) a los validadores sobre los rendimientos de éstos y vinculada a la creación de nuevos criptoactivos en la red. Asimismo, en caso de desbloqueo de los criptoactivos antes de que finalice el periodo de bloqueo predeterminado, se aplica una penalización que reduce los rendimientos obtenidos por el consultante.

Con respecto a los gastos deducibles para la determinación del rendimiento neto del capital mobiliario, el artículo 26.1 de la LIRPF dispone:

> "1. Para la determinación del rendimiento neto, se deducirán de los rendimientos íntegros exclusivamente los gastos siguientes:
>
> a) Los gastos de administración y depósito de valores negociables. A estos efectos, se considerarán como gastos de administración y depósito aquellos importes que repercutan las empresas de servicios de inversión, entidades de crédito u otras entidades financieras que, de acuerdo con la Ley 24/1988, de 28 de julio, del Mercado de Valores, tengan por finalidad retribuir la prestación derivada de la realización por cuenta de sus titulares del servicio de depósito de valores representados en forma de títulos o de la administración de valores representados en anotaciones en cuenta.
>
> No serán deducibles las cuantías que supongan la contraprestación de una gestión discrecional e individualizada de carteras de inversión, en donde se produzca una disposición de las inversiones efectuadas por cuenta de los titulares con arreglo a los mandatos conferidos por éstos.
>
> b) Cuando se trate de rendimientos derivados de la prestación de asistencia técnica, del arrendamiento de bienes muebles, negocios o minas o de

subarrendamientos, se deducirán de los rendimientos íntegros los gastos necesarios para su obtención y, en su caso, el importe del deterioro sufrido por los bienes o derechos de que los ingresos procedan."

Con carácter general, dado que los criptoactivos a los que se refiere el escrito de consulta no tienen la consideración de valores negociables, no serán deducibles los gastos previstos en la letra a) del artículo 26.1 de la LIRPF.

En relación con la "comisión de acuñación" a la que alude el consultante, tampoco sería gasto deducible al no estar contemplado en el artículo 26 de la LIRPF. Ahora bien, en la medida en que el consultante sea remunerado en especie recibiendo los nuevos criptoactivos creados y que esa "comisión de acuñación" esté directamente relacionada con la adquisición de dichos nuevos criptoactivos, la citada comisión formará parte del valor de adquisición de los citados nuevos criptoactivos que reciba el consultante a efectos de posteriores transmisiones, de conformidad con el artículo 35.1 de la LIRPF.

Por lo que se refiere a la penalización por el desbloqueo anticipado que se descuenta de los criptoactivos que se entregan como rendimiento de las operaciones de "staking", a los efectos del artículo 25.2 de la LIRPF, supondrá un menor importe del rendimiento íntegro percibido.

4. "Airdrops"

Según el escrito de consulta, el consultante obtiene criptoactivos como consecuencia de su participación en "airdrops".

Un "airdrop" es una estrategia para dar a conocer un determinado proyecto que consiste en la distribución de nuevos criptoactivos de manera gratuita a usuarios y que, en ocasiones, requiere que éstos participen en determinadas actividades promocionales en internet y redes sociales.

En relación con la tributación de los criptoactivos obtenidos por el consultante con ocasión de estos "airdrops", debe señalarse que, mientras la realización de las actividades promocionales en las que haya participado no derive de una relación laboral o no suponga por parte del consultante la ordenación por cuenta propia de medios de producción y de recursos humanos o de uno de ambos, con la finalidad de intervenir en la producción o distribución de bienes o servicios, el tratamiento tributario vendrá determinado por el artículo 33.1 de la LIRPF anteriormente citado.

Y, de conformidad con la letra l) del artículo 37.1 de la LIRPF:

> "l) En las incorporaciones de bienes o derechos que no deriven de una transmisión, se computará como ganancia patrimonial el valor de mercado de aquéllos."

Por tanto, el valor de mercado en euros de los criptoactivos recibidos deberá integrarse, en el periodo impositivo en el que se reciban, en la base imponible general del Impuesto sobre la Renta de las Personas Físicas del consultante de conformidad con los artículos 45, 46 y 48 de la LIRPF.

5. Operaciones de préstamo.

El consultante manifiesta operar en una plataforma para prestar y tomar prestado criptoactivos.

En dicha plataforma, el consultante deposita criptoactivos para ser prestados por la plataforma a otros usuarios a cambio de unos rendimientos que corresponden a los intereses pagados por los prestatarios, deducidas las comisiones de la plataforma.

zEn relación con el tratamiento fiscal de estas operaciones, los rendimientos obtenidos tanto por el depósito para prestar a otros usuarios como por la entrega en garantía de criptoactivos cuando el consultante es el prestatario, deben calificarse como rendimientos íntegros del capital mobiliario por la cesión a terceros de capitales propios del artículo 25.2 de la LIRPF.

A este respecto, las comisiones e intereses que el consultante deba abonar por tomar prestados criptoactivos no serán deducibles de los rendimientos del capital mobiliario derivados de la entrega de criptoactivos en garantía, ya que no se trata de ningún gasto de los previstos en el artículo 26.1 de la LIRPF y tampoco se desprende del escrito de consulta que estemos ante el supuesto previsto en el artículo 25.2.b) de la LIRPF.

Los citados rendimientos íntegros del capital mobiliario se integrarán en la base imponible del ahorro del Impuesto sobre la Renta de las Personas Físicas de su perceptor, de conformidad con los artículos 46 y 49 de la LIRPF.

6. Otros gastos

El consultante manifiesta también tener que soportar otros dos tipos de gastos:

- Comisiones por transferencias entre "blockchains" ("bridges").
- Comisiones por la retirada de los criptoactivos de las plataformas ("withdrawal fees").

Con respecto a los puentes de cadenas de bloques, éstos permiten el intercambio de criptoactivos y datos entre cadenas de bloques que funcionan bajo protocolos distintos, de manera que se pueda interoperar entre dos cadenas ampliando la usabilidad de los criptoactivos. Para ello se generan criptoactivos compatibles con la segunda cadena ("wrapped tokens") vinculados a los criptoactivos originales, lo que permite aprovechar las funcionalidades de esa segunda cadena.

El consultante no indica que las comisiones que abona por estos puentes tengan una vinculación concreta con los rendimientos que derivan de las operaciones objeto de consulta y tampoco señala el contexto o las operaciones para las que efectúa los puentes, por lo que no procede pronunciarse sobre el tratamiento fiscal de las citadas comisiones.

Por lo que se refiere a las comisiones que las plataformas exijan al consultante por la retirada de los criptoactivos de las mismas, su tratamiento fiscal dependerá del contexto en el que se produzca tal retirada. Si, como parece deducirse, tal retirada se produce al efectuar una compraventa a cambio de moneda fiduciaria o de una permuta de criptoactivos, en la medida en que el gasto sea inherente a la adquisición o transmisión y sea satisfecho por el consultante, se tendría en cuenta para la determinación del valor de adquisición o transmisión en los términos del artículo 35 de la LIRPF. Por el contrario, se dicha comisión se satisficiera por la simple transferencia de criptoactivos entre dos monederos electrónicos pertenecientes al consultante de distintos proveedores, el pago de dicha comisión resultaría irrelevante a los efectos del Impuesto sobre la Renta de las Personas Físicas.

A continuación, detallamos los contratos y operaciones que se entienden incluidas en esta categoría reseñada como segundo grupo conforme al artículo 25.2 LIRPF:

- Los rendimientos procedentes de cualquier instrumento de giro, incluso los originados por operaciones comerciales, a partir del momento en que se endose o transmita, salvo que el endoso o cesión se haga como un pago de un crédito a proveedores o suministradores: aquí quedarían incluidos, entre otros, los intereses devengados por letras, pagarés y cualquier otro instrumento de giro. La única excepción es que se enmarquen en una operación propia del ejercicio de una actividad económica en cuyo caso sería considerado como tal. De hecho, este precepto hay que ponerlo en relación con el apartado 5 del mismo artículo que establece la no consideración como rendimiento del capital mobiliario la contraprestación obtenida por el contribuyente por el fraccionamiento o aplazamiento en operaciones propias del desarrollo de su actividad. Por tanto, si la operación financiera se enmarca dentro del desarrollo de la actividad económica del sujeto, cualquier renta que de ella se derive tendrá la consideración de Rendimiento de Actividad Económica y no Rendimiento del Capital Mobiliario.
- La contraprestación cualquiera que sea su denominación o naturaleza, derivadas de cuentas en toda clase de instituciones financieras, incluyendo las basadas en operaciones sobre activos financieros: quedan incluidos en este punto del artículo los intereses satisfechos por depósitos, imposiciones, cuentas corrientes, libretas de ahorro y cualquier otro producto análogo, siempre que constituyan remuneración y no indemnización, pues en tal caso se califican como ganancias patrimoniales. Igualmente, quedan dentro del mismo punto las operaciones referenciadas a otros activos, en concreto aquellas cuentas en las que el importe depositado por el cliente es invertido en la adquisición de Letras del Tesoro u otras emisiones de Deuda Pública. Conviene resaltar la reiteración de la referencia a la posibilidad de retribución en especie. Esta redundancia viene motivada por el hecho de que son estas cuentas en entidades financieras, las que frecuentemente implican la retribución en especie mediante la entrega de objetos a cambio de contratación de productos. Con esta reiteración se quiere dejar establecido, sin lugar a dudas, que dichas retribuciones tributan, como rendimiento del capital mobiliario. No obstante, esta pretendida amplitud del concepto ha quedado limitada en la práctica. Así, según la DGT en Resolución de 19/7/1999 no constituyen rendimiento del capital los premios

obtenidos en los sorteos realizados entre los titulares de determinadas cuentas de ahorro. Por tanto, si bien en principio es indiferente el carácter dinerario o no de la retribución no parece que lo sea el carácter aleatorio. En cambio sí que lo son, los regalos por cuentas o inversión en determinados productos (Resolución DGT CV 24/4/2006), las primas de seguros a favor de los titulares de productos e incluso el TEAC ha entendido que el regalo de un seguro de vida a los primeros partícipes de IICC gestionadas por el banco, constituye un RCM de este tipo Resolución del TEAC 10/6/2004.

- Las rentas derivadas de operaciones de cesión temporal de activos financieros con pacto de recompra: se refiere a los repos, es decir contratos por los que se transmite un activo por un tiempo determinado, de forma que el adquirente percibirá al final de dicho período la rentabilidad generada por el activo durante el período en que ha estado en su poder, menos la comisión de la entidad.
- Las rentas satisfechas por una entidad financiera como consecuencia de la transmisión, cesión o transferencia, total o parcial de un crédito titularidad de aquélla: Es el supuesto de los créditos que cede una entidad financiera a particulares que adquieren los préstamos subrogándose en la posición del acreedor.

Los **rendimientos procedentes de cualquier instrumento de giro**, incluso los originados por operaciones comerciales, a partir del momento en que se endose o transmita, salvo que el endoso o cesión se haga como pago de un crédito de proveedores o suministradores. En estos últimos casos el documento sigue cumpliendo una función comercial y no se considera activo financiero, por lo que no genera un rendimiento de capital. Por eso, el descuento de letras de cambio en una entidad bancaria para conseguir liquidez responde a una motivación puramente comercial y por tanto, no genera rendimientos de capital. Si el mismo título se cede a tercero con ánimo especulativo, pasa a cumplir una función financiera y se convierte en activo financiero que cae bajo el ámbito de toda una suerte de obligaciones específicas que afectan a su transmisión y formalización.

La **contraprestación, cualquiera que sea su denominación o naturaleza, derivada de cuentas en toda clase de instituciones financieras**, incluyendo las basadas en operaciones sobre activos financieros.

Tanto las cuentas en instituciones financieras, basadas o no en operaciones sobre activos financieros, y los contratos de administración o depósito de activos financieros, a través de los cuales las entidades financieras captan fondos para invertirlos en valores por cuenta y a nombre de sus clientes, generan rendimientos del capital mobiliario. La diferencia entre ambas tiene consecuencias fiscales a efectos de retenciones; ya que las cuentas están sujetas siempre a retención a cuenta, cualquiera que sea el activo subyacente, mientras que a los depósitos de activos financieros les resulta de aplicación las excepciones generales de la obligación de retener.

Las rentas derivadas de operaciones de **cesión temporal de activos financieros con pacto de recompra o repos** de activos financieros.

Se trata de operaciones de compra (o de venta) de un activo financiero, con el acuerdo de venta (o compra) futura anterior al vencimiento del mismo y a un precio ya convenido. A estas operaciones se les aplica el régimen jurídico de la compra-venta y se considera que se producen dos transmisiones:

Una primera transmisión en el momento de la cesión.

Una segunda transmisión cuando se adquiere nuevamente el activo (recompra).Las rentas derivadas de este tipo de operaciones se consideran en todo caso rendimientos del capital mobiliario.

En materia de retenciones a cuenta hay que tener en cuenta el distinto tratamiento previsto según se trate de contribuyentes del IRPF o sujetos pasivos del IS.

Las rentas satisfechas por una entidad financiera como consecuencia de la **transmisión, cesión o transferencia, total o parcial, de un crédito** titularidad de aquélla.

Por esta operación la entidad financiera (cedente) cede a un tercero (cesionario) la totalidad o parte de un crédito concedido a una persona o entidad (deudor cedido) que pasa a ser acreedor del deudor; normalmente, el banco se ocupa de intermediar en los flujos posteriores derivados del crédito y de la cesión.

La cesión del crédito no requiere consentimiento del deudor cedido y este sólo queda obligado con el nuevo acreedor (cesionario) con la notificación de la cesión; en caso contrario el deudor cumple con su obligación pagando al acreedor inicial (cedente) del crédito. La calificación de las rentas derivadas de estas cesiones como rendimientos del capital mobiliario determina que queden sujetas a la obligación de retención a cuenta, salvo que el cesionario sea una entidad o establecimiento financiero de crédito.

El art. 25.2 de la LIRPF califica como rendimientos de capital mobiliario los derivados de la **transmisión, reembolso, amortización, canje o conversión de cualquier clase de activos representativos de la captación y utilización de capitales ajenos.**

Traemos aquí la Consulta vinculante de la DGT Dirección General de Tributos número V2341-11 de 4 octubre 2011. La consultante suscribió en junio de 2008 por su importe nominal determinados valores negociables denominados "notas relacionadas con una cesta de acciones" emitidos por un banco alemán y comercializados en España por una entidad de crédito del grupo del emisor, cuyo vencimiento se ha producido en junio de 2011, habiendo sido reembolsados a la consultante por un importe inferior al precio de suscripción. Además, ha percibido en 2011 cierta cantidad en concepto de pago de cupón de los referidos valores.

La CUESTION-PLANTEADA es el Tratamiento en el Impuesto sobre la Renta de las Personas Físicas de los resultados derivados de la inversión en los valores descritos y posibilidad de compensar la pérdida producida en el reembolso con ganancias procedentes de la transmisión de participaciones en fondos de inversión.

La DGT se pronuncia en el siguiente sentido: Del documento informativo que se adjunta al escrito de consulta se desprende que los valores suscritos por la consultante tienen, en esquema, las siguientes características:

Son notas estructuradas emitidas por una entidad de crédito y admitidas a negociación en el mercado bursátil español, cuya duración y rentabilidad se vincula a la evolución del valor de dos acciones cotizadas, sin garantía de recuperación del total del nominal invertido, y cuya retribución se obtiene principalmente mediante el reembolso de los valores en el momento del vencimiento, pudiendo éste producirse en tres fechas sucesivas dependiendo del precio que tuvieran en cada fecha las acciones subyacentes y en cualquier caso en la tercera fecha.

Se establece un precio de referencia inicial de las acciones subyacentes, y en cada fecha sucesiva considerada si el precio de mercado de cada acción fuese igual o superior a su precio de referencia inicial, se producirá el vencimiento de los valores en dicha fecha, siendo éstos reembolsados por un importe dinerario predeterminado equivalente al 112 por ciento del nominal en la primera fecha, 124 por ciento en la segunda y 136 por ciento en la última fecha.

Adicionalmente, si no concurriera la condición anterior en cada fecha sucesiva, los valores abonarán en dicha fecha un cupón anual del 4 por ciento del importe nominal.

En el caso de que los valores no hubieran sido reembolsados con anterioridad a la última fecha de vencimiento, si, llegada ésta, el precio de alguna de las acciones fuera inferior al de referencia inicial, además del pago del cupón anual, el inversor obtendrá el siguiente importe dinerario en concepto de reembolso de los valores:

a) el cien por cien del valor nominal, siempre que a lo largo de toda la duración de la nota estructurada el precio de mercado de cada acción considerado al cierre no haya sido ningún día inferior al 55 por ciento de su valor de referencia inicial, o:

b) la cantidad resultante de multiplicar el importe nominal por el cociente entre el precio de mercado en la fecha de vencimiento final de la acción que más se haya depreciado y su precio de referencia inicial, en el caso de que el precio al cierre de alguna de las acciones haya caído por debajo del nivel de barrera del 55 por ciento de su valor de referencia inicial en algún día durante la vida del activo.

Por otra parte, de la información adicional que sobre las notas estructuradas objeto de consulta consta en la página web de la Comisión Nacional del Mercado de Valores, se desprende que el nivel de barrera a que se refieren los párrafos anteriores ha sido rebasado por alguna de las acciones y que al vencimiento no se ha cumplido la condición de igualdad o superación del precio de referencia inicial, por lo que la liquidación de los valores se ha producido conforme a lo previsto en el párrafo anterior, siendo el importe reembolsado inferior al nominal.

Una vez descritos los valores en cuestión desde la perspectiva financiera, procede determinar el tratamiento fiscal de las operaciones. El artículo 25.2 de la Ley 35/2006, de 28 de noviembre, del Impuesto sobre la Renta de las Personas Físicas, que tienen la consideración de rendimientos del capital mobiliario obtenidos por la cesión a terceros de capitales propios “las contraprestaciones de todo tipo, cualquier a que sea su denominación o naturaleza, dinerarias o en especie, como los intereses y cualquier otra forma de retribución pactada como remuneración por tal cesión, así como las derivadas de la transmisión, reembolso, amortización, canje o conversión de cualquier clase de activos representativos de la captación y utilización de capitales ajenos”.

Por su parte, el artículo 91.1 del Reglamento del Impuesto sobre la Renta de las Personas Físicas, aprobado por el Real Decreto 439/2007, de 30 de marzo, dispone que “tienen la consideración de activos financieros los valores negociables representativos de la captación y utilización de capitales ajenos, con independencia de la forma en que se documenten”.

De acuerdo con los citados artículos, en las notas estructuradas objeto de consulta se produce una cesión a la entidad de crédito emisora por parte del suscriptor de un capital propio, representado por el nominal de la nota, quedando el emisor obligado a abonar al inversor al vencimiento de los valores una cuantía que puede suponer la devolución del nominal invertido o la percepción de una cantidad superior o inferior a dicho nominal, en función de cual haya sido la evolución de las acciones a las que se condiciona la obtención de la rentabilidad del producto, pudiendo además percibirse una rentabilidad anual adicional predeterminada.

Por tanto, atendiendo al artículo 25.2 anteriormente transcrito, cabe concluir que los rendimientos procedentes de la inversión en los referidos valores tienen su encaje en lo previsto en dicho precepto, lo que determina su calificación como rendimientos del capital mobiliario derivados de la cesión a terceros de capitales propios.

Conforme a lo previsto en la letra b) del citado artículo 25.2, al producirse el reembolso o amortización de los valores, se computará como rendimiento la diferencia entre su valor de reembolso o amortización y su valor de adquisición o suscripción, incluyéndose en su cuantificación los gastos accesorios de adquisición y enajenación soportados en tanto se justifiquen adecuadamente.

Para terminar este rendimiento, indicar que el legislador es lo suficientemente ambicioso en sus normas al efecto, quedando dentro de este concepto cualquier forma de remuneración de capital prestado.

Cuentas corrientes afectas al ejercicio de una actividad

Un asunto de relevancia en el ámbito de las cuentes corrientes es el que afecta a las cuentas que están ligadas al ejercicio de una actividad económica.

La normativa excluye a todas las cuentas bancarias de la posibilidad de su afectación a una actividad empresarial; el artículo 29.1.c) de la Ley del IRPF las excluye expresamente de la posibilidad de ser considerada elementos afectos al ejercicio de una actividad económica.

En este sentido es tajante la Sentencia del TSJ Castilla y León, Valladolid (Sala de lo Contencioso-Administrativo, Sección 3.ª), sentencia núm. 554/2015 de 20 marzo (JT 2015\841), en cuyo Fundamento de Derecho Quinto se puede leer:

> "El hoy recurrente en fase de alegaciones a la liquidación sostuvo la "vinculación absoluta" del activo financiero con la actividad de la CB ya que "el origen de los fondos era un cuenta de recursos económicos de acreedores, integrada por las provisiones que en el transcurso del desarrollo de la actividad deben aplicarse, con posterioridad, a los distintos procedimientos en curso", tratándose, eso sí y por imperativo legal, de un elemento no afecto a la actividad por lo que, alegó, parece razonable inferir —a sensu contrario de la previsión normativa que prohíbe que se integren en el rendimiento de la actividad las alteraciones patrimoniales provenientes de elementos afectos— que la pérdida directa e irreversible de valor del activo por bancarrota de la entidad emisora en septiembre de 2008 puede integrarse en la cuenta de pérdidas y ganancias para obtener el rendimiento neto de la actividad, solicitando se mantuviera dicho concepto como gasto deducible.
>
> Dicho argumento fue reproducido en su literalidad con ocasión, primero, del recurso de reposición formulado frente a la liquidación y, después, en su reclamación ante el TEAR, y la resolución impugnada, con cita de lo dispuesto en los artículos 29 de la LIRPF (RCL 2006, 2123 y RCL 2007, 458) y 22 del RIRPF (RCL 2007, 664) ratifica la argumentación de la oficina gestora ya que en ningún caso tienen la consideración de elementos patrimoniales afectos a una actividad económica los activos representativos de la cesión de capitales a terceros, como es el caso de los bonos de Lehman Brothers."

Este criterio es el que se mantiene en la contestación a la Consulta de la Dirección General de Tributos de 12 de marzo de 2004 (0612-04) en la que se afirma que: «*En ningún caso se considerarán afectas a la actividad* (económica) *cuentas bancarias, acciones y títulos similares*»[89].

Sin embargo, a pesar de lo señalado, este criterio, que viene a corroborar que el contenido del artículo 29.1.c) LIRPF no se ajusta al contenido de lo que es la afectación, que es el conjunto de elementos patrimoniales destinados al ejercicio de la actividad económica. La propia Administración tras la entrada en vigor de la LIRPF/1998, como puede verse en la contestación emitida por la Dirección General de Tributos en la Consulta de fecha 30 de abril de 1999 (0661-99), en un caso en que se solicita un préstamo para adquirir bienes del activo fijo, al indicar que: «en la medida que el préstamo se destine a la adquisición de bienes que van a utilizarse en el desarrollo de su actividad, los intereses del mismo serán deducibles a la hora de determinar el rendimiento neto». Por tanto, la Dirección General de Tributos reconoce que las cuentas de crédito bancarias sí pueden estar afectas a la actividad empresarial, por lo que no existe una total y radical exclusión de los activos financieros como elementos integrantes del patrimonio empresarial. En de-

89 El **Informe de la Comisión para el Estudio y Propuesta de reforma del IRPF**, en el que se fundamentó la LIRPF/1998, establece claramente que en ningún caso se deben entender afectadas por la exclusión del artículo 27.1.c) las cuentas corrientes del empresario. A juicio de la Comisión, en relación con los bienes afectos: «cobra especial relevancia el caso de activos financieros y de cuentas corrientes, ya que su afectación, en el sentido de que el bien sea necesario para la obtención de los ingresos de la actividad profesional o empresarial, plantea numerosas dudas. Hasta ahora, el criterio más frecuentemente seguido ha sido el de considerar que estos activos financieros no están afectos a la actividad, con la excepción de las cuentas corrientes, que pueden estarlo en la medida en que sus entradas de fondos provengan de actividades empresariales y profesionales desarrolladas por el sujeto pasivo y que sus salidas se destinen a los mismos fines»5. Por consiguiente, las cuentas corrientes a la vista que ejerzan funciones de tesorería, siempre que se demuestre su uso exclusivo en la actividad empresarial y su debida contabilización, deberían estar excluidas de la limitación del artículo 27.1.c) LIRPF/1998, si atendemos al espíritu o finalidad de la norma6. La reforma pretendía evitar que los elementos que no estuvieran realmente «afectos» al funcionamiento de la empresa, bien por ser participaciones en otras entidades, bien por ser «activos no necesarios que podían ser cedidos a terceros», se cobijaran bajo el paraguas empresarial. Vid. Informe de la Comisión para el Estudio y Propuesta de Medidas para la Reforma del Impuesto sobre la Renta de las Personas Físicas, Madrid, Ministerio de Hacienda, 13 de febrero de 1998, pág. 137.

finitiva, se reconoce que hay una necesidad de las cuentas para la operativa empresarial. Este criterio también es compartido por la jurisprudencia, como puede verse en las STSJ Castilla y León (Valladolid) de 6 de junio y 8 de noviembre de 2006, que claramente dejan fijado que los rendimientos de cuentas afectas a negocios deben considerarse rendimientos de la actividad empresarial y no rendimientos del capital mobiliario, por la exclusión contenida en el artículo 19.2.b) LIRPF/1998. Esta interpretación jurisprudencial parte de la separación que hace el artículo 19 LIRPF/1998 como rendimientos de capital, de todos aquellos que se obtengan de elementos «afectos» a actividades económicas. Por tanto, si los intereses de unas cuentas se consideran provenientes de un elemento «afecto» a la actividad empresarial, claramente no es aplicable el artículo 23.2.a).2 LIRPF/1998 y, en consecuencia, se está reconociendo que el concepto de «activo representativo de la cesión a terceros de capitales» es algo más restringido.

Sobre este asunto ha escrito PEDREIRA MENÉNDEZ[90], quien indica que estamos ante elementos patrimoniales afectos. Y considera que el criterio de la Tesorería es el que debería utilizarse para determinar si estamos en presencia de un «activo representativo de la cesión de capitales a terceros», es en consecuencia, el efectivo, las cuentas corrientes a la vista y la colocación de puntas de tesorería en productos con vencimiento inferior a tres meses no deberían tener tal calificación, reservándose la misma para todos aquellos otros activos financieros que no cumplan con estas condiciones y que contablemente se las califica de inversiones financieras. De este modo, con el soporte contable y las oportunas comprobaciones respecto a la utilización exclusiva de las cuentas en la actividad empresarial, se evitarían los problemas y recelos sobre la confusión de los patrimonios empresariales y particulares del empresario persona física, así como la utilización de la actividad económica como paraguas para transmitir elementos personales o beneficiarse de incentivos no ligados a la verdadera actividad empresarial.

En base a este precepto legal, el artículo 29.1.c) LIRPF, la Dirección General de Tributos (DGT) en Resolución a una consulta tributaria de 12 de marzo de 2003, ha considerado que la exención no ampara las cuentas ban-

---

90 "Las cuentas corrientes del empresario y su calificación fiscal", **Revista Quincena Fiscal**, núm. 13/2013, BIB2013/1470.

carias, las acciones y títulos similares que, sin embargo, pueden ser necesarios para una actividad empresarial individual.

Con este criterio restrictivo, se hace de peor condición al empresario individual en régimen de estimación directa respecto a la exención de la participación en entidades, en el que este problema no se plantea, y en cuyo régimen fiscal se contempla incluso un tratamiento muy favorable para la llamada patrimonialidad sobrevenida, que salva la exención para el excedente de tesorería procedente del beneficio social no distribuido en los últimos diez años.

La solución definitiva a esta controversia fiscal, si bien referida no tanto a las cuentas bancarias, sino más bien a las inversiones financieras, la ha proporcionado, el propio Tribunal Supremo, que ha asumido, dentro de su típica función nomofiláctica, la depuración técnica de la correcta interpretación de los preceptos legales aplicables. En efecto, en el reciente Auto del Tribunal Supremo de 24 de septiembre de 2020 (rec n.º 1563/2020) ha admitido un recurso de casación presentado, y establecerá si determinadas inversiones financieras pueden considerarse elementos patrimoniales afectos a la actividad económica y gozar del beneficio fiscal pretendido por el sujeto pasivo en el gravamen al que se sujetó una donación de una serie de títulos de una entidad mercantil. La sentencia de instancia aplicó el art. 6.3 del Real Decreto 1704/1999 y consideró que, pese a lo establecido en el art. 27 c) de la Ley 40/98 aplicable ratione temporis, los activos representativos de la participación en fondos propios de una entidad y de cesión de capitales a terceros pueden estar afectos a una actividad económica. El letrado de la Administración Autonómica recurrente sostiene que esta sentencia es contraria al criterio sostenido por nuestros tribunales y por el propio Tribunal Supremo en su sentencia de 28 de junio de 2017 (rec n.º 2054/2016), excitando la intervención nomofiláctica del Alto Tribunal para esclarecer y precisar si esta tipología de activos financieros pueden tener la consideración de afectos como permite el art. 6.3 del RD 1704/1999, o si, por el contrario, deben considerarse como no afectos como establecía el art. 27 c de la Ley 40/98 (actual art. 29.1 c de la LIRPF). A nuestro juicio, aun cuando la casación admitida contrae sus efectos a la reducción fiscal del ISD aplicable a la participación en entidades, y no al empresario individual al que en principio no le es aplicable el art. 6.3 del RD 1704/1999, no cabe duda de que esta sentencia está llamada a sentar una valiosa doctrina legal que será, en gran medida, extrapolable al empresario individual[91].

El Tribunal Supremo en Sentencia núm. 5/2022 de 10 enero. RJ 2022\2199, ha resuelto el asunto como sigue a continuación:

El objeto del recurso de casación consiste en examinar la sentencia dictada por la Sala de Aragón, de este orden jurisdiccional, a fin de dilucidar si es o no conforme a Derecho. En ella se sometió a enjuiciamiento la resolución de 11 de noviembre de 2015, del Tribunal Económico Administrativo Central —TEAC— que desestimó el recurso de alzada formulado por el Director General de Tributos del Gobierno de Aragón frente a la resolución del Tribunal Económico-Administrativo Regional —TEAR— de Aragón de 29 de marzo de 2012, que estimó la reclamación interpuesta por el contribuyente contra la liquidación del Impuesto sobre Sucesiones y Donaciones, en la que se denegó en parte el importe de la reducción del 95 por 100 prevista en el artículo 20.6 de la Ley del impuesto sobre sucesiones y donaciones (RCL 1987, 2636).

En particular, se trata aquí de dilucidar si, en los casos en que el objeto de una donación venga constituido por activos representativos de la participación en fondos propios de una entidad o de la cesión de capitales a terceros, puede aplicarse la reducción prevista en el artículo 20.6 de la LISD en virtud de lo dispuesto en el artículo 6.3 del Real Decreto 1704/1999 (RCL 1999, 2803), que determina los requisitos y condiciones de las actividades empresariales y profesionales y de las participaciones de entidades para la aplicación de las exenciones correspondientes en el Impuesto sobre el Patrimonio, por poder apreciarse su afección a la actividad económica, o si, por el contrario, sobre la base del artículo 27 de la Ley 40/1998 (RCL 1998, 2866), de IRPF, aplicable ratione temporis, estos activos no pueden tener, en ningún caso, la consideración de afectos a la actividad económica, sin posibilidad, por tanto, de prueba en contrario.

Según el auto de admisión: "[...] La cuestión principal que se plantea en el presente recurso se circunscribe a determinar si determinadas inversiones

---

91 De Juan Casadevall, J., "La exención de empresa familiar en el impuesto sobre el patrimonio: el empresario individual", **Revista Española de Derecho Financiero**, núm. 190/2021, (BIB 2021/3225)

financieras pueden considerarse elementos patrimoniales afectos a la actividad económica y formar parte por tanto del beneficio fiscal pretendido por el sujeto pasivo en el gravamen a que quedó sujeta la donación de una serie de títulos de una entidad mercantil [...]".

Según el artículo 20.6 Ley 29/1987, de 18 de diciembre (RCL 1987, 2636), del Impuesto sobre Sucesiones y Donaciones —LISD—:

> "6. En los casos de transmisión de participaciones "inter vivos", en favor del cónyuge, descendientes o adoptados, de una empresa individual, un negocio profesional o de participaciones en entidades del donante a los que sea de aplicación la exención regulada en el apartado octavo del artículo 4 de la Ley 19/1991, de 6 de junio (RCL 1991, 1453, 2389), del Impuesto sobre el Patrimonio, se aplicará una reducción en la base imponible para determinar la liquidable del 95 por 100 del valor de adquisición, siempre que concurran las condiciones siguientes:
>
> a) Que el donante tuviese sesenta y cinco o más años o se encontrase en situación de incapacidad permanente, en grado de absoluta o gran invalidez.
>
> b) Que, si el donante viniere ejerciendo funciones de dirección, dejara de ejercer y de percibir remuneraciones por el ejercicio de dichas funciones desde el momento de la transmisión.
>
> A estos efectos, no se entenderá comprendida entre las funciones de dirección la mera pertenencia al Consejo de Administración de la sociedad.
>
> c) En cuanto al donatario, deberá mantener lo adquirido y tener derecho a la exención en el Impuesto sobre el Patrimonio durante los diez años siguientes a la fecha de la escritura pública de donación, salvo que falleciera dentro de este plazo.
>
> Asimismo, el donatario no podrá realizar actos de disposición y operaciones societarias que, directa o indirectamente, puedan dar lugar a una minoración sustancial del valor de la adquisición. Dicha obligación también resultará de aplicación en los casos de adquisiciones "mortis causa" a que se refiere la letra c) del apartado 2 de este artículo.
>
> En el caso de no cumplirse los requisitos a que se refiere el presente apartado, deberá pagarse la parte del impuesto que se hubiere dejado de ingresar como consecuencia de la reducción practicada y los intereses de demora".

Ha de tenerse en cuenta, en relación con los transcritos apartados 2.c) y 6, la Resolución 2/1999, de 23 de marzo, de la Dirección General de Tributos, relativa a la aplicación de las reducciones en la base imponible del Impuesto sobre Sucesiones y Donaciones, en materia de vivienda habitual y empresa familiar, sobre la que luego volveremos.

Por su parte, la norma a la que aquella efectúa el reenvío es el artículo 4. Ocho, de la Ley 19/1991, de 6 de junio (RCL 1991, 1453), del Impuesto sobre el Patrimonio, que regula los bienes y derechos exentos del IP.

La cuestión principal que se plantea en el presente recurso se circunscribe a determinar si determinadas inversiones financieras pueden considerarse elementos patrimoniales afectos a la actividad económica y formar parte por tanto del beneficio fiscal pretendido por el sujeto pasivo en el gravamen a que quedó sujeta la donación de una serie de títulos de una entidad mercantil.

Con carácter previo a determinar si esta cuestión presenta un interés casacional objetivo, es necesario poner de relieve algunos hechos que fueron considerados por el pronunciamiento impugnado y no necesitan esclarecimiento alguno.

El relato de hechos es el siguiente: la interesada realizó una donación en favor de su hijo en fecha 1 de abril de 2004, habiendo este aplicado la reducción del 95 por ciento de la base imponible prevista en el artículo 20.6 de la LISD. Como consecuencia de la realización de unas actuaciones de investigación y comprobación por el Servicio de Inspección Tributaria de la Dirección General de Tributos del Gobierno de Aragón se dictó una liquidación a fin de regularizar la situación tributaria de don Sergio con resultado de cuota a ingresar al considerar la administración, entre otros aspectos, que no era de aplicación la reducción del artículo 20.6 LISD a la parte de la donación consistente en las participaciones de una entidad que correspondían al saldo de una cuenta proveniente de activos no afectos a la actividad desarrollada por la mercantil. Se trataba de inversiones financieras que, según la inspección, eran ajenas a la actividad de la empresa (manufactura, compra, venta y representación de prendas de vestir).

Interpuesta reclamación económico-administrativa por el sujeto inspeccionado, la misma fue estimada por resolución de 29 de marzo de 2012 del Tribunal Económico-Administrativo Regional de Aragón con fundamento en que la conclusión obtenida por la Inspección sobre la falta de afectación de las inversiones financieras temporales recogidas en una determinada cuenta contable no había quedado suficientemente contrastada. El Tribunal Económico-Administrativo Central terminó por confirmar en alzada este acto, mediante resolución de 11 de noviembre de 2015, con base, entre otros razonamientos, en que a pesar del matiz introducido por el artículo 27 de la Ley 40/1998 (RCL 1998, 2866), luego mantenido por la Ley 35/2006 (RCL 2006, 2123y RCL 2007, 458), no todos los activos representativos de la participación de fondos propios de una entidad y de la cesión de capitales a terceros han de quedar excluidos de la posibilidad de considerarse elementos patrimoniales afectos a una actividad económica, así como en que en este caso existían indicios de que las inversiones financieras temporales integradas en el activo de la entidad respondían a necesidades derivadas de la vida de la mercantil.

El Gobierno de Aragón formuló recurso contencioso-administrativo frente a esta resolución que finalmente fue desestimado por sentencia de 10 de diciembre de 2019 (JUR 2020, 32182) de la Sala de lo Contencioso-Administrativo del Tribunal Superior de Justicia de Aragón.

La sentencia que constituye el objeto del presente recurso de casación, tras hacer una sucinta exposición de los hechos y de las alegaciones de las partes, resuelve la cuestión basilar del recurso mediante el razonamiento introducido en el fundamento de derecho tercero, que resulta pertinente transcribir a fin de centrar la cuestión de interés casacional: "El art. 27.c) de la Ley 40/1998 de 9 de diciembre (RCL 1998, 2866), del Impuesto sobre la Renta de las Personas Físicas, considera elementos patrimoniales afectos a una actividad económica, cualesquiera elementos patrimoniales que sean necesarios para la obtención de los respectivos rendimientos y precisa que en ningún caso tendrán esta consideración los activos representativos de la participación en fondos propios de una entidad y de la cesión de capitales a terceros.

El art. 20.6 de la Ley 29/1987 (RCL 1987, 2636), remite respecto de la reducción que prevé, al apartado octavo del art. 4 de la Ley 19/1991, de 6 de junio (RCL 1991, 1453), del Impuesto sobre el Patrimonio, y el artículo 6.3 del Real Decreto 1704/1999, de 5 de noviembre (RCL 1999, 2803), por el que se determinan los requisitos y condiciones de las actividades empresariales y profesionales y de las participaciones en entidades para la aplicación de las exenciones correspondientes en el Impuesto sobre el Patrimonio, establece, a propósito de la valoración de las participaciones y determinación del importe exento, que: "Para determinar si un elemento patrimonial se encuentra o no afecto a una actividad económica, se estará a lo dispuesto en el artículo 27 de la Ley 40/1998, de 9 de diciembre (RCL 1998, 2866), del Impuesto sobre la Renta de las Personas Físicas y otras normas tributarias, salvo en lo que se refiere a los activos previstos en el inciso final del párrafo c) del apartado 1 de dicho artículo que, en su caso, podrán estar afectos a la actividad económica. Cabe por ello admitir que puedan llegar a apreciarse afectos a la actividad económica a ese tipo de activos [...].

[...] En este caso hay datos que permiten considerar que esas inversiones, como una actuación puntual en la gestión financiera, podían constituir elementos afectos a la actividad económica de la empresa y frente a esos datos, la Inspección, como señala el Abogado del Estado, nada aporta en apoyo de su consideración de las inversiones que reflejaba la cuenta 541 como totalmente ajenas a la actividad de Creaciones Artenserie S.L.

En consecuencia, la resolución del TEAC no resulta contraria a derecho, por lo que el recurso se desestima".

En definitiva, la sentencia considera aplicable el artículo 6.3 del Real Decreto 1704/1999, de 5 de noviembre, por el que se determinan los requisitos y condiciones de las actividades empresariales y profesionales y de las participaciones en entidades para la aplicación de las exenciones correspondientes en el Impuesto sobre el Patrimonio —cuya interpretación se propugna en el escrito de preparación del recurso de casación—, y deduce del mismo que puede admitirse, pese a lo previsto en el artículo 27.c) de la Ley 40/1998, aplicable ratione temporis, que los activos representativos de la participación en fondos propios de una entidad y de la cesión de capitales a terceros pueden estar afectos a una actividad económica [...]".

La sentencia de instancia, pronunciada por la Sala de este orden jurisdiccional del Tribunal Superior de Justicia de Aragón, señala que:

> "[...] SEGUNDO.— La Dirección General de Tributos del Gobierno de Aragón mantiene la regularización propuesta por la Inspección y que no aplica la reducción prevista en el art 20.6 de la Ley 29/1987 de 18 de diciembre (RCL 1987, 2636), sobre el valor íntegro de las 750 participaciones sociales de la entidad Creaciones Artenserie S.L. donadas por Doña María Inés a su hijo Don Sergio, en cuanto excluía del mismo el saldo que a 31 de marzo de 2004 mantenía la entidad en la cuenta 541 "Inversiones financieras temporales",

1.778.774'07 euros. A juicio de la Inspección, según el acta de disconformidad, esos activos no estaban afectos a la actividad desarrollada por Creaciones Artenserie S.L., cuyo objeto social es la manufactura, compra, venta y representación de prendas de vestir en serie. La Inspección argumentaba que la tenencia y negociación de Inversiones Financieras era totalmente ajena a la actividad de la empresa y además no se trataba de un hecho puntual ya que en 2003 la cuenta presento un saldo de 2.828.339'55 euros y era superior en 2002.

El TEARA considera que la conclusión a la que llegaba la Inspección acerca de la falta de afectación de las inversiones financieras temporales recogidas en la cuenta 541 no había podido ser contrastada y los saldos que según los balances de 2002 y 2003 presentaba esa cuenta, 193.339'55 (por error transcribe,39.339'55 euros) en 2002 y 524.713'39 euros en 2003 apoyarían la alegación de la empresa acerca del carácter excepcional del saldo de la cuenta 541 a 31 de marzo de 2004.

También valora el TEARA que el saldo de la cuenta de bancos era al cierre de 2002 de 1.505.082'27 euros y de 1.812.543'77 euros a 2003 mientras a 31 de marzo de 2004 era de 894.920'39 euros, que asimismo abundaba en la alegación de la empresa acerca de un exceso transitorio de tesorería.

Finalmente señala que considerando la aplicación a reservas voluntarias de los resultados de los ejercicios 2002 (908.329'57 euros) y 2003 (1.127.136'49 euros) existían dotaciones suficientes para identificar como posible origen del saldo de la cuenta de inversiones financieras temporales, beneficios no distribuidos.

Por todo ello entiende que la conclusión de falta de afectación del saldo de la cuenta 541 a la actividad económica de la empresa no estaba contrastada e improcedente la imitación de la base de la reducción aplicable según el art 20.6 y acuerda anular la liquidación practicada por la Dirección General de Tributos. La resolución del TEAC objeto del recurso contencioso administrativo desestima el recurso de alzada".

La sentencia recurrida —y las dos resoluciones del TEAR y TEAC que, en interpretación de los términos de un tributo cedido a la Comunidad accionante, alcanzan una conclusión jurídica desfavorable a la Administración cesionaria del impuesto—, que otorga la razón al contribuyente, es plenamente conforme a Derecho.

El criterio sentado en ella es correcto al interpretar —sin que tal decisión sea exponente de una interpretación extensiva de las normas aplicables—, que los artículos 20.6 LISD, que a su vez se remite para la concreción del ámbito objetivo de la reducción al artículo 4. Ocho de la Ley 19/1991 —LIP (RCL 1991, 1453, 2389) —, que, por su parte, en un segundo o indirecto reenvío exige integrar el concepto de la LIRPF (RCL 2006, 2123y RCL 2007, 458), artículo 27 de la Ley 40/1998 (RCL 1998, 2866), permiten la acreditación, en relación con determinados activos, de la afectación a la actividad empresarial. Esa es la cuestión principal del litigio: si a efectos de determinar el alcance de la reducción prevista en dicho artículo 20.6 LISD, es posible la prueba de la afectación de las inversiones —financieras o no— incorporadas al valor de lo donado o, por el contrario, tal prueba está prohibida por la ley. A nuestro juicio, la respuesta que debe darse a dicho dilema es clara.

Así, el artículo 6.3 del Real Decreto 1704/1999, de 5 de noviembre (RCL 1999, 2803), por el que se determinan los requisitos y condiciones de las actividades empresariales y profesionales y de las participaciones en entidades para la aplicación de las exenciones correspondientes en el Impuesto sobre el Patrimonio, establece, a propósito de la valoración de participaciones y acerca de la determinación del importe exento, que "para determinar si un elemento patrimonial se encuentra o no afecto a una actividad económica, se estará a lo dispuesto en el artículo 27 de la Ley 40/1998, de 9 de diciembre, del Impuesto sobre la Renta de las Personas Físicas y otras normas tributarias, salvo en lo que se refiere a los activos previstos —en el inciso final del párrafo c) del apartado 1 de dicho artículo que, en su caso, podrán estar afectos a la actividad económica".

De dicha regulación se infiere, sin dificultad interpretativa, que el mencionado precepto reglamentario no incurre en ultra vires, como la Administración autonómica parece sostener, sino que complementa la interpretación sobre el requisito de la afección, por mandato directo y expreso del artículo 4, Ocho, punto tres de la Ley 19/1991. Sobre tal cuestión, nuclear en el desarrollo argumental de nuestra tesis, hablaremos más adelante.

Por su parte, el artículo 27 LIRPF 40/1998, bajo la rúbrica de "elementos patrimoniales afectos" —norma posterior a la Ley 19/1991, que se remite a lo dispuesto en el Impuesto sobre la renta de las personas físicas, que en la fecha de publicación de ésta, era la Ley 18/1991, del IRPF:

"1. Se considerarán elementos patrimoniales afectos a una actividad económica:

a) Los bienes inmuebles en los que se desarrolla la actividad del contribuyente.

b) Los bienes destinados a los servicios económicos y socioculturales del personal al servicio de la actividad. No se consideran afectos los bienes de esparcimiento y recreo o, en general, de uso particular del titular de la actividad económica.

c) Cualesquiera otros elementos patrimoniales que sean necesarios para la obtención de los respectivos rendimientos. En ningún caso tendrán esta consideración los activos representativos de la participación en fondos propios de una entidad y de la cesión de capitales a terceros".

Es verdad que el tenor literal del artículo 27.c) parece excluir de plano, por vía indirecta de segundo grado, toda posibilidad de reducción de la base imponible respecto de tales activos, con ocasión del gravamen de su transmisión a título lucrativo, esto es, en los negocios regulados por la LISD, sucesiones y donaciones, pero tal precepto reglamentario, el artículo 6.3 del Real Decreto 1704/1999, entronca de modo directo con la Ley 19/1991, reguladora del impuesto sobre el patrimonio, no con la LIRPF.

2. Razona en este punto con gran claridad el escrito de oposición del Abogado del Estado, al que seguimos en este punto.

Para determinar si existe actividad económica o si un elemento patrimonial se encuentra afecto a ella, se estará a lo dispuesto en el Impuesto sobre la Renta de las Personas Físicas.

El artículo 20.6 citado recoge una reducción del valor de adquisición de esas participaciones en entidades de la donante estableciendo como requisito que se trate de participaciones en entidades a las que sea de aplicación la exención regulada en el artículo 4. Ocho de la Ley 19/1991, del Impuesto sobre el Patrimonio.

Pues bien, el precepto indicado, artículo 4. Ocho, como hemos visto, en su apartado Dos, declara exentos del impuesto, la plena propiedad, la nuda propiedad y el derecho de usufructo vitalicio sobre las participaciones en entidades, con o sin cotización en mercados organizados, siempre que, entre otros requisitos, los elementos patrimoniales estén afectos a una actividad económica.

El artículo se remite a lo dispuesto en la legislación del IRPF, diciendo textualmente: "para determinar si existe actividad económica o si un elemento patrimonial se encuentra afecto a ella, se estará a lo dispuesto en el Impuesto sobre la Renta de las Personas Físicas".

Ello nos lleva ya al artículo 27 de la Ley del LIRPF de 1998, aplicable ratione temporis [...]

Ahora bien, para determinar las condiciones que han de reunir las participaciones en entidades, que es uno de los activos que pueden beneficiarse de la exención del IP (artículo 4. Ocho. Dos LIP) y por ende de la reducción en el ISD, en caso de donación de las mismas, el artículo 4. Ocho. Tres de esa Ley, remite a un futuro Reglamento, al señalar que "reglamentariamente, se determinarán:

> "(...) b) Las condiciones que han de reunir las participaciones en entidades".

Pues bien, como hemos dicho también, esa disposición reglamentaria no es otra que el Real Decreto 1704/1999, de 5 de noviembre que, como reza su preámbulo, tiene por objeto, precisar los "requisitos y condiciones para el disfrute de las exenciones, dictándose en cumplimiento de lo dispuesto en el artículo 97 de la Constitución y el apartado octavo.3 del artículo 4 de la Ley 19/1991, en la redacción dada al mismo por el artículo 3 de la Ley 66/1997, de 30 de diciembre (RCL 1997, 3106y RCL 1998, 1636), de Medidas fiscales, administrativas y del orden social".

Queda claro, por tanto, el fundamento legal de la llamada a la norma reglamentaria y la no vulneración del principio de legalidad y reserva de ley tributaria por la llamada al reglamento para completar la determinación de los requisitos para hacerse acreedor a un beneficio fiscal.

Pues bien, no cabe duda alguna, para esta representación, de que la llamada al reglamento del artículo 4. Ocho. Tres b) de la Ley 19/1991, en este caso a fin de precisar las condiciones que han de reunir las participaciones en entidades para declararlas exentas y que ha tenido su plasmación en el artículo 6.3 del Real Decreto 1704/1999 no supone vulneración alguna de dicho principio, sino un desarrollo y complemento de lo dispuesto sobre el alcance de la afección de bienes a la actividad económica del artículo 27 de la Ley IRPF de 1998.

La especialidad del activo a considerar (participaciones en entidades), la llamada exclusiva, en primer término, a la legislación del impuesto sobre la renta y la remisión expresa del artículo 4. Ocho. apartado 3. b) de la LIP a la norma reglamentaria, hace, por otro lado, que no deban ser tenido en cuenta, como pretende la recurrente, para determinar los valores o elementos patrimoniales no afectos al desarrollo de una actividad económica, los mencionados en el artículo 4. Ocho. Dos, letra a) in fine, relativo a valores o elementos patrimoniales propios de la entidad, no de terceros, cuyas participaciones son objeto de la donación.

El artículo 6.3 del Real Decreto 1704/1999, dictado en el válido ejercicio de la potestad reglamentaria del Gobierno, con la habilitación legal específica y dentro de los límites del principio de reserva de ley, como se ha expuesto, dispone ya que: "para determinar si un elemento patrimonial se encuentra o no afecto a una actividad económica, se estará a lo dispuesto en el artículo 27 de la Ley 40/1998, de 9 de diciembre, del Impuesto sobre la Renta de las Personas Físicas y otras normas tributarias, salvo en lo que se refiere a los activos previstos en el inciso final del párrafo c) del apartado 1 de dicho artículo, que, en su caso, podrán estar afectos a la actividad económica (...)".

Esos activos no son otros que los activos representativos de la participación en fondos propios de una entidad y de la cesión de capitales a terceros, entre los que se encuentran los activos discutidos que, como dice el precepto, "en su caso, podrán estar afectos a la actividad económica".

Con la salvedad introducida en ese inciso del artículo 6.3 del RD 1704/1999 no se atisba exceso reglamentario alguno sino más bien, como hemos dicho, un adecuado desarrollo y complemento de la regulación legal de acuerdo con lo que se va a señalar a renglón seguido.

En efecto, la previsión reglamentaria permite apartarse de la interpretación literal y formalista de los preceptos reguladores del beneficio fiscal postulada de contrario y tener presente la finalidad perseguida por la norma —ex artículo 12.1 LGT/2003, en conexión con el artículo 3.1 del Código Civil (LEG 1889, 27)—, tratando de identificar aquellos bienes y derechos afectos que se consideran realmente necesarios para el desarrollo normal de la actividad económica de la empresa siempre, claro está, que se encuentren debidamente reflejados en la contabilidad, lo que aquí no se discute.

Ello posibilita entender, tomando como referencia la expresión "en su caso" del artículo 6.3 del Real Decreto 1704/1999, citado, que, no todos los activos representativos de la participación en fondos propios de una entidad y de la cesión de capitales a terceros han de quedar excluidos de la posibilidad de considerarse "elementos patrimoniales afectos a una actividad económica" pues, como aquí ocurre, pueden existir supuestos en que se trate de bienes necesarios para el desarrollo de la misma, siendo lo determinante, como dice el TEAC, que se trate de elementos patrimoniales realmente "necesarios" para el ejercicio de la actividad debiendo verificarse si se adecúan a las vicisitudes propias del ejercicio periódico de la misma y si sirven a sus fines.

En esa línea, sigue diciendo con acierto el TEAC, no cabe olvidar que en el ámbito de este beneficio fiscal, el legislador quiere, en efecto, excluir aquellos elementos que no estén afectos a dicha actividad, por no considerarlos necesarios para la misma, si bien resulta por otra parte incontrovertible que, del propio concepto de empresa como conjunción de capital y trabajo, se colige que la necesidad de elementos dinerarios con cierta liquidez, como son las participaciones en Fondos FIAMMM, que mantenía en su activo la sociedad, es algo consustancial y necesario para el desarrollo de la actividad empresarial como así lo entendió el obligado tributario en todo momento.

...ha quedado acreditado que el saldo de la cuenta contable en las que se recogía las participaciones discutidas, a lo largo de varios ejercicios, muestra a 31 de marzo de 2004, el día anterior a la donación, un importe de 1.778.774,07 euros, importe muy superior a los saldos recogidos en ejercicios anteriores, lo que determinó que el TEARA defendiera la transitoriedad o excepcionalidad del saldo de la cuenta a 31 de marzo, más si cabe analizar el correlativo movimiento inverso reflejado en las cuentas propias de tesorería.

Lo expuesto le permite afirmar que existían claros indicios de que las inversiones financieras temporales integradas en el activo de la entidad respondían realmente a necesidades derivadas de la vida propia de una compañía mercantil permitiendo unas materializaciones puntuales de ciertos excesos de tesorería que, por sí mismas, no pueden ser consideradas no afectas a la actividad empresarial.

Es absolutamente razonable, por tanto, que la tesorería generada por la actividad de la sociedad en determinados momentos pueda invertirse en ese tipo de productos en el ámbito de una razonable gestión financiera.

No se trata de atribuir la carga de la prueba de la afección al obligado tributario —ex artículo 105 LGT/2003— que puso de manifiesto en su autoliquidación que existían participaciones o elementos patrimoniales, los activos monetarios indicados, afectos al desarrollo de la actividad empresarial, sino de dejar sentado que... es a la Inspección de la Comunidad Autónoma a la que corresponde acreditar... que no existe tal afectación o que la misma no es total o, si se quiere, que alguna parte de dichas inversiones resultaban superiores a las necesidades de circulante, que se trataba de elementos patrimoniales ociosos o no necesarios para el desarrollo de la actividad.

La citada Inspección no hizo nada de esto limitándose, por razones estrictamente formales, a rechazar sin más la afectación a la actividad de las inversiones temporales en su totalidad por considerar que, por su naturaleza, no podían ser elementos afectos a la actividad empresarial.

Como se desprende de los razonamientos del TEAC, si tal gestión financiera no es razonable o incluso es artificiosa, es la Administración la que debe acreditarlo. A este respecto, como ya dijimos en nuestra contestación a la demanda en la instancia, entendemos que no se vulneran en las resoluciones recurridas los principios o normas que regulan la carga de la prueba, en particular, no se contraviene el artículo 105.1 de la LGT.

El contribuyente aporta toda la documentación y una argumentación razonable acerca de la afectación de los fondos a la actividad. Si la Administración considera que existe algún tipo de irregularidad o actuación artificiosa que permita invalidar tal argumentación ha de aportar unos elementos que permitan soportar esa tesis, lo que en este caso es claro que no sucede, como concluyeron tanto el TEARA como el TEAC.

Queda claro, por tanto, que puede haber elementos patrimoniales, como los activos representativos de la participación en fondos propios de una entidad y de la cesión de capitales a terceros, necesarios para el desarrollo de la actividad empresarial y cuya transmisión lucrativa puede beneficiarse de la reducción prevista en el artículo 20.6 de la LISD [...].

[...] interpretando los artículos 20.6 de la Ley 29/1987, de 18 de diciembre (RCL 1987, 2636), del ISD; 27.1.c) de la Ley 40/1998 (RCL 1998, 2866)...; 6.3 del RD 1704/1999, de 5 de noviembre, por el que se determinan los requisitos y condiciones de las actividades empresariales y de las participaciones en entidades para la aplicación de las exenciones correspondientes en el Impuesto sobre el Patrimonio y 8.d) de la LGT..., fije como doctrina legal que:

– En los casos en que el objeto de una donación venga constituido por activos representativos de la participación en fondos propios de una entidad y de la cesión de capitales a terceros, puede aplicarse la reducción prevista en el artículo 20.6 de la LISD en virtud de lo dispuesto en el artículo 6.3 del RD 1704/1999, que determina los requisitos y condiciones de las actividades empresariales y profesionales y de las participaciones de entidades para la aplicación de las exenciones correspondientes en el Impuesto sobre el Patrimonio, por poder apreciarse su afección a la actividad económica.

Sobre esa base, desestime el recurso formulado confirmando la sentencia recurrida y con ella la resolución del TEAC impugnada que, con desestimación del recurso de alzada formulado por el ente autonómico, confirmó, a su vez, la resolución del TEARA anulatoria de la liquidación girada por la CCAA [...]".

3. Una adecuada comprensión del precepto legal que debe ser interpretado, el artículo 20.6 de la LISD, requiere acudir, no sólo a la interpretación gramatical o literal de la norma o de aquellas otras a que ésta se remite para la integración del concepto —esto es, para la fijación del quántum de la reducción del 95 por 100—sino, muy en particular, a la interpretación finalista o teleológica, por virtud de la cual la transmisión a título gratuito de la empresa familiar entre determinados parientes cercanos en grado, a efectos de la sucesión o sustitución del titular, está beneficiada de un régimen tributario especial, en protección de dicha empresa y su continuidad, que no solo beneficia al donatario, sino a la sociedad en su conjunto.

En suma, para gozar de la reducción en cuestión se ha requerido siempre —y no sólo desde el 1 de enero de 1998, como mantiene el recurrente— que se dieran los requisitos contemplados en el art. 4.Ocho de la Ley 19/1991, esto es, que se tratara de bienes y derechos de las personas físicas necesarias para el desarrollo de su actividad empresarial, siempre que ésta se ejerza de forma habitual, personal y directa por el sujeto pasivo y constituya su principal fuente de riqueza "(FD Tercero)".

4. La jurisprudencia de este Tribunal Supremo, cristalizada en la mencionada sentencia y en otras más, favorece en el más amplio sentido una inter-

pretación acorde con la postulada en este asunto por los dos órganos revisores económico-administrativos y, en el mismo sentido, por la sentencia aquí impugnada. De hecho, ha de admitirse que, en este caso, el donatario de la empresa familiar ha recibido participaciones sociales del capital social de una empresa, la que se dona, sin que la Administración autonómica haya puesto en tela de juicio esa realidad económica o empresarial, esto es, que lo sea efectivamente, ni que se dedique a otra cosa que al desarrollo de su objeto social, por medio de una actividad económica productiva netamente tal.

5. Por lo demás, la remisión que el artículo 4, Ocho, Dos, a) LIP efectúa a la normativa del IRPF, rectamente comprendida, no es absoluta ni condiciona el núcleo de la exención en el impuesto sobre el patrimonio, en el caso en que se cumplan las condiciones que, de modo suficiente, enumera el propio artículo 4. Tal es el ámbito de la exención —en el I. Patrimonio— complementado con su desarrollo reglamentario.

Así, es de repetir, para recordar sus términos propios, que se enuncia una exención en el impuesto en favor de:

> "[...] Dos. La plena propiedad, la nuda propiedad y el derecho de usufructo vitalicio sobre las participaciones en entidades, con o sin cotización en mercados organizados, siempre que concurran las condiciones siguientes:
>
> a) Que la entidad, sea o no societaria, no tenga por actividad principal la gestión de un patrimonio mobiliario o inmobiliario.
>
> Se entenderá que una entidad gestiona un patrimonio mobiliario o inmobiliario y que, por lo tanto, no realiza una actividad económica cuando concurran, durante más de 90 días del ejercicio social, cualquiera de las condiciones siguientes:
>
> Que más de la mitad de su activo esté constituido por valores o
>
> Que más de la mitad de su activo no esté afecto a actividades económicas.
>
> A los efectos previstos en esta letra:
>
> Para determinar si existe actividad económica o si un elemento patrimonial se encuentra afecto a ella, se estará a lo dispuesto en el Impuesto sobre la Renta de las Personas Físicas".

Ello significa que, al margen de que la integración de la norma de exención en el IP con el complemento de la legislación sobre el impuesto de la renta lo sería, en puridad, a lo regulado en la ley temporalmente concorde con el momento del reenvío, como evidencia de la voluntad del legislador, esto es, en 1991 —cuestión en que no resulta pertinente profundizar, por ser ajena al debate trabado en el proceso, sin perjuicio del principio *iura novit curia* — procede advertir, además, que la remisión de segundo grado lo es, por expreso designio normativo, a los [solos] efectos previstos en esta letra, esto es, para determinar el alcance objetivo de la exención de las participaciones sociales de que el contribuyente es titular, es decir, para precisar la exención en el caso en que "la entidad, sea o no societaria, no tenga por actividad principal la gestión de un patrimonio mobiliario o inmobiliario".

Sin embargo, aquí esa duda fáctica no concurre, no existe en orden a precisar la naturaleza funcional de la empresa, porque, probadamente, no tiene por actividad principal la gestión de un patrimonio mobiliario o inmobiliario. Tras despejar esa incógnita, la llamada o reenvío a la ley del impuesto sobre la renta únicamente lo sería a esos solos efectos, en su caso, los de precisar si un elemento patrimonial se encuentra afecto a ella o no, precisamente con la —única— finalidad de determinar o esclarecer la premisa mayor, es decir, que la sociedad, a los efectos de la exención del IP, no tenga por actividad principal la gestión de un patrimonio mobiliario o inmobiliario.

Pues bien, ni siquiera la Administración autonómica se plantea esa duda esencial a efectos del gravamen del ISD, que es el aquí controvertido, puesto que arranca en su argumentación de la base conceptual de que el importe de la reducción en la base imponible para determinar la liquidable del 95 por 100 del valor de adquisición, siempre que concurran las condiciones que el precepto especifica, ha de quedar mermado necesariamente en la parte del valor de lo donado que provenga de bienes que se presumen irrefutablemente no afectos a la empresa familiar de cuya transmisión, en este caso inter vivos, se trata, sin posibilidad alguna de prueba en contrario.

Tal tesis maximalista surge de la fórmula taxativa del artículo 27.1.c) de la Ley 40/1998, de 9 de diciembre, del Impuesto sobre la Renta de las Personas Físicas, interpretada en el sentido de que crea una presunción iuris et (RCL 2015, 1654) de iure de que los activos representativos de la participación en fondos propios de una entidad y de la cesión de capitales a terceros elementos afectos "...en ningún caso tendrán esta consideración". Esa exégesis del precepto, tal como es sostenida en el recurso de casación, conduciría a la solución absurda de negar la reducción al valor de la totalidad de lo recibido en la donación, al venir constituido por participaciones sociales de una entidad mercantil, postura radical que no sostiene el Gobierno de Aragón.

Al margen de toda otra consideración, pues, como las que ya hemos visto, es contraria a la letra y al espíritu la limitación de la reducción aquí debatida, en relación con la transmisión de la empresa familiar —que no se objeta por ninguna otra razón— sobre la base de que la Ley del IRPF de 1998, impone, a todo trance, considerar que la participación social incorporada al valor de lo transmitido deba quedar excluida, cuantitativamente, del importe de la reducción, sin atender a la acreditación, aquí más que aquilatada, acerca de la afectación de tales activos financieros a la funcionalidad de la empresa, sin que la Comunidad autónoma haya discutido ese extremo.

Por lo demás, esa pretendida presunción iuris et de iure contenida, según lo que aduce la parte recurrente, en el repetido artículo 27.1.c) LIRPF de 1998, se contradice abiertamente con lo que el mismo precepto establece, en un sentido más general, al considerar afectos a una actividad económica "...c) Cualesquiera otros elementos patrimoniales que sean necesarios para la obtención de los respectivos rendimientos", fórmula legal de la mayor amplitud, orientada a esa relación causal o conexión de funcionalidad o necesidad para obtener los rendimientos —en lo que consiste la afectación de los activos, base de la reducción—, que remite, a la postre, a un problema fáctico de prueba de la afección, pues no es aceptable ni lógico negar a fortiori que la participación de una entidad mercantil, activa y productiva, en otras distintas, al margen de toda otra consideración o circunstancia, excluye tal activo, siempre y en todo caso, ope legis, del elemento normativo de la afectación.

En otras palabras, conforme a la dicción del propio apartado c), rectamente interpretado, no puede quedar fuera de la consideración de elemento patrimonial afecto a una actividad económica, a los efectos del artículo 27.1.c) LIRPF —como norma de reenvío de segundo grado— todo bien o derecho del que quepa acreditar, mediante cualquier medio de prueba, que cumple en la empresa una función económica, aunque sea con fines de liquidez, solvencia, tesorería, acceso al crédito, etc., para lo que será precisa y oportuna la pertinente actividad probatoria, que se habrá de someter a las reglas reguladoras de ésta. En este caso, hay indicios más que suficientes, debidamente apreciados en la sentencia, de esa afectación.

6. No resulta de menor importancia una consideración añadida, especialmente útil y necesaria en materia de tributos cedidos.

Según la resolución del TEAR de Aragón de 29 de marzo de 2012, mediatamente impugnada en el litigio de instancia, ya había doctrina administrativa, del TEAC, a propósito de la misma cuestión:

> "[...] Con carácter previo, no obstante, e independientemente de la conclusión que se alcance sobre la afectación de las inversiones financieras controvertidas, que a continuación se aborda, debe señalarse que el Tribunal Económico-Administrativo Central (Resoluciones de 31 de enero de 2011, Vocalía 9.a 4016/2008 y 4195/2008), y variando el criterio que había sostenido anteriormente, considera aplicable a la reducción en el Impuesto sobre Sucesiones y Donaciones la limitación prevista para la exención de las participaciones en el Impuesto sobre el Patrimonio en función de los activos de la entidad afectos a la actividad desarrollada:
>
> "...debe entenderse que la remisión que la normativa reguladora del gravamen sucesorio efectúa a la Ley del Impuesto sobre el Patrimonio tiene un carácter amplio, por lo que el importe del beneficio fiscal se ve limitado, calculándose el 95% (que es el importe de la reducción que fija el artículo 20.2.c)) pero sobre el valor proporcional de las participaciones en la entidad (...) determinado en función de los activos afectos y no afectos de ésta".
>
> Por consiguiente, este Tribunal debe ajustar su pronunciamiento a esta doctrina, a fin de dar cumplimiento al artículo 239.7 (ahora 8) de la Ley 58/2003 (RCL 2003, 2945), General Tributaria, que establece que: "La doctrina que de modo reiterado establezca el Tribunal Económico-Administrativo Central vinculará a los tribunales económico-administrativos regionales y locales... y al resto de la Administración tributaria del Estado y de las Comunidades Autónomas y de las Ciudades con Estatuto de Autonomía (...). Las resoluciones y los actos de la Administración tributaria que se fundamenten en la doctrina establecida conforme a este precepto lo harán constar expresamente.
>
> De acuerdo con ello, la reducción en el Impuesto sobre Sucesiones y Donaciones es susceptible de limitarse en función de la proporción que representen los activos afectos respecto del patrimonio neto de la entidad, y debe desestimarse este primer motivo de la reclamación".

Aun siendo innecesario profundizar en la cuestión relativa a la existencia de doctrina administrativa que, de acuerdo con la ley (art. 239.7, actualmente

8, de la LGT), vincula a los tribunales de inferior rango y, desde luego, a la Administración activa —sin excluir a la que gestiona los tributos cedidos, como es el que ampara la liquidación controvertida, sorprende, al menos, que la Comunidad Autónoma recurrente haya omitido toda consideración acerca de la previa existencia de ese criterio establecido, que le vincula, a falta de jurisprudencia.

En suma, el art. 6.3 del Real Decreto 1704/1999 es compatible con la LIRPF y permite evaluar la concreta afección de los activos financieros o inversiones a la actividad de la empresa, incluyendo la necesidad de financiación o de liquidez, tal como señala el TEAC. No es difícil, a partir de tales presupuestos, llegar a la conclusión de que, a la postre, estamos ante un problema estricto de prueba de la afección, perfectamente examinada por el TEAC y por la Sala de Aragón, e inaccesible por lo demás al control casacional.

Por tanto, el TS establece que no ha lugar al recurso de casación presentado por la Comunidad Autónoma de Aragón y se fijan los criterios interpretativos sentados en el fundamento jurídico cuarto de esta sentencia.

Si bien el contenido de la Sentencia se aplicable a los efectos del Impuesto sobre Sucesiones y Donaciones; sí podemos indicar que es un paso importante a efectos de la relevancia de la calificación de los activos financieros como elementos afectos al ejercicio de una actividad empresarial. Por ejemplo, y a los efectos de nuestro estudio, que sean rendimientos del capital mobiliario las cuentas corrientes de los empresarios donde tienen las nóminas de sus trabajadores, no es del todo lógico, porque qué mayor afectación al ejercicio de una actividad económica que el pago de los salarios. Y a lo cual quiero añadir, que un concepto es igual para todas las situaciones jurídicas, de ahí la relevancia de los conceptos, por tanto, nos encontramos ante un mismo elemento patrimonial que se considera afecto a efectos del Impuesto sobre el Patrimonio, y que, sin embargo, no lo es a efectos del IRPF.

La resolución del TEAC de 12 de marzo de 2015 —rec. n.º 2155/2012— (JT 2015, 635), las cuentas corrientes bancarias merecen la consideración de elementos patrimoniales afectos en la medida en que su saldo pueda reputarse necesario para gestionar la tesorería de la actividad económica realizada.

Al respecto, siguiendo a MONTESINOS OLTRA[92], "Frente al criterio restrictivo mantenido por la Administración al respecto con anterioridad, basado en la consideración de las cuentas bancarias como activos representativos de la cesión a terceros de capitales propios expresamente excluidos de afectación en el ámbito del IRPF desde la LIRPF98 (8), entendió el TEAC en dicha resolución, relativa a la transmisión a título gratuito de un patrimonio empresarial sujeta al ISD, que lo relevante es "determinar si se trata de elementos patrimoniales realmente necesarios para el ejercicio de la actividad, es decir comprobar si el saldo y movimientos de las cuentas corrientes corresponden con las vicisitudes propias del ejercicio periódico de aquélla y si sirven para sus fines", concluyendo al respecto que "[l]a exclusión del dinerario por considerarse que no es un elemento afecto a la actividad empresarial, exigiría analizar la proporcionalidad entre el saldo medio existente en dicha cuenta bancaria con las necesidades de circulante, teniendo en cuenta el movimiento bancario de ingresos y pagos producido en un ejercicio". De manera que, finalmente, "[s]ólo en la medida que el saldo medio bancario supere las necesidades de circulante cabe hablar de la existencia de una tesorería ociosa o no necesaria para dicha actividad y por tanto, excluible a efectos del cálculo del beneficio fiscal.

El TEAC admite así una especie de "afectación parcial" de las cuentas corrientes bancarias que no entra en contradicción con la normativa del IRPF, y esto es lo más importante por lo que aquí nos interesa, por la sencilla razón de que, a su juicio, no constituyen activos representativos de la cesión a terceros de capitales propios, pues "se trata de cuentas de las que se puede disponer en cualquier momento (no existe, en realidad, una verdadera puesta a disposición de los activos financieros —el dinero— a favor de un tercero —el banco— como ocurre con otro tipo de figuras como imposiciones a plazo, obligaciones o bonos)", añadiendo que "[i]ncluso, desde el punto de vista contable, se trata y se valora de forma diferenciada (tienen asignados epígrafes diferenciados) al efectivo y otros activos líquidos equivalentes como pueden ser las cuentas corrientes con respecto a lo que sí son valores representativos de la cesión de capitales a terceros".

---

92 Montesinos Oltra, S., "La afectación de activos financieros a efectos del régimen fiscal de la empresa familiar: un enfoque discutible del Tribunal Supremo", **Quincena Fiscal**, N.º 12, Sección Estudios, Quincena del 16 al 30 Jun. 2023, Aranzadi.

De lo que no cabe duda es de que, pese a las dificultades que plantea su aplicación, el criterio del TEAC resulta harto razonable y ponderado, debiendo subrayarse, por lo que aquí interesa, que no necesita ampararse en la excepción prevista en el artículo 6.3 RD 1704/1999 en relación con los activos financieros a los que se refiere poseídos por entidades y que, como ya hemos señalado, no incluye su artículo 2 relativo a patrimonios empresariales individuales.

De acuerdo con la resolución del TEAC comentada, cabe concluir, por tanto, que la aplicación de los beneficios fiscales de la empresa familiar sobre el valor de las cuentas de dinerario, siquiera parcialmente, no requiere invocar la excepción prevista en el artículo 6.3 del Real Decreto 1704/1999 (13). En otro caso, y dado que este precepto circunscribe su eficacia a las participaciones en entidades, debería entenderse, en contra del criterio que se desprende de dicha resolución, que no cabe la aplicación de los beneficios en cuestión sobre tales activos si se trata de patrimonios empresariales individuales, lo que resultaría inadmisible desde el punto de vista de la igualdad o, si se prefiere, de la neutralidad tributaria (14), idea que no debe perderse de vista en el análisis de la posible exención del valor correspondiente a otros activos financieros distintos poseídos por las entidades a cuyas participaciones se refiere dicho precepto reglamentario.

Antes de abordar dicha cuestión debe señalarse que, pese a la claridad con la que el TEAC admite que las cuentas de tesorería pueden considerarse afectas, al menos parcialmente, la DGT, sin ignorar absolutamente dicho criterio —aunque sin mencionarlo— continúa partiendo, en la contestación a consultas posteriores, de su tradicional criterio restrictivo, y, aunque lo matiza en términos similares, lo hace a los únicos efectos de determinar si se cumple el requisito de no patrimonialidad exigido en el caso de participaciones en entidades [art. 4.Ocho.Dos.a) 1.º LIP] y, por tanto, a fin de reconocer el acceso a la exención en el IP, cuestión que se cuida mucho de diferenciar de la relativa a su ámbito objetivo, sobre la que no se pronuncia con claridad."

II.2.C. Operaciones de capitalización, de contratos de seguro de vida o invalidez y rentas derivadas de la imposición de capitales

El artículo 25.3 LIRPF establece que son rendimientos del capital mobiliario, los rendimientos procedentes de operaciones de capitalización, de contratos de seguro de vida o invalidez y de rentas derivadas de la imposición de capitales.

Y en el apartado a) señala que son rendimientos dinerarios o en especie procedentes de operaciones de capitalización y de contratos de seguro de vida o invalidez, excepto cuando, con arreglo a lo previsto en el artículo 17. 2.a) de esta Ley, deban tributar como rendimientos del trabajo.

En particular, se aplicarán a estos rendimientos de capital mobiliario las siguientes reglas:

1.º) Cuando se perciba un capital diferido, el rendimiento del capital mobiliario vendrá determinado por la diferencia entre el capital percibido y el importe de las primas satisfechas.

No obstante lo anterior, si el contrato de seguro combina la contingencia de supervivencia con las de fallecimiento o incapacidad y el capital percibido corresponde a la contingencia de supervivencia, podrá detraerse también la parte de las primas satisfechas que corresponda al capital en riesgo por fallecimiento o incapacidad que se haya consumido hasta el momento, siempre que durante toda la vigencia del contrato, el capital en riesgo sea igual o inferior al cinco por ciento de la provisión matemática. A estos efectos se considera capital en riesgo la diferencia entre el capital asegurado para fallecimiento o incapacidad y la provisión matemática.

2.º) En el caso de rentas vitalicias inmediatas, que no hayan sido adquiridas por herencia, legado o cualquier otro título sucesorio, se considerará rendimiento de capital mobiliario el resultado de aplicar a cada anualidad los porcentajes a los que se refiere el precepto.

Por seguros de vida hay que entender aquellos en que el riesgo asegurado lo constituye la vida del asegurado, que puede coincidir o no con el tomador o con el beneficiario del seguro de vida. El riesgo que resulta objeto de cobertura puede ser la muerte del asegurado (seguro de vida para caso de muerte) o la supervivencia y también accidentes. Además, cabe la posibilidad del rescate de la póliza antes de que suceda el evento. Caso especial de seguro de vida lo constituye aquel en que el tomador asume el riesgo de la inversión de las provisiones del contrato, son los llamados unit linked, que disponen de un tratamiento específico.

La ley fiscal no determina un concepto de seguro de vida u operación de capitalización, lo que lleva a entender que se remite a la normativa de seguros. En este sentido, resulta de especial importancia el Real Decreto Legislativo 6/2004, de 29 de octubre, por el que se aprueba el texto refundido de la Ley de ordenación y supervisión de los seguros privados y la Ley de Contratos de Seguros, Ley 50/1980, que define en su artículo 83 el contrato de seguro de vida en los siguientes términos:

Por el seguro de vida el asegurador se obliga, mediante el cobro de la prima estipulada y dentro de los límites establecidos en la Ley y en el contrato, a satisfacer al beneficiario un capital, una renta u otras prestaciones convenidas, en el caso de muerte o bien de supervivencia del asegurado, o de ambos eventos conjuntamente. El seguro sobre la vida puede estipularse sobre la vida propia o la de un tercero, tanto para caso de muerte como para caso de supervivencia o ambos conjuntamente, así como sobre una o varias cabezas. Son seguros sobre la vida aquellos en que, cumpliendo los requisitos establecidos, la prestación convenida en la póliza ha sido determinada por el asegurador mediante la utilización de criterios y bases de técnica actuarial. Por operaciones de capitalización hay que entender, según el artículo 3.1.c del Texto Refundido de Ordenación y Supervisión de Seguros Privados, las basadas en técnica actuarial que consistan en obtener compromisos determinados en cuanto a su duración y a su importe a cambio de desembolsos únicos o periódicos previamente fijados. Sin embargo, las operaciones de capitalización pueden tener una base no actuarial, en cuyo caso no pueden ser realizadas por las compañías de seguro[93].

Como hemos hecho referencia, según el artículo 25.3 de la LIRPF 35/2006 tienen la consideración de rendimiento de capital mobiliario los "rendimientos procedentes de operaciones de capitalización, contratos de seguro de vida o invalidez y rentas derivadas de la imposición de capitales". Matizando, que serán rendimientos de capital mobiliario a excepción de que aquellos que deban tributar en el IRPF como rendimientos del trabajo conforme al artículo 17.2.a) o bien, tributen en el ISD. Con referencia a las per-

---

93 Referencias tomadas de VENTURA ESCACENA, J., **Fiscalidad de ahorro mobiliario en el Impuesto sobre la Renta de las Personas Físicas**, Universidad de Sevilla, Tesis Doctoral, 2000, pág. 152.

cepciones derivadas de los contratos de seguro de vida, en forma de capital o renta, se reitera que sólo están sujetas al IRPF, aquellas en las que la persona del tomador y beneficiario son coincidentes. Sin embargo, aquellas rentas procedentes de contratos de seguro que hayan sido adquiridas por el beneficiario, que no ostentaba la condición de tomador, mediante una transmisión lucrativa inter vivos (donación), tributarán en el IRPF como rendimientos de capital mobiliario por las rentas que se hayan generado. Ello significa que aun cuando no coincidan tomador y beneficiario, los rendimientos tributaran en el IRPF con independencia de la sujeción al Impuesto sobre Sucesiones y Donaciones que deba practicarse como consecuencia de la constitución del capital. Ejemplo del mismo sería la contratación de un seguro de vida de sobrevivencia por un padre que ostentaría en sí mismo las figuras de tomador y asegurado, y que cuando alcanzase determinada edad, las percepciones de tal contingencia le fuesen satisfechas a un tercero, en concreto el beneficiario sería su hijo. Habría claramente un negocio de donación del padre hacía el hijo (gratuito e inter vivos) que estaría sujeto al Impuesto sobre Sucesiones y Donaciones, cual es, la constitución del capital acumulado. Tal es la previsión que se realiza en el artículo 12.e) del Reglamento del Impuesto sobre Sucesiones y Donaciones: "Entre otros, tienen la consideración de negocios jurídicos gratuitos e «inter vivos» a los efectos de este Impuesto, además de la donación, los siguientes: e) El contrato de seguro sobre la vida, para caso de sobrevivencia del asegurado y el contrato individual de seguro para caso de fallecimiento del asegurado que sea persona distinta del contratante, cuando en uno y otro caso el beneficiario sea persona distinta del contratante." No obstante, el hijo/beneficiario deberá también de tributar en el IRPF, conforme a lo dispuesto en el artículo 25.3. 4.º de la LIRPF, por cada una de las rentas inmediatas, vitalicias o temporales que perciba derivadas del citado contrato, calificándolas como rendimiento de capital mobiliario[94]. En caso contrario, cuando las mismas se adquieran mortis causa, tributaran por el Impuesto sobre Sucesiones y Donaciones. Volviendo al contenido del artículo 25.3 de la LIRPF, en primer lugar, se hace preciso, recordar que son las operaciones de capitalización, que ya se trataron en el primer capítulo de nues-

[94] Vid. ARRANZ DE ANDRÉS, C., "La sujeción al ISD del contrato de seguro de vida y otras figuras afines", **Revista Quincena Fiscal**, n.º 20, 2013, págs. 37 a 73.

tro trabajo. Siguiendo al profesor MARTÍN QUERALT[95] las operaciones de capitalización son contratos de seguro en los que el asegurado/tomador concierta con la compañía aseguradora la realización de una serie de aportaciones dinerarias periódicas o de una sola vez, con la finalidad de percibir una prestación cuando acaezca la contingencia prevista en el contrato como, por ejemplo, alcanzar una determinada edad, fallecimiento o invalidez. TIRADO SUAREZ[96] las ha calificado las operaciones de "capitalización como una modalidad más de los seguros de vida, definida sin referencia a la vida humana". No obstante, GARCÍA BERRO[97] ofrece una visión totalmente diferente manifestando que, si bien las mismas están reguladas dentro de la normativa del contrato de seguro de vida, no encajan dentro del contrato de seguro de vida al tener una absoluta ausencia de riesgo. Por tanto, habría dos contratos, el de seguro de vida y el de capitalización.

Como bien ha indicado RECIO RAMIREZ[98]: "En definitiva, el artículo 25.3 de la LIRPF aglutina a una serie de operaciones financieras cuyo objetivo es la constitución de un capital o renta de ahorro, entre las que se encuentra el seguro de vida. El tomador/beneficiario abona durante un periodo de tiempo el importe de las primas o prima única (que, en realidad se asimilan a aportaciones de capital) concertado con la compañía aseguradora, y posteriormente, esta última, transcurrido el plazo y la contingencia pactada, satisface al beneficiario una prestación económica, que consiste en las primas desembolsadas más un capital calculado conforme a técnicas actuariales sobre las, ya citadas, primas (capitalización del capital aportado). Cómo podemos apreciar, a priori puede parecer que existen similitudes con los de-

95 "Impuesto sobre la Renta de las Personas Físicas (Residentes) (I)", en la obra colectiva **Manual de Derecho Tributario, Parte Especial**, 14 ed. Thomson Reuters Aranzadi, 2017, págs. 132 y 133.

96 **Comentarios al Código de Comercio y la legislación mercantil especial**, obra colectiva, tomo XXIV, 1989, pág. 74.

97 **Tributación del contrato de Seguro**, ob. cit., págs. 30 y 31.

98 **El contrato de seguro de vida en el Impuesto sobre la Renta de las Personas Físicas (con especial referencia a los rendimientos del capital mobiliario),** Tesis Doctoral, Universidad de Córdoba, págs.. 185 a 210.
Y en su trabajo **La tributación del contrato de seguro de vida en el Impuesto sobre la Renta de las Personas Físicas**, Aranzadi, Navarra, 2020, págs. 97 y ss.

pósitos bancarios a plazo, pero en estos casos es importante traer a colación los elementos esenciales del contrato de seguro, entre los que se encuentra el riesgo. Este elemento esencial del contrato de seguro está ausente cuando nos referimos a las operaciones financieras de depósito a plazo que, si bien son de ahorro, no son contratos de seguro. Siguiendo a RECIO RAMIREZ[99]: "Ello ha provocado, desde siempre, una gran controversia, sobre todo, entre consumidores y usuarios de operaciones financieras que, en un momento dado, desconocían que tipo de operación habían contratado. La polémica se generalizó con la irrupción del sector bancario en el mercado asegurador. El canal bancario pronto se consolidó como un cauce perfecto para la comercialización de los contratos de seguro debido su importante red de sucursales y agentes distribuidos por todo el territorio. Es más, las entidades bancarias cuentan a su favor, con el valor de su marca, la proximidad de sus gestores a los clientes de la entidad, que se convierten en potenciales consumidores de contratos de seguros y, por último, sus bases de datos, fuente de información sobre la situación tanto personal, familiar y profesional de cada uno de ellos. Lo que hoy en día se llama Big Data en el argot de las tecnologías de la información. Las entidades bancarias hoy no sólo comercializan sus propios productos aseguradores, creando incluso sus propias compañías aseguradoras, sino que además realizan acuerdos comerciales estratégicos con otras aseguradoras para fidelizar a sus clientes".

Por tanto, las percepciones derivadas de los contratos de seguro de vida, en forma de capital o renta, sólo están sujetas la IRPF en los casos en laos que la persona del tomador y beneficiario sean la misma persona. Sin embargo, aquellas rentas procedentes de contratos de seguro que hayan sido adquiridas por el beneficiario, que no ostentaba la condición de tomador, mediante una transmisión lucrativa inter vivos (donación), tributan como rendimientos del capital mobiliario en IRPF por las rentas que se hayan generado.

El artículo 25.3.a) LIRPF distingue a la hora de sujetar a gravamen entre las percepciones en forma de capital y las percepciones en forma de renta, las percepciones en forma de capital vienen determinadas en el artículo 25.3.a) 1.º LIRPF y las percepciones en forma de renta tienen lugar cuando el perci-

---

99 **El contrato de seguro de vida en el Impuesto sobre la Renta de las Personas Físicas (con especial referencia a los rendimientos del capital mobiliario)**, ob. cit., pág. 190.

bo del contrato de seguro no consiste en un pago único de capital, sino que se produce en forma de renta, de modo periódico (mensual, trimestral o anual), siempre que no haya sido adquirida por herencia, legado o cualquier otro título sucesorio, en cuyo caso tributarían por ISD.

Por tanto, el artículo 25.3 de la Ley regula la tributación de los rendimientos derivados de operaciones de capitalización o seguros de vida, teniendo en cuenta que existen rendimientos procedentes de seguros de vida que tributan por el IRPF y, por otra parte, hay que tener en cuenta los que tributan en el Impuesto sobre Sucesiones y Donaciones.

Además, hay que matizar que no todos los seguros de vida que tributan por el IRPF se encuadran dentro de los rendimientos del capital mobiliario.

El hecho de la sujeción al IRPF y al ISD va a depender de la coincidencia o no de la condición de contratante y beneficiario del seguro, con carácter general.

II.2.D. Rendimientos del ahorro que son gravados como rendimientos del trabajo personal

La mayoría de los productos de ahorro inversión van a generar rendimientos del capital o ganancias patrimoniales. Sin embargo, algunos instrumentos generan rentas encuadradas en otras categorías conceptuales. En el caso de determinados instrumentos de ahorro que tributan dentro de los rendimientos del trabajo; se trata de los productos que comúnmente se conocen como medios de previsión social. Son aquellos instrumentos que tienen por objeto garantizar unas rentas o capitales cuando, por cualquier motivo, se cesa en la actividad productiva, sea esta por cuenta ajena o por cuenta propia, si bien su naturaleza fue parcialmente desvirtuada por alguna reforma[100].

---

100 Nos referimos especialmente a la Ley 6/2000 que suprimió el límite cualitativo de las aportaciones. Y ello por cuanto ya pueden disfrutar de estos instrumentos personas que no desarrollen actividad laboral o económica alguna. Actualmente se ha repuesto la relación entre estos instrumentos y los rendimientos de la actividad, al establecerse un límite relativo del 30% sobre los rendimientos del trabajo y los rendimientos de actividades económicas.

El estudio de los medios de previsión social se va a centrar básicamente en dos momentos. En el momento de la aportación de los fondos al producto de ahorro y en el momento de la percepción de las cantidades a que hubiere lugar. No obstante, antes de iniciar el estudio de las consecuencias fiscales haremos una breve exposición de las características de los distintos productos, así como de su régimen jurídico.

1. Instrumentos de previsión social y demás instrumentos de ahorro incluidos en esta categoría La LIRPF en su artículo 17 prevé que tendrán la consideración de rendimientos del trabajo las prestaciones derivadas de:

- Las prestaciones percibidas por los beneficiarios de planes de pensiones y las percibidas de los planes de pensiones regulados en la Directiva 2003/41/CE del Parlamento Europeo y del Consejo, de 3 de junio de 2003, relativa a las actividades y la supervisión de fondos de pensiones de empleo.
- Las prestaciones percibidas por los beneficiarios de contratos de seguros concertados con mutualidades de previsión social, cuyas aportaciones hayan podido ser, al menos en parte, gasto deducible para la determinación del rendimiento neto de actividades económicas, u objeto de reducción en la base imponible del Impuesto. En el supuesto de prestaciones por jubilación e invalidez derivadas de dichos contratos, se integrarán en la base imponible en el importe de la cuantía percibida que exceda de las aportaciones que no hayan podido ser objeto de reducción o minoración en la base imponible del Impuesto, por incumplir los requisitos subjetivos previstos en el párrafo a) del apartado 2 del artículo 51 o en la disposición adicional novena de esta Ley.
- Las prestaciones percibidas por los beneficiarios de los planes de previsión social empresarial. – Asimismo, las prestaciones por jubilación e invalidez percibidas por los beneficiarios de contratos de seguro 45 colectivo, distintos de los planes de previsión social empresarial, que instrumenten los compromisos por pensiones asumidos por las empresas, en los términos previstos en la disposición adicional primera del texto refundido de la Ley de Regulación de los Planes y Fondos de Pensiones, y en su normativa de desarrollo, en la medida en que su cuantía exceda de las contribuciones imputadas fiscalmente y de las aportaciones directamente realizadas por el trabajador.

- Las prestaciones percibidas por los beneficiarios de planes de previsión asegurados. Por tanto, la Ley ha previsto la tributación como rendimientos del trabajo de ciertas prestaciones percibidas de determinados instrumentos de previsión social que podemos sintetizar en cuatro grupos, que más tarde analizaremos detenidamente, a saber: – planes de pensiones – mutualidades de previsión social – planes de previsión asegurados – seguros colectivos

El legislador ha entendido que estas rentas deben tributar como rendimiento del trabajo y así lo hace constar, sin que exista ninguna causa que fundamente tal decisión.

Se ha justificado el tratamiento como rendimiento del trabajo, si quiera parcialmente en lo referente a los trabajadores, por cuanto se trataba de una renta diferida en el tiempo que provenía de rendimientos del trabajo o de la actividad económica. Se consideran rendimientos del trabajo las prestaciones percibidas por los beneficiarios de los planes de pensiones, sean los beneficiarios propios de los planes o sus herederos. Tal calificación está justificada cuando los planes son de la modalidad llamada "sistema empleo" (...). En esta clase de planes está claro que las prestaciones recibidas por los beneficiarios se vinculan en última instancia a la actividad de trabajo realizada por los partícipes. Pero esa conexión con la actividad de trabajo no existe cuando las prestaciones proceden de planes de las restantes modalidades.

El tratamiento recibido puede volver a justificar esa decisión, si bien se podría contrargumentar dos hechos:

- No sólo se vincula a rentas del trabajo sino también a rendimientos de la actividad.
- No siempre el tratamiento ha estado vinculado al origen de las rentas.

Y así, en sucesivas reformas de la LIRPF se desvinculó completamente si bien es cierto que las últimas reformas han vuelto a poner en valor el requisito tradicional de vincular las reducciones a la obtención de rentas del trabajo o la actividad. Por tanto, bien podría decirse que la decisión del legislador no resulta obligada pero tampoco arbitraria y que, si bien podía encajar en otra categoría como rendimiento del capital mobiliario, tampoco parece descabellado su calificación actual, máxime cuando es la que tienen las prestaciones derivadas de sistemas públicos de protección social, con lo que ambas resultan equiparadas.

Sobre la calificación de determinados rendimientos, como rendimientos del trabajo o de capital mobiliario, el Auto del Tribunal Supremo, TS (Sala de lo Contencioso-Administrativo, Sección 1.ª) Auto de 29 junio 2022 (JUR\2022\231925, en concreto, si una determinada renta debe tributar en uno u otro concepto.

Los artículos 17.2 y 25.3 de la Ley 35/2006, de 28 de noviembre, del Impuesto sobre la Renta de las Personas Físicas y de modificación parcial de las leyes de los Impuestos sobre Sociedades, sobre la Renta de no Residentes y sobre el Patrimonio (BOE de 29 de noviembre) ["LIRPF"].

El recurrente solicitó la rectificación de su autoliquidación del IRPF del ejercicio 2015 (declaración complementaria presentada el 29 de septiembre de ese mismo año), **al entender que del importe declarado bajo el apartado de rendimientos del trabajo debía excluirse una cuantía (coincidente con la cantidad percibida en ese ejercicio del RVPC) que había de calificarse como rendimiento procedente de operaciones de capitalización**, resultando como consecuencia de ello una cuota a devolver por importe de 7.552,72 euros; la Oficina de Gestión Tributaria de la Administración de Alcobendas desestimó la citada solicitud del ejercicio 2015.

Contra esta resolución el interesado interpuso reclamación económico-administrativa ante el Tribunal Regional de Madrid.

El 26 de julio de 2019, el Tribunal Regional de Madrid dictó resolución por la que estimó parcialmente la reclamación económico-administrativa y anuló el acuerdo de liquidación impugnado para que fuera sustituido por otro que tuviera en cuenta el criterio establecido por el TEAC en la resolución al recurso extraordinario de alzada para la unificación de criterio de 10 de julio de 2019, núm. 8612019 R. G., interpuesto por el Director del Departamento de Gestión Tributaria de la AEAT.

El TEAC había unificado el criterio relativo a la cuestión planteada en el sentido siguiente: "Las cantidades percibidas por los eurodiputados procedentes del sistema de pensión complementaria, de carácter voluntario, tributan con arreglo a la naturaleza jurídica que tales rentas tienen y, por ello, una tercera parte de las mismas son rendimientos del capital mobiliario que tributan como lo hace una renta vitalicia inmediata, mientras que los otros dos tercios tienen a efectos de su tributación la consideración de rendimientos del trabajo".

El interesado interpuso recurso contencioso-administrativo contra la mencionada resolución, que se tramitó con el número 1465/2019 ante la Sección Quinta Sala de lo Contencioso-Administrativo del Tribunal Superior de Justicia de Madrid.

La ratio decidendi de la sentencia sobre este particular se contiene en el fundamento de derecho quinto con el siguiente tenor literal:

> "Una vez delimitadas las cuestiones suscitadas por las partes, se debe poner de manifiesto que la Ley 35/2006, de 28 de noviembre, del Impuesto sobre la Renta de las Personas Físicas, en su art. 17.2.b) establece que en todo caso, tendrán la consideración de rendimientos del trabajo "Las cantidades que se abonen, por razón de su cargo, a los diputados españoles en el Parlamento Europeo, a los diputados y senadores de las Cortes Generales, a los miembros de las asambleas legislativas autonómicas, concejales de ayuntamiento y miembros de las diputaciones provinciales, cabildos insulares u otras entidades locales, con exclusión, en todo caso, de la parte de aquellas que dichas instituciones asignen para gastos de viaje y desplazamiento."

En el presente caso resulta evidente que las aportaciones que efectuó el Parlamento Europeo a los diputados españoles en el porcentaje de dos tercios de las aportaciones totales lo fueron por la condición de eurodiputados, con independencia del instrumento utilizado para abonar tales cantidades.

Por otro lado, el artículo 13 de la Ley General Tributaria establece que "Las obligaciones tributarias se exigirán con arreglo a la naturaleza jurídica del hecho, acto o negocio realizado, cualquiera que sea la forma o denominación que los interesados le hubieran dado, y prescindiendo de los defectos que pudieran afectar a su validez."

Por tanto, la administración tributaria no se encuentra vinculada por la calificación que hubieran realizado las partes a las aportaciones efectuadas por el Parlamento Europeo, pues lo determinante a los efectos del impuesto sobre la renta de las Personas Físicas en España es que son cantidades abonadas por la condición de eurodiputados, pues de no tener tal condición no hubieran recibido la aportación de los 2/3 del Parlamento Europeo. De tal manera que la circunstancia de que se hubiera utilizado el instrumento de una SICAV radicada en Luxemburgo no altera la naturaleza ser una percepción del Parlamento Europeo por razón del cargo de eurodiputados.

Frente a las alegaciones del recurrente, hay que precisar que el precepto transcrito no limita el ámbito temporal en cuanto al ejercicio del cargo de eurodiputado, de manera que hay que considerar que es aplicable a las cantidades percibidas en el ejercicio, aunque ya no ostente la condición de eurodiputado, pues el mencionado precepto contempla cantidades que se abonen, por razón de su cargo, a los diputados españoles en el Parlamento Europeo, y la cantidad percibida, en la parte de los 2/3 es una cantidad percibida por razón de su cargo, como se ha dicho.

Por otro lado, en cuanto a las alegaciones de la demanda sobre la pretendida imposibilidad de dividir los conceptos de la cantidad percibida, debe puntualizarse que la Ley del Impuesto no establece que no pueda dividirse atendiendo a la correcta calificación de cada parte del importe percibido, pues deberá atenderse a la correcta naturaleza jurídico tributaria y su correcta calificación a efectos del Impuesto, de cada parte, cuando, además, como en el presente caso queda perfectamente determinado el porcentaje correspondiente a la percepción que procede de las aportaciones del Parlamento Europeo.

De otro lado, tampoco puede pretenderse que la calificación del 1/3 de aportaciones del diputado ahora recurrente extienda su calificación al 2/3 de la aportación del Parlamento europeo, pues si se atendiera a un criterio cuantitativo no parece lógico que la calificación de 1/3 arrastre a la calificación del porcentaje mayor de 2/3.

La pretensión del recurrente supondría dejar de aplicar lo dispuesto en el art. 17 citado de la Ley 35/2006, pues dicho precepto resulta muy claro en cuanto a la consideración ex lege como rendimientos del trabajo de las cantidades que se abonen, por razón de su cargo, a los diputados españoles en el Parlamento Europeo. Por tanto, no se trata de valorar si las funciones de los diputados en el Parlamento Europeo reúnen o no los requisitos para considerar sus funciones como trabajo dependiente, sino que lo que hace el Legislador es calificarlas como rendimientos del trabajo a los efectos del Impuesto sobre la Renta de las Personas Físicas.

Por tanto, no puede considerarse que el importe de los 2/3 que se corresponde con las aportaciones del Parlamento Europeo constituyan rendimientos del capital mobiliario, pues la propia Ley del Impuesto expresamente les atribuye la calificación de rendimientos del trabajo, con independencia de la forma en la que se haya instrumentalizado el pago, como ya se ha indicado.

En consecuencia, procede la desestimación del recurso contencioso administrativo, declarando conforme a Derecho la resolución recurrida del TEAR".

La citada sentencia constituye el objeto del presente recurso de casación.

1. A estos efectos, el recurrente plantea la necesidad de interpretar el artículo 17.2.b) LIRPF, relativo a "Rendimientos íntegros del trabajo",
2. También será preciso interpretar los apartados 3.a).2.º y 3.b) del artículo 25 LIRPF, sobre "Rendimientos íntegros del capital mobiliario", que señala:

La Sección de admisión aprecia que el presente recurso presenta interés casacional objetivo para la formación de jurisprudencia, respecto de la siguiente cuestión:

Determinar si las cantidades percibidas por los ex parlamentarios de la Unión Europea, procedentes del régimen voluntario de pensión complementaria del Parlamento Europeo, deben tributar como rendimientos del trabajo con arreglo al artículo 17.2.b) de la LIRPF o bien como rendimientos de capital mobiliario del artículo 25.3 del mismo texto legal.

Esta cuestión presenta interés casacional objetivo para la formación de jurisprudencia porque en la sentencia recurrida se han aplicado normas que sustentan la razón de decidir sobre las que no existe jurisprudencia del Tribunal Supremo [artículo 88.3.a) LJCA], y además, la cuestión planteada afecta a un gran número de situaciones [artículo 88.2.c) LJCA], lo que hace conveniente un pronunciamiento del Tribunal Supremo que la esclarezca, en beneficio de la seguridad jurídica y de la consecución de la igualdad en la aplicación judicial del Derecho (artículos 9.3 y 14 CE).

La cuestión que presenta interés casacional objetivo para la formación de la jurisprudencia consiste en:

Determinar si las cantidades percibidas por los ex parlamentarios de la Unión Europea, procedentes del régimen voluntario de pensión complementaria del Parlamento Europeo, deben tributar como rendimientos del trabajo con arreglo al artículo 17.2.b) de la LIRPF o bien como rendimientos de capital mobiliario del artículo 25.3 del mismo texto legal.

II.2.E. Otros rendimientos del capital mobiliario

El artículo 25 de la LIRPF en su apartado 4, regula los que denomina "otros rendimientos del capital mobiliario". En dicho concepto resultan englobados determinados rendimientos, sin que haya un nexo común que los una, de forma que viene a ser una especie de cajón de sastre, donde todo cabe. El único criterio que permite atribuirles el carácter de rendimientos del capital mobiliario es el proceder de bienes, derechos o actividades que no son inmuebles, o que predominantemente no constituyen inmuebles. De ahí la importancia que les otorga la norma al distinguirlos de otros rendimientos, singularmente de los rendimientos de actividades económicas.

En concreto estos rendimientos son los siguientes:

- Rendimientos procedentes de la propiedad intelectual cuando el contribuyente no sea el autor y los procedentes de la propiedad industrial que no se encuentre afecta a actividades económicas realizadas por el contribuyente. Es imprescindible que el preceptor de la renta no sea el autor para que haya un rendimiento del capital. Ello es así porque en el caso de que el autor sea el que obtiene los rendimientos nos encontraremos ante uno de los siguientes supuestos:

  a) Rendimiento del trabajo: así se contempla para algunas cesiones de derecho de autor por la propia LIRPF, artículo 16.2.d) siempre que ceda a terceros los derechos de explotación.

  b) Rendimiento de actividad económica, si incorpora sus derechos a la actividad productiva que desarrolla.

  Dichas rentas serán las derivadas de la explotación de los citados derechos y no las derivadas de la transmisión de los mismos, en cuyo caso estaríamos en el ámbito de las ganancias y pérdidas patrimoniales, puesto que se manifiesta una variación en la composición del patrimonio del contribuyente.

- Rendimientos derivados de la propiedad industrial, son las rentas procedentes de la propiedad industrial (fundamentalmente patentes y marcas), en los supuestos, poco frecuentes, de que no se encuentren afectas a actividades económicas.
- Los procedentes de la prestación de asistencia técnica, salvo que dicha prestación tenga lugar en el ámbito de una actividad económica. Lo que, por otra parte, será lo más habitual. La primera observación que nos plantea este gravamen es que la expresión asistencia técnica no tiene un contenido netamente definido en nuestro sistema tributario. La referencia más común a este concepto se enmarca en la tributación de los no residentes en territorio español sin establecimiento permanente en el mismo, dado que las rentas derivadas de la asistencia técnica presentan la singularidad de un régimen de deducción de ciertos gastos.

  Podemos señalar siguiendo la doctrina[101] que estos servicios "son aquellos contratos de transferencia de tecnología de contenido muy diverso y en los que se comprende en general la transmisión de conocimientos necesarios para la producción, fabricación o distribución de un producto, incluyendo tanto la transmisión de conocimientos patentables como no patentables, así como labores de asesoramiento y asistencia para el montaje de equipos industriales, o de formación del personal."

  La propia definición de los servicios que deben entenderse incluidos en el concepto de asistencia técnica ya resulta por lo tanto compleja. No obstante, por las características que los podrían definir, lo que resulta difícil es que estos servicios se presten por personas que no realicen actividades empresariales o profesionales.

  Por tanto, el rendimiento obtenido por la persona que presta estos servicios será considerado rendimiento del capital mobiliario, excep-

101 VV.AA., **Comentarios al Impuesto sobre la Renta de las Personas Físicas y al Impuesto sobre la Renta de No Residentes,** Cuatrecasas Aranzadi, Navarra, 2000, págs. 620 y 621.

to que se presten en el ámbito de la actividad económica propia del prestador del servicio.

- Los procedentes del arrendamiento de bienes muebles, negocios o minas, así como los procedentes del subarrendamiento percibidos por el subarrendador, que no constituyan actividades económicas. El principal problema de deslinde se presenta en el caso de arrendamientos de negocios en los que se incluyan bienes inmuebles, pues en tal caso cabe plantearse la duda de si calificar el rendimiento del capital como mobiliario o inmobiliario. La forma de diferenciar unos de otros estribaría en distinguir el objeto del contrato. Si éste se refiere al local en que se desarrolla la actividad, estaríamos ante un rendimiento del capital inmobiliario. Si lo que se arrienda es una unidad patrimonial con vida propia susceptible de ser inmediatamente explotada o que puede serlo con escasas formalidades nos encontraríamos con un arrendamiento de negocio. Aceptando la distinción del autor, creemos conveniente puntualizar que la inexistencia de un concepto de empresa en nuestro ordenamiento puede dificultar enormemente la distinción práctica, pues de tal inexistencia se sigue una atomización de la empresa de forma que su transmisión, en este caso temporal, puede manifestarse en una pluralidad de actos desconectados los unos de los otros.

  Estos rendimientos, al igual que los derivados de la asistencia técnica, tienen un tratamiento especial y más beneficioso para la deducción de gastos en la determinación de los rendimientos netos.

- Los procedentes de la cesión del derecho a la explotación de la imagen o del consentimiento o autorización para su utilización, salvo que dicha cesión tenga lugar en el ámbito de una actividad económica: claramente nos encontramos ante una fuente de rendimientos que difícilmente puede englobarse en lo que comúnmente se entiende por capital mobiliario. Además, en la mayor parte de las ocasiones se va a realizar bien por el titular, bien en el ejercicio de una actividad económica. Teniendo en cuenta la naturaleza de los rendimientos y el objetivo de nuestra obra no profundizaremos en este apartado por no resultar instrumentos idóneos para materializar el ahorro mobiliario.

II.2.F. *Los derechos de imagen como rendimientos del capital mobiliario en el Impuesto sobre la Renta de las Personas Físicas*

De todos los rendimientos objeto de gravamen como rendimientos del capital mobiliario, quizás el más extraño a lo que es un rendimiento de capital mobiliario sean los derechos de imagen, por esta razón voy a detenerme en un desarrollo más extenso.

El artículo 18.1 de la Constitución Española consagra el derecho fundamental a la propia imagen, junto al derecho a la intimidad y el derecho al honor, como derecho de la personalidad. A pesar de que dichos derechos se han desarrollado normativamente en el Ley Orgánica 1/1982, de 5 de mayo, de protección civil del derecho al honor a la intimidad personal y familiar y a la propia imagen, ha sido la jurisprudencia la que ha ido delimitando el contenido y alcance de este derecho, reconociendo asimismo una vertiente patrimonial del mismo, como consecuencia de la explotación patrimonial de la propia imagen.

En nuestro país existen dos vías para tributar por los derechos de imagen: rendimientos del capital mobiliario o bien como rendimiento de actividades económicas, siendo aún discutible el carácter mercantil o laboral de la explotación de los mismos, tal y como se observa por ARIAS DOMÍNGUEZ[102]. Sin embargo, la práctica más extendida entre los deportistas profesionales es explotar los derechos de imagen a través de sociedades creadas por los mismos deportistas o por algún emisario o representante suyo que, a su vez, cede los derechos de imagen al club donde el deportista está prestando servicios. Legal o no, esa es la cuestión. Además, según parte de la doctrina no puede ser calificado como rentas del trabajo esta añagaza fiscal de la cesión de derechos de imagen a una sociedad tercera.

Dentro de la vía societaria de explotación de los derechos de imagen, existen dos posibilidades jurídicas para su tributación, que son las siguientes:

---

102 ARIAS DOMÍNGUEZ, A., "De nuevo sobre el carácter mercantil o laboral de la explotación de los derechos de imagen de los deportistas profesionales y sus consecuencias procesales", **Revista Aranzadi de Derecho del Deporte y Entretenimiento** núm. 13, 2005, pp. 327-331.

Vínculo contractual del deportista con la sociedad para que el deportista ceda a la sociedad la explotación de los derechos de imagen, en su totalidad o un porcentaje de estos, puesto que estos derechos también pueden ser cedidos en parte.

Vínculo contractual de la sociedad creada por el deportista con el club donde la empresa cede los derechos de imagen al club en cuestión.

Ambas posibilidades pueden estar camuflando los ingresos por derechos de imagen como salario, puesto que al estar cediendo al club la explotación de esos derechos, de un modo u otro, el club repercutirá en el salario del deportista esos ingresos de los cuales también es beneficiario, tal y como indica BANACLOCHE PALAO[103].

La razón estriba, principalmente, en que si se explotan los derechos de imagen mediante una sociedad estos ingresos tributan por un tipo del 30%, es decir, vía Impuesto de Sociedades; mientras que si se hace como persona física —deportista particular y no sociedad— las rentas obtenidas a través de la imagen tributarían alrededor del 45%, es decir, por el IRPF.

La legislación española permite esta maniobra fiscal, siempre y cuando los ingresos percibidos como imagen no superen el 15% de los ingresos totales de futbolista, puesto que, si no se estaría incurriendo, como se ha mencionado anteriormente, en un camuflaje del salario mediante una sociedad interpuesta, como así lo manifiesta PEDREIRA MENÉNDEZ[104]. en los siguientes términos: "que el contrato laboral entre el deportista y el club incluye la cesión del derecho a la explotación de su imagen dentro del ámbito de las actuaciones deportivas en las que participe el club, pero no fuera de las mismas, esto es, no se autoriza a que se vendan camisetas, fotos, poster, etc. con la imagen."

---

103 BANACLOCHE PALAO, C., "Tributación de las cantidades satisfechas por los clubes de fútbol a las sociedades cesionarias de los derechos de imagen de los deportistas", Revista Aranzadi de Derecho del Deporte y Entretenimiento núm. 17, 2006, pp. 373-377.

104 PEDREIRA MENÉNDEZ, J., "La tributación de los derechos de imagen de los deportistas vinculados por relaciones laborales", **Estudios Financieros-Revista de Contabilidad y Tributación** núm. 214, 2001, pp. 3-42.

Del mismo modo, existe otro tipo de tributación más ventajosa que es la que están utilizando la mayoría de los deportistas, españoles o no, con unos ingresos importantes en concepto de derechos de imagen que consiste en la cesión de los derechos a un sponsor para que explote totalmente esos ingresos y, una vez explotados, ingresa los beneficios a las sociedades de los deportistas tributando por el Impuesto de Sociedades.

También existe una discusión sobre dónde son generadas esas rentas por derechos de imagen, debido a que los anunciantes y deportistas esgrimen que los anuncios se visualizan en muchos países a la vez y por tanto son rentas que no tienen su origen en España, y debieran ser clasificadas como internacionales y tributar en el país donde radica la sociedad titular de los derechos de imagen, así lo defiende TOVILLAS MORÁN[105]. Esa es la opinión contraria a la hacienda española, puesto que la Agencia Tributaria sostiene que el deportista genera esos derechos de imagen a raíz y gracias a su actividad como deportista en España.

La calificación de la explotación de los derechos de imagen como un rendimiento del capital mobiliario no está exento de problemas de calificación, que surgen a la vista de lo establecido en la LIRPF.

Nos preguntamos si está calificación de la explotación de los derechos de imagen como rendimientos del capital mobiliario es la más acertada a efectos de su gravamen.

Nos encontramos ante una materia, el gravamen de la explotación de los derechos de imagen, que no acaba de estar resuelta en el ámbito jurídico tributario, y por otro lado, se trata de una materia imponible que hace llegar no despreciables cantidades de dinero a las arcas públicas, por cuanto afecta a un tipo de contribuyente que genera importantes rendimientos desde el punto de vista cuantitativo.

La LIRPF no es clara en esta materia y por otro lado existen mecanismos de ingeniería financiera que consiguen una menos tributación para este tipo de contribuyentes.

---

105 TOVILLAS MORÁN, J. M., **El tratamiento tributario del derecho de imagen**, Marcial Pons, 2001, pp. 34-59.

Estamos ante un derecho innato en toda persona, así la jurisprudencia del TC a través de la STC 231/1988, avala esta interpretación considerando que el derecho a la propia imagen es "un derecho personalísimo y ligado a la misma existencia del individuo y la personalidad que se extingue por la muerte de las personas, como indica artículo 32 del Código Civil.

La STS de 17 de noviembre lo define como un derecho absoluto ejercitable erga omnes, lo que significa que se puede proteger frente a cualquier intromisión ilegítima a través del procedimiento constitucional del artículo 53.2 de la Constitución Española o por las vías procesales ordinarias.

Nosotros nos dedicamos en este apartado del trabajo, el gravamen de los rendimientos que genera la explotación de los derechos de imagen, al estudio del derecho patrimonial a la imagen que está formado por el conjunto de facultades que forman parte de la imagen de una persona y son susceptibles de explotación económica y comercialización, y en consecuencia, susceptibles de ser gravadas fiscalmente al ser manifestaciones de la renta del titular.

La LIRPF contiene hasta cinco referencias diferentes de los derechos de imagen a lo largo de su articulado. Los rendimientos que provienen de la explotación de los derechos de imagen se pueden considerar como rendimientos del capital mobiliario, como rendimientos de actividades económicas, como imputaciones de renta por la cesión de los derechos de imagen, imputaciones de renta en el régimen de transparencia fiscal internacional y como rentas exentas en caso de indemnización por la vulneración del derecho fundamental a propia imagen.

Esta extensa mención a los derechos de imagen en la regulación del IRPF supone que la casuística y problemática sea muy amplia. Por ello, la calificación y tributación de los derechos de imagen es un asunto muy discutido por la doctrina y la jurisprudencia, sin haber llegado todavía a una solución pacífica al respecto.

Los derechos de imagen se califican en primer lugar como rendimientos de capital mobiliario en el artículo 25.4 d) LIRPF que indica: "Quedan incluidos en este apartado, entre otros, lo siguientes rendimientos, dinerarios o en especie: d) Los procedentes de la cesión del derecho a la explotación de la imagen o del consentimiento o autorización para su utilización, salvo que dicha cesión tenga lugar en el ámbito de una actividad económica".

Los artículos 17 a 21 del Reglamento del IRPF, que contienen el desarrollo reglamentario general de los rendimientos del capital mobiliario, no incluyen un artículo específico para los rendimientos del capital mobiliario procedentes de la cesión de los derechos de imagen.

Este puede ser considerado el tratamiento tributario habitual de los derechos de imagen en los casos en que los rendimientos que se obtengan procedan de la cesión del derecho, el consentimiento o autorización para su uso.

Es claro que nos encontramos ante un tipo de rendimientos que nada tiene que ver con la definición de rendimientos de capital que contiene en artículo 25 LIRPF. Estos derechos se encuentran regulados junto a otros derechos como la propiedad intelectual, la prestación de asistencia técnica y el arrendamiento de bienes muebles, negocios o minas por razones de política legislativa más que por cualquier otra. Estos rendimientos se integran en la base imponible general, sometidos a tipos progresivos de gravamen, que como es sabido suponen un incremento de la cuota tributaria.

Tenemos supuestos en los que los rendimientos derivados de la explotación de los derechos de imagen no se califican como rendimientos del capital mobiliario. Así se señala expresamente en el artículo 25.4 d) in fine donde se señala "salvo que dicha cesión tenga lugar en el ámbito de una actividad económica". Por tanto, y en segundo lugar, en los casos en que los derechos de imagen sean utilizados por el titular del derecho en el ámbito de una actividad económica serán calificados como rendimientos derivados de actividades económicas. Y ello es así porque el titular de los derechos de imagen gestiona su propia imagen por su cuenta y riesgo.

La tercera referencia a los derechos de imagen en la LIRPF es la relativa a la imputación de rentas del art.92 LIRPF bajo la rúbrica "imputación de rentas por la cesión de los derechos de imagen" (incluido en la sección 4.ª Derechos de imagen dentro del Título X Regímenes especiales).

Este precepto "tiene por objeto evitar la elusión de la progresividad por aquellos contribuyentes que pueden canalizar una parte importante de su actividad (por sus derechos de imagen) a través de la contraprestación por la cesión a terceros de sus derechos de imagen".

El primer apartado del artículo 92.1 LIRPF establece las tres circunstancias que tienen que concurrir para que el contribuyente, titular del derecho de imagen cedido, impute la renta correspondiente al rendimiento obtenido en la base imponible general del IRPF. Estas circunstancias son:

> "a) Que hubieran cedido el derecho a la explotación de su imagen o hubiesen consentido o autorizado su utilización a otra persona o entidad, residente o no residente. A efectos de lo dispuesto en este párrafo, será indiferente que la cesión, consentimiento o autorización hubiese tenido lugar cuando la persona física no fuese contribuyente. La primera circunstancia que se ha de dar es que se produzca la cesión del derecho a la explotación a la imagen. En cualquier caso, el titular del derecho de imagen ha de ser residente en el momento de la imputación de rentas puesto que, si no lo es, no sería contribuyente del IRPF.
>
> b) Que presten sus servicios a una persona o entidad en el ámbito de una relación laboral. Este segundo requisito se refiere a la existencia de una relación laboral entre el titular del derecho a la imagen con una entidad que no ha de ser la cesionaria de los derechos de imagen a efectos del anterior requisito. Este es el caso del deportista profesional de un deporte de tipo colectivo (futbolista, jugador de baloncesto, etc) que mantiene una relación laboral con su club y a su vez es probable que haya cedido sus derechos de imagen a una entidad diferente. Por tanto, los deportistas profesionales cuyos rendimientos de imagen tributen conforme al Art.25.4 d) in fine como rendimientos de actividades económicas, no están sometidos al régimen de imputación de rentas de este Art.92 LIRPF, puesto que no tienen relación laboral con el que les paga por desempeñar ese deporte individual (tenis, boxeo, etc).
>
> c) Que la persona o entidad con la que el contribuyente mantenga la relación laboral, o cualquier otra persona o entidad vinculada con ellas en los términos del artículo 16 del texto refundido de la Ley del Impuesto sobre Sociedades, haya obtenido, mediante actos concertados con personas o entidades residentes o no residentes la cesión del derecho a la explotación o el consentimiento o autorización para la utilización de la imagen de la persona física." Este tercer requisito establece la necesidad de vinculación entre la entidad cesionaria de la explotación de los derechos de imagen mencionada en el primer requisito de este precepto con la parte contratante del deportista que, siguiendo el ejemplo antedicho, sería el club deportivo.

Junto a estos requisitos, para que se considere una imputación de rentas, es necesario que se cumpla con la previsión que contiene el segundo apartado del Art. 92 LIRPF y que dice así: "La imputación a que se refiere el apartado anterior no procederá cuando los rendimientos del trabajo obtenidos en el período impositivo por la persona física a que se refiere el párrafo primero del apartado anterior en virtud de la relación laboral no sean inferiores al 85 por ciento de la suma de los citados rendimientos más la total contraprestación a cargo de la persona o entidad a que se refiere el párrafo c) del apartado anterior por los actos allí señalados". Por tanto, aunque el precepto no es del todo claro, se requiere que los rendimientos del trabajo declarados en ese periodo sean superiores al 27 por ciento de la cantidad obtenida por la suma de los rendimientos del trabajo y la contraprestación a cargo de la persona o entidad con la que el titular del derecho de imagen mantiene la relación laboral. Un supuesto similar a la imputación de rentas pero que presenta cierta particularidad es el caso del régimen de transparencia fiscal internacional que contiene el Art.91 LIRPF.

El TSJ de Cataluña se pronunció sobre la incompatibilidad del régimen de imputación de rentas por la cesión de derechos de imagen de la Ley del IRPF (artículo 92) con la normativa de operaciones vinculadas en sendas sentencias de 20 de abril de 2021 (JT 2021, 573) y (JT 2021, 575).

El supuesto de hecho es muy común: futbolista de élite constituye una sociedad a través de la cual gestiona la explotación de sus derechos de imagen y dicha sociedad presta servicios y cede la explotación de la imagen del jugador al club de fútbol al que este presta servicios. En este caso, lo que percibía el jugador por su relación laboral con el club superaba el 85% de la suma de los rendimientos del trabajo y de los derivados de la cesión de sus derechos de imagen al club, y, por ello, la Administración Tributaria consideró que no procedía la imputación de rentas por la cesión de derechos de imagen prevista en el artículo 92 de la Ley de IRPF. Sin embargo, a su juicio, cabía calificar las rentas obtenidas por la cesión del derecho a la explotación de su imagen como rendimientos de capital mobiliario, en virtud del artículo 25.4 de la Ley de IRPF, y, en la medida en que existía vinculación entre el deportista y su sociedad, concluía que las operaciones realizadas entre estos dos últimos debían valorarse por su valor normal de mercado. Al final, como desde su punto de vista, el principal medio de producción de la sociedad era el jugador y los servicios prestados por este tenían un marcado carácter intuito personae, acababa trasladando todo el beneficio obtenido por la sociedad al futbolista.

El jugador había venido defendiendo que tal conclusión desnaturalizaba el régimen establecido en el artículo 92 de la Ley del IRPF y que nuestro ordenamiento permite que sea una sociedad quien gestione la explotación de los derechos de imagen de un deportista.

Sin embargo, el TEAR de Cataluña sostenía que el régimen del artículo 92 de la LIRPF no excluía per se el análisis de las operaciones vinculadas porque «dicho artículo contempla una relación empleador-empleado donde no hay vinculación y donde las retribuciones pactadas se sobreentiende que son de mercado».

Dirigiendo su defensa ante el TSJ de Cataluña, decidimos traer a colación las acertadas reflexiones contenidas en la sentencia del Tribunal Supremo de 28 de marzo de 2012 (RJ 2012, 5547), en las que se ponía de manifiesto que el precepto surgió para limitar el uso de sociedades interpuestas por parte de deportistas de élite con las que diferir la tributación de la explotación de sus derechos de imagen y que a tal efecto, se diseñó un régimen en el que « es irrelevante cuál sea el porcentaje de participación en la sociedad, (...) la composición de (...) su accionariado (...) e incluso que sea o no transparente (...) ». Entendimos por ello, que el precepto partía precisamente, de una vinculación entre los actores en mayor o menor porcentaje.

El Abogado del Estado pretendió generar confusión al Tribunal, al considerar que del artículo 92.8 de la Ley del IRPF se desprende que la valoración de la contraprestación no es lo mismo que la imputación del rendimiento obtenido por la contraprestación y por eso, consideraba que el precepto preveía la posibilidad de tener que valorar las rentas. Sin embargo, lo único que prevé el citado artículo es la necesidad de valorar a mercado las rentas satisfechas en especie (que, por su propia naturaleza, deben cuantificarse), no siendo ello equiparable con la valoración a mercado de las operaciones vinculadas, que no tiene por objetivo la mera cuantificación de la renta sino evitar las transferencias de rentas entre partes vinculadas; en este caso, entre sociedad cesionaria y socio, que es precisamente el mismo objetivo del artículo 92 de la Ley del IRPF.

Apuntamos también que si lo que justifica que la sociedad no aporte ningún valor añadido a los servicios prestados es el hecho que la cesión de derechos de imagen es una prestación de servicios de carácter personalísimo, esta misma circunstancia se da con independencia de si la sociedad cesionaria es o no vinculada y, por tanto, con tales razonamientos, el artículo 92 de la LIRPF no tendría ningún sentido.

El Abogado del Estado oponía igualmente que cabe valorar el servicio entre el deportista y la sociedad cesionaria de sus derechos de imagen, porque bastaría con que esta disminuyere aquello que ha de atribuir al deportista para que el beneficio de la explotación de la imagen quedara retenido en la sociedad. Pero tal posibilidad no existe porque el legislador ya ha establecido en el artículo 92 de la Ley del IRPF cómo debe ser esa distribución de rentas para ser conforme al ordenamiento tributario.

Finalmente, y aunque el Letrado del Estado blandía a su favor una sentencia que supuestamente confirmaba sus conclusiones, los razonamientos expuestos han sido suficientes para que el TSJ de Cataluña haya dado la razón al jugador, anulando la regularización por la valoración a mercado de la cesión de sus derechos de imagen a su sociedad[106].

La conclusión general que se puede destacar es, que la calificación tributaria de los derechos de imagen que consagra la LIRPF ha sido y es muy controvertida a nivel político, jurisprudencial y doctrinal.

Diversos autores abogan por una reforma de la regulación del IRPF para dar cabida a las distintas realidades que contiene la calificación de estos rendimientos. Una primera conclusión que se puede resaltar se refiere al hecho de que bajo la denominación del derecho a la propia imagen que reconoce el Art. 18.1 CE, la jurisprudencia y la doctrina distinguen dos derechos diferentes.

Estos derechos son: el derecho fundamental, personalísimo, irrenunciable e intransmisible a la propia imagen y el derecho legal patrimonial a la explotación de la imagen, recogido en el Art. 7.6 de la LO 1/1982, de 5 de mayo, de protección civil del derecho al honor, a la intimidad personal y familiar y a la propia imagen. A pesar de que ambos derechos se refieren objetivamente a la misma realidad, los atributos que conforman la imagen de una persona (la imagen, la voz, el nombre o incluso la firma), las garantías, medios de protección y facultades de uno y otro derecho son diferentes. Mientras que la protección jurídica de este derecho se explica conforme a su configu-

---

106 Laura Pla, Jaume Bonet, Carles Quindós, "Aplicación del régimen de imputación de rentas por la cesión de derechos de imagen de la ley del IRPF a relaciones en las que hay vinculación", **Actualidad Jurídica Aranzadi** num. 978/2021. BIB 2021\5047.

ración como derecho fundamental, es la configuración de este derecho legal patrimonial la que permite explicar la explotación económica de la imagen de una persona que genera rendimientos económicos sujetos a gravamen por la LIRPF. Además, se ha resaltado la importancia que se le concede al consentimiento del titular del derecho a la imagen a la hora de determinar cuándo las conductas son antijurídicas o son conformes a derecho.

En este sentido, en el plano de la explotación económica de los derechos de imagen, cualquier contrato (publicitario, merchandising, laboral, etc.) que cuente con el consentimiento expreso del titular de la imagen será válido y no constituirá una intromisión ilegítima. Asimismo, debido al papel preponderante que se le concede al consentimiento, la revocación de este supone la resolución de los contratos de cesión de la explotación del derecho a la imagen y de todos los contratos y actuaciones que dependan de ese consentimiento inicial.

En segundo lugar, a lo largo de este trabajo se han destacado varias calificaciones que la LIRPF dedica a los rendimientos obtenidos por la explotación de la imagen de una persona. Estos rendimientos se pueden calificar según la LIRPF como rendimientos del capital mobiliario, rendimientos de actividades económicas e imputaciones de renta. Además, tal y como se ha esgrimido, en determinados casos la calificación de estos rendimientos debería ser la de rendimientos del trabajo, cuando se enmarcan en el ámbito de una relación laboral. Entre estas calificaciones, el legislador ha querido dar un papel central a la calificación como rendimientos del capital mobiliario, puesto que esta calificación contiene situaciones muy diferentes en la práctica.

Siguiendo a MENÉNDEZ MORENO[107] cabe preguntarse cuál es, entonces, el alcance que debe darse a la calificación de los derechos de imagen como rendimientos del capital mobiliario del artículo 25.4.d) LIRPF. Porque, en efecto, como se ha podido comprobar, una parte de las rentas calificadas por la LIRPF como rendimientos del capital se han reconducido a otros orígenes de renta contemplados en el artículo 6.2 LIRPF. Y es precisamente este «vaciamiento» del alcance del citado artículo 25.4.d) LIRPF lo que su-

107 "El alcance de la calificación de los derechos de imagen como derechos del capital", **Revista Quincena Fiscal** núm 18/2020, BIB 2020/36184.

giere la conveniencia de delimitar su contenido, que, como se ha reiterado, califica de rendimientos del capital mobiliario a: «*Los procedentes de la cesión del derecho a la explotación de la imagen o del consentimiento o autorización para su utilización, salvo que dicha cesión que tenga lugar en el ámbito de una actividad económica*».

La primera posibilidad de dar «contenido» a la calificación como rendimientos del capital que contempla el precepto que se acaba de trascribir cabe referirla a los obtenidos por quienes no sean titulares originarios de la imagen cuya explotación genera dichos rendimientos. Serían, proverbialmente, los supuestos análogos a los contemplados en la letra a) del mismo artículo 25.4 LIRPF, según el cual son rendimientos del capital mobiliario: «*Los procedentes de la propiedad intelectual cuando el contribuyente no sea el autor...*». Se encuadrarían en él, en consecuencia, los rendimientos procedentes de la explotación comercial de la cesión de los derechos de imagen por quienes, por ejemplo, los hubieran adquirido por herencia del originariamente titular de la imagen. Es esta una situación claramente distinta de las que anteriormente se han analizado y calificado como rendimientos del trabajo (la de los deportistas de los deportes colectivos y la de quienes comercializan su imagen vinculados laboralmente a empresas o entidades), ya que en ambos casos sus perceptores son los titulares originarios de la imagen, y no otros a los que se les hubieran cedido por herencia los derechos de imagen.

Más dudas suscita la calificación de otros supuestos, como es el caso de la mera cesión del nombre o de algún otro atributo de la imagen que se hayan labrado sus titulares merced a sus habilidades personales, supuestos que van a ser objeto de las consideraciones subsiguientes.

Como ha indicado MENÉNDEZ MORENO[108], para abordar con suficiente fundamento esta cuestión conviene empezar conociendo lo que se entiende por «marca» en nuestro ordenamiento, para lo que debe partirse de lo dispuesto en la Ley 17/2001, de 7 de diciembre, de Marcas, que las describe y ejemplifica en su artículo 4, regulador del *Concepto de marca*, de esta manera: «*1. Todo signo susceptible de representación gráfica que sirva para*

108 "El alcance de la calificación de los derechos de imagen como derechos del capital", **Revista Quincena Fiscal** núm 18/2020, BIB 2020/36184.

distinguir en el mercado los productos o servicios de una empresa de los de otras. 2. Tales signos podrán, en particular, ser: a) Las palabras o combinaciones de palabras, incluidas las que sirven para identificar a las personas. b) Las imágenes, figuras, símbolos y dibujos. c) Las letras, las cifras y sus combinaciones. d) Las formas tridimensionales entre las que se incluyen los envoltorios, los envases y la forma del producto o de su representación. e) Los sonoros. f) Cualquier combinación de los signos que, con carácter enunciativo, se mencionan en los apartados anteriores».

Es preciso reiterar que las consideraciones subsiguientes van a referirse a la cesión del derecho de imagen —naturalmente respecto de las manifestaciones del mismo a que se refiere el precepto legal trascrito en el párrafo anterior— **cuando su explotación se lleve a cabo por personas distintas de sus titulares**, ya que cuando fueran ellos mismos los que lo explotaran darían lugar a rendimientos de actividades económicas, como lo serían también los obtenidos por quienes explotaran comercialmente las marcas que les hubieran cedido tanto los titulares originarios de la imagen como quienes no lo sean.

Dado que la marca tiene proyección comercial porque está socialmente valorada y vinculada con las específicas habilidades personales para la práctica de sus respectivos «trabajos», una primera posibilidad sería considerar que los rendimientos de su cesión proceden, por lo dicho, del trabajo, teniendo en cuenta que, según lo dispuesto en el artículo 17.1 LIRPF que los describe, se incluyen entre ellos los que deriven «*... indirectamente, del trabajo personal*». Así pues, de acuerdo con lo indicado, cabría considerar esta primera posibilidad de que los rendimientos percibidos por la cesión de la marca a la empresa que los explotara se calificaran del trabajo.

No obstante lo que se acaba de indicar, debe tenerse en cuenta que, considerado el trabajo como «la actividad humana dirigida a la producción de bienes o a la prestación de servicios», es factible argumentar que en estos casos no hay «actividad», y que la « inactividad » del cedente de la marca comportaría su calificación como rendimientos del capital mobiliario, a imagen y semejanza de lo que sucede cuando el titular de un bien inmueble lo arrienda, situación en la que, por la simplicidad de la actividad del arrendador se opta, razonablemente, por su calificación como rendimiento del capital inmobiliario, primando así la importancia económica de la cesión del inmueble objeto del arrendamiento sobre la «actividad» del sujeto arrendador. Así pues, en estas situaciones, en las que se ceden los signos a que se refiere el artículo 4 de la Ley 17/2001, de 7 de diciembre, de Marcas, puede decirse que el «trabajo» resulta prácticamente imperceptible, por lo que sería aplicable a sus rendimientos la calificación de provenientes del capital mobiliario contemplada en el artículo 25.4.d) LIRPF.

Estas mismas consideraciones son aplicables a otros supuestos en los que concurre la antedicha característica de la «inactividad» del cedente de la imagen, como sería, en algún caso, la publicidad, si, por ejemplo, contuviera solamente imágenes o fotografías de archivo, y sobre todo si ha trascurrido un tiempo desde que fueron tomadas. Todo ello sin perjuicio de la necesidad de dilucidar en cada caso la calificación de estos rendimientos, siempre en función de las características concretas de los supuestos evaluados y la consiguiente «actividad» o no del cedente de la imagen.

Esta opción en favor de la calificación como rendimientos del capital mobiliario de las situaciones antedichas resulta pertinente aun tratándose de la cesión de unos derechos que **no tienen reconocido un contenido económico** en la Ley 19/1991, de 6 de junio, del Impuesto sobre el Patrimonio, que no contempla, entre los bienes y derechos sujetos al mismo, el derecho a la propia imagen. Así pues, en estos casos la «patrimonialización» de este derecho no provendría de una ínsita dimensión o contenido económico del mismo, sino de la posibilidad de ceder, a cambio de la consiguiente remuneración, ese derecho personalísimo a la propia imagen que contempla el artículo 18.1 de nuestra Constitución.

La **conclusión a la que llega el autor**[109] **citado** que cabe extraer de las reflexiones expuestas a lo largo del presente es que la calificación como rendimientos del capital mobiliario de los procedentes de la cesión o comercialización de la imagen debería tener en la práctica un ámbito de aplicación más restringido del que se le reconoce actualmente al artículo 25.4.d) LIRPF. Y no es esta una cuestión baladí, porque resultan sobradamente conocidos los numerosos «contratiempos» con la Hacienda Pública, entre otros, de los

---

109 MENÉNDEZ MORENO, A., "El alcance de la calificación de los derechos de imagen como derechos del capital", Revista Quincena Fiscal núm 18/2020, BIB 2020/36184.

deportistas de élite; «contratiempos» originados frecuentemente con ocasión de la aplicación del ordenamiento tributario regulador de la comercialización de su imagen. Obsérvese que su calificación como rendimientos del capital mobiliario comporta una «cosificación» de sus derechos de imagen que permite aportarlos en la constitución o participación en sociedades, lo que no puede hacerse si esos rendimientos se califican del trabajo. A su vez, esas sociedades pueden residenciarse en lugares distintos de aquellos de donde procede el rendimiento, posibilitando así una cascada de deslocalizaciones causante, en muchos casos, de los mencionados y reiterados «contratiempos».

Respecto a los derechos de imagen y al artículo 25.4 LIRPF el TS en Sentencia **TS (Sala de lo Contencioso-Administrativo, Sección 2.ª) Sentencia núm. 1492/2021 de 15 diciembre** RJ\2022\386. El asunto que se dilucida es el siguiente: El recurrente manifiesta que, la sentencia recurrida infringe los arts. 25.4.d) y 27.1 de la LIRPF, porque la interpretación sostenida en la sentencia recurrida se opone a la doctrina contenida en tres sentencias de la AN (de 4 de junio de 2008 —rec. n.º 71/2006—, de 23 de abril de 2009 —rec.n.º 219/2006— y de 10 de marzo de 2010 — rec. n.º 68/2009—) confirmadas en casación por el TS (STSS de 13 de marzo 2012 —rec. cas. n.º 4559/2008—, de 11 de octubre de 2012 —rec. cas. n.º 3278/2009— y de 28 de febrero de 2013 —rec. cas. n.º 2773/2010—), que siguen el criterio, para diferenciar los supuestos en los que la cesión de la imagen para la explotación comercial y publicitaria se entiende realizada en el ámbito de una actividad profesional (rendimientos de actividades económicas) y cuando no (rendimientos del capital mobiliario). Según las referidas sentencias, en el caso de la cesión del derecho de imagen para la realización de spots publicitarios dirigidos a promocionar empresas o sus productos, donde participa el deportista en el anuncio o spot, se considera que no estamos ante una mera cesión de la imagen. Al contrario, en estos casos hay una actividad más compleja (con interpretación, utilización no sólo de la imagen sino también de la voz, etc.) que implica su intervención activa en el rodaje de dichos spots (así como, eventualmente, otros servicios como apariciones públicas, etc.), circunstancias que exceden de la simple cesión o transmisión del derecho a la propia imagen para constituir una actividad (económica) profesional que, como tal, debe tributar en el IRPF. Y, en el mismo sentido, cuando se trata de la cesión de la imagen del deportista a empresas de productos deportivos, se considera que la amplia gama de actividades a que viene obligado aquél en virtud de los contratos suscritos, también excede notoriamente de la simple cesión o transmisión de su imagen, siendo propios de un contrato de prestación de servicios y constituyendo, por tanto, una actividad (económica) profesional que, como tal, debe tributar en el IRPF. En el presente caso, las concretas prestaciones que el recurrente tuvo que hacer en el marco de los contratos suscritos por Kerad Project 2006, S.L., desbordan la simple cesión del derecho a usar su imagen, inscribiéndose, más bien, en el marco de una actividad profesional de naturaleza económica. Desde esta perspectiva, los ingresos derivados de los contratos referidos no pueden calificarse jurídicamente como "rendimientos del capital mobiliario" dado que, en realidad, presentan las notas características de los "rendimientos de actividades económicas". De hecho, es importante señalar que la propia Inspección de los Tributos, en un acuerdo de liquidación relativo al IRPF de los años 2011 a 2014 del mismo obligado tributario, ha calificado las rentas derivadas de los contratos suscritos por Kerad Project 2006, S.L. como rendimientos de actividades económicas a incluir en la base imponible del IRPF del obligado tributario.

Así pues, cuando la sentencia recurrida niega que los ingresos imputados al obligado tributario sean rendimientos de actividades económica infringe los arts. 25.4.d y 27.1 de la LIRPF, pues, el primero declara que tales rendimientos no son del capital mobiliario cuando la cesión tiene lugar en el ámbito de una actividad económica y, el art. 27.1 en su párrafo segundo dice con toda claridad que, en particular, tienen la consideración de rendimientos de actividades económicas, los obtenidos por la prestación de servicios y por el ejercicio de profesiones liberales, artísticas y deportivas. La sentencia omite por completo lo dispuesto en el párrafo segundo del art. 27.1 de la Ley, incurriendo, además en un claro error cuando afirma que las SSTS de 11 de octubre de 2012 y 28 de febrero de 2013 aplican una legalidad no del todo coincidente con la actual para tratar de justificar su decisión y, de este modo, apartarse del criterio confirmado en tales resoluciones, porque la cuestión controvertida se sitúa en el caso de rendimientos percibidos por el obligado tributario de modo directo (sin intermediación de una sociedad) en el marco de un contrato civil o mercantil por la cesión del derecho a la explotación de su imagen o del consentimiento o autorización para su utilización, por lo que no son de aplicación las normas sobre rendimientos del trabajo.

Por ello, considera que a la luz de los arts. 25.4 y 27.1 de la LIRPF, los rendimientos obtenidos directamente —esto es, sin intermediación de una sociedad— por quien cede sus derechos de imagen a terceros y que traigan causa distinta del mero uso pasivo de tales derechos, en la medida en que impliquen el desarrollo de actividades adicionales de carácter personal por parte del cedente de los referidos derechos de imagen, deberán considerarse rendimientos de actividades económicas.

Tras las anteriores alegaciones, terminó suplicando a la Sala "dicte Sentencia por la que, estimando el mismo, case y revoque parcialmente la recurrida, resolviendo el recurso en el sentido de: (1) en primer lugar, declarar no conforme a derecho y anular en parte la resolución del TEAC de 1 de diciembre de 2016, dictada en las reclamaciones núm. 3801/2013 y 3802/2013, acumuladas y, (2) en segundo lugar, declarar no conformes a derecho y anular en parte el acuerdo de liquidación y la resolución sancionadora adoptadas por la Inspección de los Tributos, en fecha 5 de junio de 2013, en relación al IRPF de los años 2008 a 2010 del obligado tributario, condenando a la Administración a devolver al recurrente las cantidades que se hubieran pagado de forma indebida, con sus correspondientes intereses de demora".

A lo cual el Abogado del Estado indica Y, respecto a la segunda infracción de los arts. 25.4.d) y 27.1 de la LIRPF en relación a la calificación de los rendimientos percibidos por la empresa Kerat Project, S.L. por la cesión a la misma de los derechos para la explotación económica de los derechos de imagen del recurrente. La respuesta a las alegaciones del recurrente en esta cuestión se encuentra en el FD Quinto de la sentencia recurrida, porque a tenor de las prestaciones objeto de los contratos reproducidos en la demanda, no puede afirmarse que, una vez aceptado que tales rendimientos han de imputase directamente al jugador y no a la sociedad de la que es socio mayoritario, la contraprestación percibida lo sea por la ordenación, por el propio recurrente, de medios personales y materiales para la explotación de su imagen. Son las empresas a quienes el recurrente cede la imagen, quienes disponen y ordenan la actividad dirigida a la explotación de la imagen de Isidoro. Ciertamente para dicha explotación se necesita la colaboración del recurrente, incluso de alguna amplitud (rodar un anuncio publicitario, posar para fotografías, etc), pero esta colaboración no integra por sí misma la condición de organización empresarial o profesional en la medida en que es la cesionaria del derecho de imagen la que organiza la actividad de explotación con los medios personales y materiales precisos para ello. En tal sentido ha de resaltarse que las dos sentencias a las que alude el recurrente aplican una legalidad —la ley 13/1996 que introdujo lo sustancial de la regulación— no del todo coincidente con la actualmente acabada de reproducir. En ella se calificaban de rendimientos del capital mobiliario los procedentes de la cesión del derecho a la explotación de la imagen, sin realizar ninguna salvedad ("los procedentes de la cesión del derecho a la explotación de la imagen o del consentimiento o autorización para su utilización"). De modo que las sentencias indicadas entendieron que como el contribuyente realizaba algo más que la mera cesión de derechos de imagen como contraprestación, los rendimientos obtenidos constituían rendimientos del trabajo personal. Sin embargo, la redacción actual del precepto legal les atribuye la condición de rendimientos de capital mobiliario con la única excepción de que los rendimientos deriven de actividad profesional, excepción que no concurre y que no tolera una tercera alternativa en la medida en que la recalificación fiscal de los rendimientos obtenidos a partir de la explotación de los derechos de imagen proviene directamente de la ley.

Por todo ello considera que, de acuerdo con lo dispuesto en el art. 25.4.d) de la LIRPF, los rendimientos obtenidos directamente —esto es, sin intermediación de una sociedad— por quien cede sus derechos de imagen a terceros aunque los mismos traigan causa distinta del mero uso pasivo de tales derechos e impliquen una cierta colaboración del titular (persona física) de los mismos, deben considerarse rendimientos del capital mobiliario.

Tras las anteriores alegaciones, terminó suplicando a la Sala "dicte sentencia por la que desestime el recurso, confirmando la sentencia recurrida".

La Sentencia indica que el conflicto radica en determinar si los rendimientos obtenidos por la parte recurrente por la cesión de los derechos de imagen deben entenderse que son rendimientos del capital mobiliario, como sentenció la Sala de instancia, o por el contrario son rendimientos de actividades económicas, como defiende la recurrente.

Dispone el art. 25.4.d) de la Ley 35/2006, que son rendimientos del capital mobiliario, entre otros, "Los procedentes de la cesión del derecho a la explotación de la imagen o del consentimiento o autorización para su utilización, salvo que dicha cesión tenga lugar en el ámbito de una actividad económica". Establece el art. 27.1 del citado texto legal que "Se considerarán rendimientos íntegros de actividades económicas aquellos que, procediendo del trabajo personal y del capital conjuntamente, o de uno solo de estos factores, supongan por parte del contribuyente la ordenación por cuenta propia de medios de producción y de recursos humanos o de uno de ambos, con la finalidad de intervenir en la producción o distribución de bienes o servicios.

En particular, tienen esta consideración los rendimientos de las actividades extractivas, de fabricación, comercio o prestación de servicios, incluidas las de artesanía, agrícolas, forestales, ganaderas, pesqueras, de construcción, mineras, y el ejercicio de profesiones liberales, artísticas y deportivas".

Como se ha indicado, la Sala de instancia se decanta por considerar dichos ingresos como rendimientos del capital mobiliario, rechazando que pueda acogerse la pretensión actora de calificarlos como rendimientos de actividades económicas. Considera la Sala, y no se discute por ninguna de las partes, que dado que se reputa nulo el contrato de imagen celebrado entre la parte recurrente y la entidad KERAD PROJET, los citados ingresos han de imputarse directamente al recurrente, pero entiende que los mismos no son fruto de la ordenación de medios personales y materiales por el recurrente, sino que "Son las empresas a quienes el demandante cede la imagen, quienes disponen y ordenan la actividad dirigida a la explotación de la imagen de Isidoro. Ciertamente para dicha explotación se necesita la colaboración del demandante, incluso de alguna amplitud (rodar un anuncio publicitario, posar para fotografías, etc), pero esta colaboración no integra por sí misma la condición de organización empresarial o profesional en la medida en que es la cesionaria del derecho de imagen la que organiza la actividad de explotación con los medios personales y materiales precisos para ello", excluye, pues, la salvedad que se recoge en el transcrito 25.4.1d), y contrastando el caso con otros pronunciamientos del Tribunal Supremo concluye que "las sentencias indicadas entendieron que como el contribuyente realizaba algo más que la mera cesión de derechos de imagen como contraprestación, los rendimientos obtenidos constituían rendimientos del trabajo personal. Sin embargo, redacción actual del precepto legal les atribuye la condición de rendimientos de capital mobiliario con la única excepción de que los rendimientos deriven de actividad profesional, excepción que no concurre y que no tolera una tercera alternativa en la medida en que —la recalificación fiscal de los rendimientos obtenidos a partir de la explotación de los derechos de imagen proviene directamente de la ley".

Tal y como se pone de manifiesto por la parte recurrente, y se hace eco la Sala de instancia, sobre supuestos semejantes al que nos ocupa se ha pronunciado este Tribunal Supremo; en todos ellos se trataba de la cesión de los derechos de imagen de futbolistas profesionales y se abordaba el examen de cuándo había que considerar que los ingresos obtenidos a efectos del IRPF debían conceptuarse como rendimientos del capital mobiliario o como rendimientos de actividades económicas. El denominador común, al igual que pasa en el presente y así se manifiesta en la formulación de la cuestión de interés casacional objetiva, es su casuismo, pues jurídicamente no parece que la distinción revista dificultad alguna, sin embargo, será cada caso y sus circunstancias particulares concurrentes las que conduzca a una u otra calificación. Así es, recordemos que la cuestión de interés casacional incorpora este matiz, "... conforme a las circunstancias concurrentes en el presente recurso", revelador y determinante de la solución a adoptar.

La doctrina a fijar no difiere en absoluto —aun cuando difiera la legislación aplicable, no su contenido y sentido— a la recaída en sentencias como la de 11 de octubre de 2012, rec. cas. 3278/2009, que puede servir de ejemplo y referencia y que confirma sentencia de la Audiencia Nacional reproduciendo el siguiente texto, "3) De las propias cláusulas de los contratos deriva que estamos ante actividades que exceden con mucho de los simples derechos de imagen.

En efecto, esas actividades publicitarias, de asesoramiento y otras complementarias van más allá de aquella cesión. Así el sujeto pasivo se obliga a una prestación más completa, que requiere su intervención activa como el spot para Nutrexpa y en el caso de Nike la amplia gama de actividades a que venía obligado, informes orales o escritos referentes a los productos Nike, apariciones anuales relacionadas con la publicidad o bien la producción de anuncios publicitarios o materiales, charlas, sesiones para la producción de anuncios televisivos o videos, etc., que son propios de un contrato de prestaciones de servicios y constituyen una actividad profesional y que por tal debe tributar en el Impuesto sobre la Renta de las Personas Físicas"; esta sentencia y su doctrina es la que sirve a la Inspección de los Tributos en su acuerdo de liquidación de 13 de noviembre de 2017, relativo al IRPF de los ejercicios 2011 a 2014 —aportado por la parte recurrente, sin haber merecido oposición o reproche por la parte recurrida—, para calificar los ingresos percibidos por la parte recurrente por la cesión de sus derechos de imagen, como rendimientos de actividades económicas, al efecto examina los contratos celebrados con las empresas a las que se cede el derecho de imagen y concluye, por exceder la actividad a la que se compromete a lo que es estrictamente la cesión de los derechos de imagen a considerar que estamos ante rendimientos por actividades económicas.

La cuestión de interés casacional objetivo debe responderse en el sentido de que a la luz de los artículos 25.4.d) y 27.1 de la Ley 35/2006, de 28 de noviembre, del Impuesto sobre la Renta de las Personas Físicas y conforme a las circunstancias concurrentes en el presente recurso, en concreto del contenido de los contratos suscritos entre la parte recurrente con terceros para la explotación de su imagen, con las características anteriormente descritas, los rendimientos obtenidos directamente por ceder sus derechos de imagen a terceros con causa distinta del mero uso pasivo de tales derechos, en la medida en que impliquen el desarrollo de actividades adicionales de carácter personal por parte del cedente de referidos derechos de imagen, deben considerarse rendimientos del capital mobiliario o de actividades económicas.

Proyectada esta doctrina al caso que nos ocupa, determinado el contenido de los contratos de explotación de los derechos de imagen del recurrente en los ejercicios de 2008 a 2010, deben considerarse que los ingresos obtenidos constituyen rendimientos por actividades económicas sujetos al IRPF.

Sobre la calificación jurídica de los rendimientos objeto de gravamen en el artículo 25.4 de la LIRPF, la Sentencia del Tribunal Supremo, Sala Tercera, de lo Contencioso-administrativo, Sección 2.ª, Sentencia 998/2024 de 6 Jun. 2024, Rec. 544/2023 admite a trámite un recurso sobre una cuestión que presenta interés casacional objetivo para la formación de la jurisprudencia consiste en:

Discernir, interpretando los artículos 25.4 y 27.1 de la Ley 35/2006 de 28 de noviembre, del Impuesto sobre la Renta de las Personas Físicas y de modificación parcial de las leyes de los Impuestos sobre Sociedades, sobre la Renta de no Residentes y sobre el Patrimonio si, para que los rendimientos obtenidos por deportistas profesionales por la cesión de derechos de imagen puedan ser calificados como rendimientos de actividades económicas en el

IRPF, es necesario que dicha cesión conlleve por parte de los deportistas una actividad propia y distinta de la actividad deportiva.

3.º) Identificar como normas jurídicas que, en principio, habrán de ser objeto de interpretación:

El artículo 25.4 de la Ley 35/2006, de 28 de noviembre, del Impuesto sobre la Renta de las Personas Físicas y de modificación parcial de las leyes de los Impuestos sobre Sociedades, sobre la Renta de no Residentes y sobre el Patrimonio, en relación con el artículo 27.1 de la misma Ley. También, jurisprudencia del Tribunal Supremo, en particular la sentencia de 15 de diciembre de 2021 (RCA 7113/2019).

El objeto del recurso es un contrato de cesión de derechos de imagen a favor de la sociedad EQUELITE S.L. en la que ostentaba una participación del 2,39% del capital social, contemplándose una duración inicial de setenta y cinco meses, siendo prorrogado por sendos contratos privados de 1 de julio de 2007 y 1 de septiembre de 2011, ulteriormente elevados a escritura pública.

2. El objeto del referido contrato era la explotación del nombre e imagen pública deportiva del obligado tributario, en su condición de jugador profesional de tenis. La sociedad EQUELITE se comprometía a satisfacer el 95% de los ingresos percibidos por la sociedad por la explotación de los derechos de imagen cedidos, minorado en el importe de las comisiones u otras retribuciones acordadas con terceros para ese fin.

3. El interesado declaró en su IRPF los rendimientos derivados del contrato como rendimientos de capital mobiliario, imputándolos al período impositivo en el que, según el contrato, eran exigibles y aplicando una reducción del 40%.

4. Iniciado procedimiento de comprobación e inspección en relación con el IRPF del interesado, de los ejercicios 2007 a 2010, la AEAT consideró que las rentas derivadas de la cesión de los derechos de imagen a EQUELITE, debían ser calificadas como rendimientos de actividades económicas, no siendo procedente la citada reducción del 40% prevista para éstos.

5. Planteada por don Gumersindo reclamación económico-administrativa frente al acuerdo de liquidación, fue desestimada por resolución del TEARCV de 20 de noviembre de 2014, frente a la que dedujo recurso de

alzada que fue asimismo desestimado por el TEAC en resolución de 16 de julio de 2018, confirmando la calificación de los rendimientos como rendimientos de actividades económicas razonando que, en los casos de cesión de derechos de imagen, no cabe separar la actividad principal, que es actividad económica, de la cesión de derechos que deriva de la misma.

6. Disconforme con esta última resolución, el interesado la impugnó en sede contencioso-administrativa, siendo estimada su demanda por la sentencia de la Audiencia Nacional de 13 de abril de 2022, cuya *ratio decidendi* lleva a la sala de instancia a rechazar la calificación de los rendimientos como procedente de actividad económica, sosteniendo que:

> "(a) diferencia de los supuestos analizados por el Tribunal Supremo tanto en la sentencia más arriba transcrita parcialmente, como en la STS de 11 de octubre de 2012 (R.C. 3278/2009), y a diferencia también de lo considerado por el TEAC en la resolución que ahora se impugna, las pruebas del expediente no justifican que en este caso concreto estemos ante cesión de derechos realizada por el recurrente en el ámbito de la actividad económica como tenista profesional.
>
> En efecto, en el caso concreto que analizamos hay, por lo pronto, una cesión de derechos de imagen a un tercero, la entidad no vinculada EQUELITE S.L. (en la que el recurrente únicamente poseía una participación no significativa del 2,39%) a través de un contrato de cesión de derechos de imagen, en escritura pública de fecha 6 de junio de 2001 y objeto de sucesivas prórrogas en contratos posteriores escriturados en fechas 20 de febrero de 2008 y 5 de diciembre de 2011, respectivamente. Esa participación insignificante no permite desde luego, a diferencia del supuesto contemplado por el Tribunal Supremo en la sentencia antes transcrita, calificar a la entidad cesionaria de sociedad interpuesta, siendo la sociedad cesionaria como entidad especializada la encargada de llevar a cabo la explotación de la imagen del tenista, para lo cual contaba con los medios personales y materiales necesarios. El cedente, por su parte desarrollaba la actividad de tenista profesional, clasificada en el epígrafe 42 del Impuesto sobre Actividades Económicas y a tal fin disponía de su propia organización de medios de producción y recursos humanos que le permitían competir en el ámbito propio de su actividad profesional (fisioterapeutas, entrenadores, asistentes, nutricionistas, y demás personal necesario para desarrollar su actividad como tenista). Y es precisamente en este ámbito deportivo en el que se enmarca la manifestación de la Inspección recogida en el Acuerdo de liquidación: "*el obligado tributario ge-*

> *nera cuantiosos ingresos derivados principalmente de su participación en torneos nacionales e internacionales de tenis en los que consigue devengar el derecho a cobrar determinados premios".* Y son esos los verdaderos ingresos derivados de la actividad de tenista en los que compromete su trabajo para la obtención del rendimiento.
>
> Sin embargo, los ingresos obtenidos por la cesión de su imagen no requieren de aquella actividad proactiva del tenista, ni provienen de su actividad profesional como tal, sino que se trata de rentas distintas y desvinculadas del desarrollo de dicha actividad profesional.
>
> Es evidente que la imagen del deportista va ligada al éxito y a la fama, siendo indudable que cuanto mayor sea el reconocimiento o fama del deportista mayor relevancia cobrarán las retribuciones ligadas a la misma, pero ello no autoriza a calificar esas rentas —como hizo en este caso la Inspección— como procedentes de una actividad económica, pues la retribución satisfecha por la referida sociedad no obedece a la actividad deportiva sino a la cesión de la imagen pública del deportista en los términos del contrato suscrito por ambas partes.
>
> Por ello hemos de dar la razón al recurrente cuando dice que la obtención de rendimientos por la explotación de los derechos de imagen puede traer causa de la fama que otorga la realización de un deporte de forma excelente, pero ello no significa que sea parte de la actividad económica desarrollada por el deportista como tal. Y es que el art.27 de la LIRPF, al definir la actividad económica toma como presupuesto que sea el propio sujeto el que, con los medios necesarios y asumiendo los riesgos correspondientes, ordene por su cuenta los recursos materiales y humanos necesarios para el desarrollo de la actividad. En este sentido, la propia redacción del contrato suscrito entre el recurrente y EQUELITE S.L no deja lugar a dudas del papel asumido por esta última como encargada de intervenir y gestionar todos los procesos de negociación en la explotación de los derechos de imagen cedidos." (sic).

La tesis que mantiene la parte recurrente es estrictamente jurídica, ante un tema general tan casuístico como el que nos ocupa, con diversas soluciones legales en función de los presupuestos fácticos y circunstancias acaecidas, la parte recurrente expone básicamente que en los casos de deportistas profesionales, no unidos a una entidad por vínculos laborales, realizan tal actividad económica como principal, sin que quepa separar esta actividad principal de otras accesorias, como la cesión de derechos de imagen; carece de lógica negar que esta deriva de una actividad principal, la deportiva, en la que se ordena por cuenta propia los medios dedicados a la obtención de los rendimientos, y ello aún cuando la explotación se realice a través de un tercero. Por tanto, debe concluirse que "*los rendimientos que obtienen los deportistas profesionales por la cesión de sus derechos de imagen, en cuanto derivados de su actividad deportiva y obtenidos en el ámbito de esta, no son rendimientos de capital mobiliario. Son rendimientos derivados de una actividad económica, la deportiva, que realizan por cuenta propia (salvo, en el caso de que la actividad deportiva se realice al amparo de un contrato laboral). Y, para calificar estos rendimientos como derivados de actividades económicas, no es necesario, que para explotar sus derechos de imagen, el deportista tenga que realizar una actividad propia, dirigida a tal fin, distinta de la deportiva, utilizando para ello, por cuenta propia, medios específicos.... Los rendimientos obtenidos por la cesión de derechos de imagen existen porque existe la activad profesional del deportista; son consecuencia necesaria de la misma*". Considera que la correcta lectura del art. 27 de la LIRPF cuando se refiere a la actividad económica principal, se extrae que la cesión de derechos de imagen es su mera consecuencia, por lo que "*estamos ante rendimientos derivados del ejercicio de la actividad económica deportiva cuya calificación como tales no requiere una actividad específica del sujeto dirigida a la promoción de su imagen, dada la vinculación de las actividades de cesión de la imagen y la deportiva y la accesoriedad de la primera*".

La parte recurrida considera que la Abogacía del Estado pretende establecer un automatismo, consistente en que siempre la explotación de derechos de imagen por parte de deportistas profesionales ha de calificarse como rendimiento de actividad económica, que no se corresponde con la regulación legal, pretendiendo obviar absolutamente el art. 25.4.d) de la LIRPF. Lo cual es radicalmente contrario a la jurisprudencia sentada, que permite la posibilidad de que la cesión de derechos de imagen por parte de deportistas profesionales pueda considerarse como rendimientos del capital mobiliario, sentencia de 15 de diciembre de 2021, FJ 3.º:

> "…/… será cada caso y sus circunstancias particulares concurrentes las que conduzcan a una u otra calificación. Así es, recordemos que la cuestión de interés casacional incorpora este matiz: "... conforme a las circunstancias concurrentes en el presente caso", revelador y determinante de la solución a adoptar."

casacional incorpora este matiz: "... conforme a las circunstancias concurrentes en el presente caso", revelador y determinante de la solución a adoptar."

En definitiva, partiendo del casuismo de la materia, según las circunstancias de cada caso, puede encuadrarse los ingresos obtenidos por los deportistas profesionales autónomos en los supuestos de los arts. 25.4 ó 27.1, como rendimientos de capital mobiliario o procedente de actividad económica; debiéndose negar que en todo caso y en cualquier circunstancia los rendimientos obtenidos por deportistas profesionales por la cesión de derechos de imagen deban ser calificados como rendimientos de actividades económicas en el IRPF.

En este caso concreto, examinado el supuesto en la sentencia de instancia y valorando las circunstancias fácticas concurrentes, resulta correcta la calificación realizada y el encuadre de los rendimientos obtenido por la cesión de imagen del deportista en los ejercicios 2007 a 2010, como de capital mobiliario, art. 25.4 de la LIRPF.

II.3. SUPUESTOS QUE NO SE CONSIDERAN RENDIMIENTOS DEL CAPITAL MOBILIARIO

El artículo 25 en sus números 5 y 6 regula dos supuestos de rendimientos que o bien no tienen la consideración de rendimientos del capital mobiliario o bien tienen la condición de operaciones no sujetas.

En primer lugar, la contraprestación por el aplazamiento o fraccionamiento de pago de operaciones comerciales. El artículo 25.5 LIRPF establece que: "No tendrá la consideración de rendimiento de capital mobiliario, sin perjuicio de su tributación por el concepto que corresponda, la contraprestación obtenida por el contribuyente por el aplazamiento o fraccionamiento del precio de las operaciones realizadas en desarrollo de su actividad económica habitual".

Entendemos que la habitualidad se predica de la actividad y no de las operaciones desarrolladas o que tengan lugar en sede de la misma y que el precepto afectará a todas las operaciones, sean típicas o habituales de la actividad, atípicas y esporádicas o no habituales.

Se trata de un precepto coherente con el concepto empleado por la LIRPF para definir los rendimientos del capital.

Y en segundo lugar, el artículo 25.6 LIRPF, en relación con los activos representativos de la captación y utilización de capitales ajenos a que se refiere el apartado 2 de este artículo, se estimará que no existe rendimiento del capital mobiliario en las transmisiones lucrativas de los mismos, por causa de muerte del contribuyente, ni se computará el rendimiento del capital mobiliario negativo derivado de la transmisión lucrativa de aquellos por actos "inter vivos ".

III. DETERMINACIÓN DEL RENDIMIENTO NETO DE CAPITAL MOBILIARIO GRAVABLE: GASTOS DEDUCIBLES Y REDUCCIONES

La determinación del rendimiento neto va a suponer la reducción del rendimiento íntegro, calculado conforme a las reglas anteriores, por la detracción de dos cantidades, reguladas en el artículo 25 del Ley y 20 del Reglamento del Impuesto. Las reglas de determinación del rendimiento presentan especificidades respecto a las normas de determinación de otras categorías de renta de la LIRPF. El régimen se puede sintetizar en los siguientes puntos:

- Los gastos deducibles, que son aquellos que la Ley así determina, sin que pueda deducirse por tal concepto ninguna cantidad, por necesaria que sea para la obtención del rendimiento, si no se considera como tal por la Ley. Ya hemos tratado la cuestión en el título preliminar. No obstante, reiteramos que resulta criticable la excesiva limitación de los gastos deducible en esta materia. Entendemos además que el Tribunal Constitucional no ha dejado al legislador libérrimo para determinar en cada caso qué se entiende por gasto deducible. Así, la Sentencia 214/1994 tras afirmar la libertad en cuanto a la determinación del rendimiento, afirmaba que puede renunciarse a la cuantificación exacta recurriendo a una deducción global o deducciones a tanto alzado, con ciertas deducciones complementarias. Esto acaecía en la regulación del IRPF de 1991, pero no en la actual, donde directamente no se permite deducir ningún gasto en muchos de los rendimientos estudiados, llegando a convertir en objeto de gravamen que, aunque nominalmente sea un rendimiento neto, sólo fuera en realidad una renta inexistente. Entendemos que en este ámbito esta realidad puede darse en algunas figuras, que directamente dejan de existir en nuestro país por cuestiones fiscales. Sería el préstamo de valores y también algunos productos donde se netean ingresos y gastos financieros derivados del apalancamiento. Ello obliga a estructuras más complejas.

– Las reducciones. La reducción aplicable dependerá del caso ante el que nos encontremos. En el caso de los rendimientos que instrumentalizan ahorro, únicamente se aplican reducciones por aplicación del régimen transitorio.

Gastos deducibles: La regulación de los gastos deducibles es bastante parca puesto que se contiene exclusivamente en el artículo 25.1. Este apartado del artículo comprende dos subapartados, a) y b); el primero se refiere a los gastos de administración y depósito de valores, en tanto que el subapartado b) se refiere a los gastos deducibles en casos de arrendamientos de bienes muebles, negocios o minas, subarrendamientos, o prestación de servicios de asistencia técnica que no constituyan actividad económica. Tratamos en primer lugar los gastos deducibles con carácter general, esto es los contenidos en la letra a) del precepto. En virtud de esta norma sólo resultan deducibles los gastos de administración y depósito de valores negociables, entendiendo por estos únicamente los que retribuyan los servicios de depósito de valores representados en forma de títulos o la administración de los valores representados por anotaciones en cuenta por empresas de servicios de inversión. Por tanto, quedan excluidos tanto los gastos de administración y depósito de valores no negociables, los gastos de administración de otras entidades como, finalmente, los gastos derivados de la gestión discrecional de la cartera y gastos de asesoramiento. Hay que tener presente igualmente la norma contenida en el artículo 25.2 b), párrafo tercero, que dispone que los gastos accesorios de enajenación y adquisición se computarán para la cuantificación del rendimiento, lo que viene a suponer una regla especial, desubicada sistemáticamente. A diferencia de la normativa anterior desaparece cualquier medida destinada a corregir los efectos de la inflación.

Los gastos más frecuentes en que se incurren por parte de los contribuyentes son los de administración y comisión de mantenimiento de las cuentas corrientes, que precisamente la norma excluye de esta deducción.

Tenemos un supuesto de gasto, que son los intereses de préstamos obtenidos para efectuar inversiones. En ningún caso resultan deducibles en los rendimientos de los números 1, 2, 3 y parte del 4, a diferencia de lo que sucede con los rendimientos del capital inmobiliario y con los rendimientos derivados del arrendamiento de bienes muebles del artículo 25.4.c) que constituye un tipo concreto de rendimiento del capital mobiliario. Norma que, aparte de injusta, nos parece ineficaz y motivada por una desconocimiento de la realidad jurídica que subyace al concepto de patrimonio. Pues el patrimonio se integra de un activo y un pasivo sin que haya una relación concreta entre los elementos singulares de una y otra parte. Es decir, que no resulta posible determinar que pasivos han servido para financiar a adquisición de concretos bienes del patrimonio. Todo lo cual resulta de un simplismo jurídico criticable en una norma de la importancia de la que nos ocupa. Piénsese además que la medida resulta regresiva en cuanto normalmente las rentas altas, que tienen elevados patrimonios diversificados, van a poder deducir los intereses en la práctica. Sólo tienen que derivar los préstamos hacia aquellas categorías de rendimientos donde estos resultas deducibles, singularmente rendimientos del capital inmobiliario y rendimientos de la actividad. La situación es sumamente conflictiva ya en el caso del préstamo de valores, donde directamente imposibilita esta operación al determinar la no deducibilidad de los gastos en IRPF, en ningún caso.

La Sentencia del TSJ de Madrid, Sala de lo Contencioso-Administrativo, Sección 5.ª, n.º 879/2024, de 20 de noviembre (Recurso 810/2021), sobre los gastos deducibles en la determinación de los rendimientos netos del capital mobiliario, DON Celestino ejercita pretensión declarativa de nulidad de la resolución de TRIBUNAL ECONÓMICO-ADMINISTRATIVO REGIONAL DE MADRID, de 20 de enero de 2021, que desestimó la reclamación n.º NUM000 formulada contra la resolución desestimatoria del recurso de reposición del el acuerdo de liquidación provisional por el IRPF del ejercicio 2016, por cuantía de 1.242,63 €.

SEGUNDO.—Actuación impugnada y antecedentes de la misma.

La resolución de TRIBUNAL ECONÓMICO-ADMINISTRATIVO REGIONAL DE MADRID, de 20 de enero de 2021, desestimó la reclamación n.º NUM000 formulada por DON Celestino contra la resolución desestimatoria del recurso de reposición del acuerdo de liquidación provisional por el IRPF del ejercicio 2016, por cuantía de 1.242,63 €, de la que se extraen las siguientes consideraciones:

- La deducibilidad de los gastos de administración y custodia de valores queda supeditada al cumplimiento de dos requisitos, que se trate de una cuenta de depósito de valores negociables y que los gastos sean contraprestación de un servicio de depósito y administración de valores exclusivamente.
- La información proporcionada por el interesado no incluye un informe patrimonial donde figure la relación ordenada de las acciones, bonos, participaciones en fondos de inversión y otros activos financieros que, según alega, han generado los gastos que pretende deducir.
- Para que los gastos de custodia de valores sean deducibles, los valores depositados deben ser susceptibles de producir rendimientos del capital mobiliario (dividendos o intereses) ya que los gastos de custodia y administración de valores son gastos deducibles de los rendimientos íntegros del capital mobiliario (aunque puedan resultar negativos). Por tanto, los fondos de inversión cuyas participaciones son objeto de depósito y custodia sólo devengarán gastos deducibles por este concepto cuando se trate de fondos de los denominados "de reparto de dividendos" ya que los fondos de inversión convencionales (fondos de acumulación) sólo generan ganancias o pérdidas patrimoniales y no rendimientos de capital mobiliario.
- En el caso que nos ocupa no se acredita la composición detallada de la cartera para verificar qué parte de la cartera se compone de activos financieros susceptibles de producir gastos de custodia deducibles y qué parte del activo está constituido por activos financieros que, aunque tengan la consideración de "valores negociables", como los fondos de inversión, no son susceptibles de producir rendimientos del capital mobiliario (dividendos e intereses) y, por tanto, no pueden producir gastos deducibles del capital mobiliario.

TERCERO.— Motivos de la impugnación.

Se extraen las siguientes consideraciones de la demanda, relativas a la actuación impugnada, en que el recurrente funda su pretensión:

- El importe de 5.198.16 euros se corresponde exclusivamente con gastos de administración y depósito de valores negociables, deducibles en su totalidad de acuerdo con lo establecido en el artículo 26 de la Ley 35/2006, de 28 de noviembre del IPRF, habiendo aportado escrito de Banco Credit Suisse, de fecha 03/07/2018, en que se indica que los gastos no son cuantías que supongan la contraprestación de gestiones individualizadas de carteras de inversión en la que puedan producirse disposiciones del titular con arreglo a los mandatos conferidos por estos.
- Aporta Informe Patrimonial de 31.12.2016 emitido por Credit Suisse que incluye la relación de las acciones, bonos y participaciones en fondos de inversión que han generado los gastos que dedujo bajo el concepto de gastos de administración objeto de la controversia, que en el ejercicio 2016 generaron rendimientos del capital mobiliario (dividendos e intereses) que fueron integrados por esta parte en su declaración del IRPF.
- Aporta Informe Fiscal correspondiente al ejercicio 2016, emitido por la propia entidad que incluye la relación de las comisiones bancarias y otros cargos repercutidos por los distintos servicios prestados, entre los que figuran las comisiones de depósito, cuya retribución es una parte del total.

CUARTO.— Oposición a la pretensión.

La ABOGACÍA DEL ESTADO interesa la desestimación del recurso, por los fundamentos de la resolución impugnada, a los que añade que:

- Las comisiones a las que aluden los informes aportados remuneran a las entidades financieras, en este caso, *Credit Suisse,* por la realización de una gestión tendente a conseguir una revalorización de la cartera, que no puede considerarse como de mera administración y depósito de valores, por lo que los abonos por ello realizados no se pueden entender incluidos en los gastos de administración y depósito a que se refiere el primer párrafo de la letra a) del artículo 26.1 de la LIRPF.

QUINTO.— Sobre los rendimientos del capital mobiliario.

El acuerdo de liquidación provisional por el IRPF del ejercicio 2016,, dispuso sobre la cuestión sometida a nuestro examen:

[...]

Por otra parte, este Centro Directivo, en contestación a consulta, número 0538-98, de 3 de abril de 1998, sobre delimitación de los gastos de administración y custodia, ha señalado la caracterización de estos servicios como una "administración estática y conservativa del patrimonio, cuyo objeto sería el mantenimiento del patrimonio, realizando para ello las funciones previstas en los artículo 303 *a* 310, ambos inclusive, del Código de Comercio, *relativos a los contratos de depósito mercantil."*

En relación con dichas funciones el artículo 308 del Código de Comercio *dispone que "los depositarios de títulos, valores, efectos o documentos que devenguen intereses quedan obligados a realizar el cobro de estos en las épocas de sus vencimientos, así como también a practicar cuantos actos sean necesarios para que los efectos depositados conserven el valor y los derechos que les correspondan con arreglo a las disposiciones legales".*

Asimismo, con arreglo a dicha contestación 0538-98, tendrían cabida en el concepto de gastos de administración y custodia (o depósito) de valores negociables, únicamente, aquellos gastos o comisiones de naturaleza directa exigidos por las entidades por las funciones desarrolladas y conexas con las de depósito mercantil.

Por tanto, en el presente caso, en la medida en que las comisiones tienen por objeto remunerar a las entidades financieras por la realización de una gestión activa tendente a conseguir una revalorización de la cartera mediante la selección y la ejecución, en su caso, de actos de disposición sobre las instituciones de inversión colectiva que en cada momento decida la entidad, sobre la base de unos objetivos y un perfil de riesgo previamente definido por la consultante, tal actividad no puede considerarse como una mera administración y depósito de valores, por lo que dichos pagos no se encontrarán incluidos en los gastos de administración y depósito a que se refiere el primer párrafo de la letra a) del artículo 26.1 de la LIRPF.

De acuerdo con lo anteriormente expuesto, los gastos de administración satisfechos por el interesado a Credit Suisse por la gestión de la cartera de inversión no tienen la consideración de gasto deducible del rendimiento del capital mobiliario, por lo que se desestiman las pretensiones del interesado.

La LIRPF al regular los rendimientos del capital mobiliario distingue en su artículo 25 cuatro grupos: *"Rendimientos obtenidos por la participación en los fondos propios de cualquier tipo de entidad", "Rendimientos obtenidos por la cesión a terceros de capitales propios", "Rendimientos dinerarios o en especie procedentes de operaciones de capitalización y de contratos de seguro de vida o invalidez, excepto cuando, con arreglo a lo previsto en el* artículo 17.2.a) de esta Ley, *deban tributar como rendimientos del trabajo*",y "*Otros rendimientos del capital mobiliario*",donde se incluyen los expresamente previstos en dicho apartado y el resto de los rendimientos de capital mobiliario no incluidos en los apartados anteriores.

Concretamente el artículo 25 de la LIRPF —*Rendimientos íntegros del capital mobiliario*— dispone, en lo que a este recurso interesa:

[...]

Tendrán la consideración de rendimientos íntegros del capital mobiliario los siguientes:

[...]

1. Rendimientos obtenidos por la participación en los fondos propios de cualquier tipo de entidad.

Quedan incluidos dentro de esta categoría los siguientes rendimientos, dinerarios o en especie:

a) Los dividendos, primas de asistencia a juntas y participaciones en los beneficios de cualquier tipo de entidad.

b) Los rendimientos procedentes de cualquier clase de activos, excepto la entrega de acciones liberadas que, estatutariamente o por decisión de los órganos sociales, faculten para participar en los beneficios, ventas, operaciones, ingresos o conceptos análogos de una entidad por causa distinta de la remuneración del trabajo personal.

c) Los rendimientos que se deriven de la constitución o cesión de derechos o facultades de uso o disfrute, cualquiera que sea su denominación o naturaleza, sobre los valores o participaciones que representen la participación en los fondos propios de la entidad.

d) Cualquier otra utilidad, distinta de las anteriores, procedente de una entidad por la condición de socio, accionista, asociado o partícipe.

e) La distribución de la prima de emisión de acciones o participaciones. El importe obtenido minorará, hasta su anulación, el valor de adquisición de las acciones o participaciones afectadas y el exceso que pudiera resultar tributará como rendimiento del capital mobiliario.

En cuanto a los gastos deducibles, dispone el art. 26.1 a):

[...]

Artículo 26 Gastos deducibles y reducciones

1. Para la determinación del rendimiento neto, se deducirán de los rendimientos íntegros exclusivamente los gastos siguientes:

a) Los gastos de administración y depósito de valores negociables. A estos efectos, se considerarán como gastos de administración y depósito aquellos importes que repercutan las empresas de servicios de inversión, entidades de crédito u otras entidades financieras que, de acuerdo con la Ley 24/1988, de 28 de julio, del Mercado de Valores, tengan por finalidad retribuir la prestación derivada de la realización por cuenta de sus titulares del servicio de depósito de valores representados en forma de títulos o de la administración de valores representados en anotaciones en cuenta.

No serán deducibles las cuantías que supongan la contraprestación de una gestión discrecional e individualizada de carteras de inversión, en donde se produzca una disposición de las inversiones efectuadas por cuenta de los titulares con arreglo a los mandatos conferidos por éstos.

La Administración considera que no resultan deducibles las comisiones incluidos en la declaración del actor en la medida que tienen por objeto remunerar a las entidades financieras por la realización de una gestión activa tendente a conseguir una revalorización de la cartera mediante la selección y la ejecución, en su caso, de actos de disposición sobre las instituciones de inversión colectiva que en cada momento decida la entidad, sobre la base de unos objetivos y un perfil de riesgo previamente definido por la consultante, que como tal actividad no puede considerarse como una mera administración y depósito de valores, mientras que el recurrente insiste en que el importe de 5.198.16 euros se corresponde exclusivamente con gastos de administración y depósito de valores negociables, deducibles en su totalidad de acuerdo con lo establecido en el artículo 26 de la Ley 35/2006, de 28 de noviembre del IPRF.

Nos enfrentamos al presente a una cuestión de prueba.

El artículo 105.1 LGT sobre la carga de la prueba determina que en los procedimientos de aplicación de los tributos quien haga valer su derecho deberá probar los hechos constitutivos del mismo.

El artículo 106.1 LGT dispone que en los procedimientos tributarios serán de aplicación las normas que sobre medios y valoración de prueba se contienen en el Código Civil y en la Ley 1/2000, de 7 de enero, de Enjuiciamiento Civil, salvo que la ley establezca otra cosa, y su número 2, que las pruebas o informaciones suministradas por otros Estados o entidades internacionales o supranacionales en el marco de la asistencia mutua podrán incorporarse, con el valor probatorio que proceda conforme al apartado anterior, al procedimiento que corresponda.

El informe fiscal aportado por el actor correspondiente al ejercicio 2016, emitido por la entidad *Crédit Suisse,* entidad de crédito depositaria de los valores titularidad del acto, recoge la relación de las comisiones bancarias y otros cargos repercutidos por los distintos servicios prestados, entre los que figuran las comisiones de depósito, por importe de 5.198,16 €, de un total de 12.066,38 €, que incluye otros conceptos, y describe en el apartado de rendimientos del capital mobiliario, la denominación de cada uno de los valores y sus rendimientos, prueba que se entiende suficiente para generar el derecho a la deducción pretendida.

Cuestión similar consideramos en Sentencia de la Sección 4.ª, n.º 393/2024, recurso 620/2022, de tres de junio de dos mil veinticuatro, en que decíamos:

[...]

Efectuadas estas consideraciones previas, debemos adelantar que la documentación obrante en las presentes actuaciones avala la pretensión formulada por la recurrente. Ciertamente, la parte actora presenta dos certificados de las entidades bancarias que incluyen expresamente los gastos de administración y custodia en dos cuentas de la entidad Credit Suisse y Citibank Europe Plc, con expresión de los datos personales del recurrente, número de cuenta y discriminación de los gastos por los conceptos indicados. Con mención expresa el primero de que "se corresponde con la administración y depósito de valores negociables, y no incluye ningún gasto referido a otros conceptos, tales como gestión discrecional de carteras, asesoramiento o similares"; y lo mismo el segundo certificado que contiene explicación del concepto de "custody fee" que incluye la comisión por el depósito de valores y no incluye conceptos relativos asesoramiento en inversiones o gestión discrecional de carteras.

De modo, que no se puede negar virtualidad al carácter probatorio de estos documentos, por el mero hecho de que los mismos hayan venido a completar los ya aportados por el interesado que el TEARM consideró insuficientes en la resolución impugnada por contener información parcial y no responder a los patrones de información bancaria española. Todo ello aboca a la estimación de la demanda con la consiguiente anulación de la liquidación. En consecuencia, se estima el recurso contencioso administrativo con base en los fundamentos expuestos

La letra b) del artículo 26 contempla, como ya anticipamos, los gastos deducibles en el caso de que el rendimiento proceda de asistencia técnica, arrendamiento de bienes muebles, negocios o minas o subarrendamientos. En tal caso, se deducirán todos los gastos necesarios para la obtención de los rendimientos, sin limitación alguna, y además el importe de la depreciación de los bienes. Se produce pues una clara diferencia de trato de los gastos entre los distintos tipos de rendimiento. Así, en tanto que, para los rendimientos procedentes de operaciones habituales de ahorro, que afectan a la inmensa mayoría de la población, la regla general viene a ser la no deducibilidad de los gastos, salvo que expresamente se encuentre tasado, en el caso de los rendimientos del capital mobiliario más marginales por su virtualidad práctica, los del artículo 25.4 b) y c), la regla viene a ser la contraria, la deducibilidad de todos los gastos. Lo cierto es que al no dar justificación alguna para la discriminación de trato entre las distintas categorías de renta se establecía que todo gasto necesario para la obtención de ingresos se puede deducir de los rendimientos obtenidos por el sujeto pasivo para determinar el importe de la renta; de ahí que la enumeración de los gastos deducibles en el artículo 19 de la Ley del IRPF no tenga un carácter, naturalmente, taxativo, sino meramente indicativo de lo que se entiende —a título de ejemplo— por gastos necesarios para la obtención de ingresos en el IRPF ocasionan las deficiencias e injusticias que toda decisión de tal naturaleza arbitraria produce.

IV. INTEGRACIÓN Y COMPENSACIÓN DE RENTAS DE CAPITAL MOBILIARIO

La LIRPF establece en su artículo 49 el sistema de compensación entre las rentas del ahorro, estableciendo un sistema bastante sencillo, que a diferencia de situaciones anteriores permite la compensación entre ambos tipos de rentas.

a) Los rendimientos del capital mobiliario del 25.1, 2 y 3, se compensarán entre sí sin límite. Si el saldo fuera positivo, éste formará parte de la Base Imponible del Ahorro. Si fuera negativo, podrá compensarse con el 25% del saldo positivo de las ganancias patrimoniales si lo hubiese. En caso contrario, con los saldos positivos de los rendimientos del capital mobiliario de los cuatro años siguientes, sin límite, y con las ganancias patrimoniales hasta el 25% de las mismas, de cada año.

b) Las ganancias y pérdidas generadoras de este tipo de rentas, se compensarán entre sí sin límite. Si el saldo fuera positivo, éste formará parte de la Base Imponible del Ahorro. Si fuera negativo, podrá compensarse con el 25% del saldo positivo de los rendimientos del ahorro si lo hubiese. En caso contrario, con los saldos positivos de las ganancias y pérdidas de los cuatro años siguientes, sin límite, y con los rendimientos del capital mobiliario de este tipo hasta el 25% de las mismas, de cada año.

V. DEDUCCIONES Y EXENCIONES APLICABLES A LOS RENDIMIENTOS DEL CAPITAL MOBILIARIO

Las deducciones aplicables a los rendimientos del capital mobiliario son: las que derivan de la obtención de rentas en Ceuta y Melilla, la deducción por doble imposición internacional y doble imposición económica de dividendos y la deducción prevista para las cantidades ingresadas en las cuentas-vivienda, sin que sea de aplicación exención alguna, más allá de los regímenes transitorios contemplados por la Ley. Las condiciones de aplicación de la deducción por obtención de rentas en Ceuta y Melilla, que supondrá el 60% de la cuota, son las siguientes:

– Para los residentes en Ceuta y Melilla, todos los rendimientos del capital se beneficiarán de la deducción siempre que cumplan los requisitos de residencia establecidos por la Ley, de cinco años de permanencia y más de una tercera parte del patrimonio invertido en dichas ciudades. Esta deducción tiene el límite, para las rentas obtenidas fuera de la ciudad, del importe neto de los rendimientos y ganancias patrimoniales obtenidas en dichas ciudades.

– Para los no residentes será aplicable la reducción respecto de los rendimientos procedentes de sociedades que operen material y efectivamente en Ceuta y Melilla y que, además, tengan el domicilio y objeto social exclusivo en dichas ciudades; igualmente será aplicable la deducción por los rendimientos obtenidos por obligaciones o préstamos, cuando los capitales se hallen invertidos en dichos territorios y allí generen las rentas correspondientes; los procedentes del arrendamiento de bienes muebles, negocios o minas, siempre que se encuentren y utilicen en dichas ciudades. Por el contrario, no será aplicable la deducción a los dividendos procedentes de Instituciones e Inversión Colectiva, salvo cuando la totalidad de los activos se encuentren invertidos en Ceuta y Melilla en las condiciones que reglamentariamente se determinen.

En cuanto a la deducción por doble imposición internacional, se regula en el artículo 68 de la LIRPF, del que se desprende el siguiente régimen:

- La deducción se practicará sobre la cuota líquida del impuesto.
- Se podrá deducir la menor de las siguientes dos cantidades:
  a) El importe efectivo de lo satisfecho en el extranjero por razón del gravamen de carácter personal sobre dichos rendimientos o ganancias patrimoniales.
  b) El resultado de aplicar el tipo de gravamen a la parte de la base liquidable gravada en el extranjero. Dicho tipo se calcula multiplicando por 100 el cociente de dividir la cuota líquida total por la base liquidable. Se calcula con dos decimales y se debe diferenciar el tipo que corresponde a la parte general y la especial.

Del régimen estudiado se desprende que la deducción como máximo exime de pagar el IRPF por estas rentas, pero nunca da lugar a devolución por este concepto.

Cuando nos encontremos ante rendimientos obtenidos en Estados con los que existe convenio de doble imposición, habrá que tener en cuenta que el tipo será el que marque en el convenio y en general por la regulación que contenga.

Por lo que hace a las exenciones, el artículo 7 LIRPF ha contemplado algunos supuestos de exenciones que pueden incidir en la materia. Así, el apartado d) del citado artículo 7, en su redacción actual, contempla la exención derivada de indemnizaciones derivadas de seguros de accidentes, siempre que no haya sido gasto deducible de la actividad, y que se hayan calculado conforme al sistema de valoración de la los accidentes de tráfico.

De la misma forma se declaran exentos los seguros de decesos hasta el límite del importe de los gastos (artículo 7.r) LIRPF.

VI. RENTAS EN ESPECIE, NORMATIVA APLICABLE A LOS RENDIMIENTOS DEL CAPITAL MOBILIARIO

Las retribuciones en especie fueron reguladas en la Ley 18/1991, de 6 de junio, del Impuesto sobre la Renta de las Personas Físicas, siendo esta una de sus aportaciones más significativas, tal y como han escrito CAZORLA PRIETO y PEÑA ALONSO[110]: "La acentuada progresividad del Impuesto estudiado había desencadenado la tendencia de trasvasar retribuciones dinerarias hacia otras no dinerarias, con la subsiguiente escapatoria fiscal. El legislador de 1991 reaccionó decididamente contra esta tendencia, despejando toda duda y remachando la sujeción de estas retribuciones al Impuesto." No obstante, la Ley 44/1978 ya sujetaba a gravamen este tipo de rentas, que únicamente contenía reglas de valoración para las retribuciones en especie que consistían en el disfrute de la vivienda por el trabajador. Realmente fue la Ley 18/1991 la que pretendió una tributación efectiva de este tipo de rentas.

Si alguien ha estudiado de forma exhaustiva la regulación de las retribuciones en especie del trabajo personal, ha sido el profesor MORENO FERNANDEZ[111], por lo que además de remitirnos a su obra, también esta nos va a servir de base fundamental para desarrollar este epígrafe.

No podemos decir que exista una definición doctrinal de la expresión rentas en especie, por cuanto se parte de las precisiones legales (como vemos en el siguiente epígrafe) para determinar la configuración del término. No

---

110 **El Impuesto sobre la Renta de las Personas Físicas. Ley 40/1998 y su Reglamento**, Aranzadi, Pamplona, 1999, pág.91.

111 **Las retribuciones en especie del trabajo personal**, Lex Nova, Valladolid, 1994.

obstante, vamos a analizar siquiera sea brevemente algunas nociones antes de entrar en el desarrollo positivo del término.

Estas retribuciones no pueden encuadrarse dentro de los denominados «fringe benefits» puesto que estos admiten la existencia de beneficios dinerarios; y, por otro lado, tampoco se trata de liberalidades del empresario hacia el trabajador, puesto que se trata de contraprestaciones que deben incluirse en la retribución total del trabajador, convergen una serie de circunstancias sobre este término, que son las siguientes: tienen su origen en la relación laboral entre el pagador de los rendimientos y quien las percibe que trabaja por cuenta ajena; los bienes, derecho o servicios mediante los cuales se retribuye en especie deben ser utilizados para fines particulares; deben formar parte de la retribución total que percibe el trabajador; debe ser susceptible de convertirse en términos monetarios[112].

Tomando como base estas características MORENO FERNANDEZ[113] ha elaborado una definición de las retribuciones en especie en los siguientes términos: "Son rendimientos del trabajo en especie, las contraprestaciones o liberalidades remuneratorias, de naturaleza no dineraria, que siendo individualizables en el sujeto pasivo y convertibles en términos en términos monetarios, consistan en la adquisición de la propiedad o el disfrute, de bienes, derechos o servicios, y además se obtengan en beneficio propio, o del cónyuge o hijos del sujeto pasivo que convivan con éste, o de cualquier otro pariente o persona que se encuentren a su cargo, y lo sean gratuitamente o por precio inferior al coste para el empleador, o en defecto de dicho coste, con referencia al precio de mercado, y siempre y cuando, impliquen un ahorro de renta para aquél".

En primer lugar, hay que llamar la atención sobre el lugar en que el legislador ha regulado este tipo de rentas, en el capítulo IV donde se establece la normativa aplicable a las reglas especiales de valoración, en concreto son los artículos 43 y 44[114], donde se determinan las rentas en especie y la valoración

---

112 Para un mayor desarrollo de estas características véase el trabajo de MORENO FERNANDEZ, **Las retribuciones en especie del trabajo personal,** ob. cit., págs. 164 y ss.

113 **Las retribuciones en especie del trabajo personal,** ob. cit., pág. 241.

114 La profesora VEGA HERRERO ha manifestado algunas observaciones en cuanto a la ubicación de estos preceptos: "la primera es el desajuste que se aprecia entre el rótulo del capítulo y el contenido de los preceptos mencionados; en particular el artículo

de estas rentas en especie, respectivamente, es decir, se ha eliminado la regulación de las rentas en especie en sede de cada uno de los rendimientos donde se daba la posibilidad de percibir este tipo de rendimientos.

Esta regulación, en principio, no tiene por qué generar críticas ni a favor ni en contra; pero si por un lado, nos encontramos ante el hecho que los dos tipos de rendimientos que se pueden percibir en especie son los del trabajo personal y los del capital, y en concreto el mobiliario, aparte de ganancias patrimoniales; y por otro lado, que el artículo 44 cuando regula la valoración de las rentas especie dedica la mayor parte de su contenido a regular las rentas en especie que tienen su origen en la realización del trabajo personal, porque nada dice en torno a las rentas en especie del capital mobiliario, y en torno a las ganancias patrimoniales en especie remite a la regulación contenida en los artículos 32 y 35 que se encuentran en la Sección 4.ª, capítulo I, título II que regula las ganancias y pérdidas patrimoniales, no tiene mucho sentido, esta regulación en capítulo y preceptos distintos de los que regulan los rendimientos del trabajo[115].

En torno a estas rentas, el artículo 43 las define como "la utilización, consumo u obtención, para fines particulares, de bienes, derechos o servicios de forma gratuita o por precio inferior al normal de mercado, aun cuando no supongan un gasto real para quien las conceda", y excluye expresamente de

43, destinado a delimitar las rentas en especie, no incluye regla de valoración regla de valoración alguna por lo que su ubicación es discutible. En cuanto a la pretensión de validez universal de la nueva normativa para todas las retribuciones en especie parece un objetivo fallido puesto que se refiere casi en exclusiva a las del trabajo personal, siendo demostrativo de lo dicho la práctica coincidencia existente entre los preceptos reseñados y los artículo 26 y 27 de la Ley anterior que, como es sabido, regulaban las retribuciones en especie derivadas de esta fuente". "Los rendimientos del trabajo en especie", en la obra colectiva, **Estudios del Impuesto sobre la Renta de las Personas Físicas**, Lex Nova, Valladolid, 1999, pág. 294.

115 En el mismo sentido, GARCIA OVIES-SARANDESES, "Determinación de la base imponible y liquidable. Integración y compensación de rentas. Mínimo personal y familiar. Reglas especiales de valoración. Regímenes de determinación de la base imponible", en la obra colectiva, **El nuevo Impuesto sobre la Renta de las Personas Físicas**, Lex Nova, Valladolid, 1999, pág. 178; VEGA HERRERO, "Los rendimientos del trabajo en especie", en la obra colectiva, **Estudios del Impuesto sobre la Renta de las Personas Físicas**, ob. cit., pág. 294.

la consideración de rentas en especie los supuestos en que "el pagador de las rentas entregue al contribuyente importes en metálico para que éste adquiera los bienes, derechos o servicios...".

El primer comentario que nos sugiere esta definición es la siguiente, el legislador ha utilizado para definir las rentas en especie en general, la misma definición que con anterioridad, en la Ley 18/1991, utilizaba para definir las retribuciones en especie del trabajo personal, no entendemos cómo utiliza los mismos términos para definir el género y la especie, otra razón más para no encontrar mucho sentido al cambio de lugar de este asunto en el articulado de la Ley, como ya hemos señalado anteriormente, por tanto, ha seguido en su totalidad lo que establecía el artículo 26 de la Ley 18/1991[116].

En consecuencia, y conforme a la dicción legal, los requisitos que deben concurrir en una retribución para que esta sea calificada de renta en especie son las siguientes:

- La utilización, consumo u obtención de bienes, derechos o servicios.
- El disfrute para fines particulares, en consecuencia, no se dispondrá del bien, derecho o servicio en horas ni para motivos de trabajo.
- Inexistencia de contraprestación por parte del perceptor o por precio inferior al normal de mercado.
- No es necesario que exista un gasto real para la persona que entrega la renta en especie.

Ahora bien, a estas características establecidas en el artículo 43 de la Ley 40/1998 es preciso añadir que también deben cumplirse el resto de condiciones para tratarse de una retribución del trabajo personal, especialmente la derivación del trabajo personal o de la relación laboral o estatutaria de forma

---

116 La única modificación que se aprecia, siguiendo los comentarios de VEGA HERRERO, es la que afecta al término «retribuciones en especie» que ahora pasa a denominarse «rentas». "Esta modificación no es sustancial a efectos de nuestro análisis ya que las rentas del trabajo personal que en el impuesto se gravan no son sino las retribuciones del trabajo dependiente o asalariado, que pueden ser en dinero o en especie, por lo que tan correcto es hablar de renta como de retribución, de ahí la intranscendencia de este cambio terminológico." "Los rendimientos del trabajo en especie", en la obra colectiva, **Estudios del Impuesto sobre la Renta de las Personas Físicas**, ob. cit., pág. 295.

directa o indirecta, porque dentro de este concepto se incluyen tanto las retribuciones dinerarias como las obtenidas en especie, por tanto, como ha señalado la profesora VEGA HERRERO[117], "la derivación del trabajo personal es una idea omnicomprensiva que permite incluir tanto las rentas en especie que constituyen una retribución del trabajo desempeñado como aquellas que sin ser una compensación estricta al trabajo realizado, van aparejadas a la relación laboral".

Una vez determinados los requisitos para la existencia de una renta en especie, el artículo 43 de la Ley establece los supuestos que "no tendrán la consideración de rendimientos del trabajo en especie". Lo primero que podemos apreciar en el texto legal es la referencia únicamente a supuestos que no se consideran rentas del trabajo en especie, pero no alude a otro tipo de renta en especie, como podría ser del capital mobiliario o de otro tipo. Supuestos que ya contenía el artículo 26 de la Ley 18/1991, no obstante, el vigente artículo 43 recoge mayor número de hipótesis[118].

El artículo 42 apartado 1 de la Ley del Impuesto sobre la Renta de las Personas Físicas estable qué situaciones generan rendimientos en especie en los siguientes términos:

1. Constituyen rentas en especie la utilización, consumo u obtención, para fines particulares, de bienes, derechos o servicios de forma gratuita o por precio inferior al normal de mercado, aun cuando no supongan un gasto real para quien las conceda.

Cuando el pagador de las rentas entregue al contribuyente importes en metálico para que éste adquiera los bienes, derechos o servicios, la renta tendrá la consideración de dineraria.

IV. *Rendimientos dinerarios o en especie procedentes de operaciones de capitalización, de contratos de seguro de vida o invalidez y de rentas derivadas*

---

117 Vid. en el mismo sentido, VEGA HERRERO, "Los rendimientos del trabajo en especie", en la obra colectiva, **Estudios del Impuesto sobre la Renta de las Personas Físicas**, ob. cit., pág. 299.

118 En cuanto a la calificación de estos supuestos como de no sujeción o de exención, véase VEGA HERRERO, "Los rendimientos del trabajo en especie", en la obra colectiva, **Estudios del Impuesto sobre la Renta de las Personas Físicas**, ob. cit., págs. 300 y 301.

de la imposición de capitales en la actualidad van a tener la consideración de Rendimientos de Capital Mobiliario de esta naturaleza aquellos que cumplan determinadas características. De esta forma, tendrán que ser:

- Rendimientos dinerarios o en especie.
- Procedentes de operaciones de capitalización y de contratos de seguro de vida o invalidez o derivados de la imposición de capitales.

Pero siempre con la excepción de que los rendimientos, con arreglo a lo previsto en el artículo 17.2.a) de la Ley 35/2006 del Impuesto sobre la Renta de las Personas Físicas, deban tributar como Rendimientos del Trabajo.

Como hemos dicho, se incluye con la nueva Ley 35/2006 en este apartado las rentas derivadas de la imposición de capitales que anteriormente estaban incluidas en otros Rendimientos de Capital Mobiliario, o dicho de otra forma, en el cuarto apartado en el que calificamos a los Rendimientos de Capital Mobiliario.

a) Rendimientos dinerarios o en especie.

No nos plantea ningún problema saber qué son rendimientos dinerarios o en especie.

Recordemos simplemente que el artículo 42 de la Ley del Impuesto establece que constituyen rentas en especie la utilización, consumo u obtención, para fines particulares, de bienes derechos o servicios de forma gratuita o por precio inferior al normal de mercado, aun cuando no supongan un gasto real para quien los conceda.

En el caso que estamos estudiando, como veremos a continuación, las rentas en especie, para ser encuadradas dentro de este tipo de Rendimientos de Capital Mobiliario, van a proceder obviamente de operaciones de capitalización, de contratos de seguro de vida o invalidez o de la imposición de capitales.

b) Operaciones de capitalización y contratos de seguro de vida o invalidez.

Las operaciones de capitalización y de contratos de seguro de vida quedan sometidas a los preceptos de la Ley de Ordenación y Supervisión del Seguro Privado, que establece que se someten a esta norma, entre otras:

- Las actividades de seguro directo de vida.

  Los contratos de seguros sobre la vida, a su vez, se clasifican en distintas modalidades, entre las que destacan:

1.a) Seguros para caso de vida (la contingencia va a ser que el asegurado continúe vivo en una fecha determinada).

1.b) Seguros para caso de muerte (la contingencia será la muerte del asegurado).

1.c) Seguros mixtos (se produce una combinación de las anteriores contingencias).

- Las operaciones de capitalización.

  Estas últimas son operaciones basadas en técnica actuarial que consisten en obtener compromisos determinados en cuanto a su duración y a su importe a cambio de desembolsos únicos o periódicos previamente fijados. Debemos diferenciar, como aspecto importante y básico, los rendimientos obtenidos en estas operaciones de los rendimientos obtenidos por la cesión a terceros de capitales propios, que ya hemos estudiado, en los que no existe ninguna técnica actuarial y en donde las contraprestaciones constituyen una forma de retribución pactada como remuneración por tal cesión.

- Los contratos de seguro de invalidez.

  Respecto a la tercera categoría de rendimientos encuadrados en este apartado (además de las operaciones de capitalización y de seguro directo de vida), al mencionar la norma los contratos de seguro de invalidez, el legislador no estuvo demasiado preciso, pues la invalidez no es un tipo de contrato de seguro específico, sino que es una contingencia que origina una prestación determinada, y que básicamente aparece en los seguros de accidentes y de enfermedad, si bien también puede figurar en los seguros sobre la vida.

c) Rentas derivadas de la imposición de capitales.

Se incluyen en este apartado las rentas vitalicias o temporales que tengan por causa la imposición de capitales, salvo cuando hayan sido adquiridas por herencia, legado o por cualquier otro título sucesorio.

Traemos la Sentencia del Tribunal Supremo donde se resuelve un asunto relativo al gravamen de rentas en especie, Tribunal Supremo, Sala Tercera, de lo Contencioso-administrativo, Sección 2.ª, Sentencia 498/2022 de 27 Abr. 2022, Rec. 4793/2020, cesión de uso o puesta a disposición de los vehículos automóviles de los que es titular una sociedad a sus propios socios para fines particulares: tributación como rendimiento del capital mobiliario en el IRPF de los cesionarios: valoración conforme a las reglas del **art. 41 LIRPF,** en la medida en que constituyan una operación vinculada

El TS estima en parte el recurso de casación interpuesto contra sentencia del TSJ de Andalucía, con sede en Málaga, que casa y anula, en parte estimando el recurso contencioso-administrativo contra la resolución del TEAR de Andalucía, que se anula únicamente en el sentido de declarar que la cesión de uso o puesta a disposición de los vehículos automóviles de los que es titular la sociedad en favor del socio debe tributar como rendimiento del capital mobiliario en el IRPF, resultando aplicables las reglas de valoración establecidas en el artículo 41 LIRPF.

Por lo que interesa a este recurso de casación, la recurrente perfiló el debate de instancia, poniendo de manifiesto la improcedencia de calificar como rendimiento del trabajo en especie la puesta a disposición del recurrente de diversos vehículos por parte de la empresa, de los que la misma es titular, aduciendo que como socio y administrador no mantiene ningún vínculo laboral o análogo, por lo que en todo caso debió calificarse el rendimiento como del capital mobiliario, procediendo a valorar esa utilidad con arreglo a los criterios valorativos establecidos para las operaciones vinculadas, y no como se ha hecho por aplicación del régimen de valoración de este tipo de rendimientos del trabajo en especie.

Sobre este particular, la sentencia de instancia calificó dicha puesta a disposición como un rendimiento de capital mobiliario en especie, considerando procedente su valoración como rendimiento de trabajo en especie, conforme al artículo 43 de la Ley 35/2006, de 28 de noviembre, del Impuesto sobre la Renta de las Personas Físicas y de modificación parcial de las leyes de los Impuestos sobre Sociedades, sobre la Renta de no Residentes y sobre el Patrimonio ("LIRPF"), "BOE" núm. 285, de 29 de noviembre.

La Sección de admisión de esta Sala Tercera del Tribunal Supremo admitió el recurso de casación por medio de auto de 17 de diciembre de 2020, en el que aprecia un interés casacional objetivo para la formación de la jurisprudencia, enunciado en estos literales términos:

"2.º) La cuestión que presenta interés casacional objetivo para la formación de la jurisprudencia consiste en:

Determinar si la cesión de uso o puesta a disposición de los vehículos automóviles de los que es titular una sociedad a sus propios socios debe tributar como rendimiento del capital mobiliario en el IRPF de los cesionarios y, de ser así, si para su valoración resultan aplicables, de forma análoga, las reglas establecidas para la utilización o entrega de vehículos automóviles en el supuesto de los rendimientos del trabajo.

3.º) Identificar como normas jurídicas que, en principio, habrán de ser objeto de interpretación: los artículos 25, 41, 42 y 43.1.1.º.b) de la Ley 35/2006, de 28 de noviembre del Impuesto sobre la Renta de las Personas Físicas, y 14 de la Ley 58/2003, de 17 de diciembre, General Tributaria.

Ello sin perjuicio de que la sentencia haya de extenderse a otras si así lo exigiere el debate finalmente trabado en el recurso, ex artículo 90.4 de la LJCA."

Para fundamentar la estimación del recurso de casación y consiguiente anulación de la sentencia impugnada, argumenta que la mera cesión de uso o puesta a disposición de los vehículos automóviles de los que es titular una sociedad, a sus propios socios, no debe tributar como rendimiento de capital mobiliario. Lo que debería hacerlo es el uso real que se haga de los mismos.

Entiende que la mera disponibilidad hipotética de un vehículo por el socio como rendimiento de capital mobiliario, vulnera el artículo 25.1.d) de la LIRPF, porque el precepto considera rendimiento de capital mobiliario los "rendimientos obtenidos" por la participación en los fondos propios de cualquier tipo de entidad. Sin embargo, que exista una disponibilidad abstracta de un bien, sin tener en cuenta su utilización real, no implica la obtención de nada.

Para el caso de que se consideraran los rendimientos como de capital mobiliario, patrocina que no puede utilizarse de forma "análoga" las reglas establecidas para la utilización o entrega de vehículos automóviles en el supuesto de los rendimientos del trabajo. Así lo considera porque el articulo 41 LIRPF determina que "[l]a valoración de las operaciones entre personas o entidades vinculadas se realizará por su valor normal de mercado, en los términos previstos en el artículo 16 del texto refundido de la Ley del Impuesto sobre Sociedades". Igualmente, el artículo 43.1 LIRPF expresa que "con carácter general, las rentas en especie se valorarán por su valor normal en el mercado".

Por tanto, para el recurrente resultaría aplicable, en su caso, el artículo 41 LIRPF, precepto que, al referirse a las operaciones entre personas o entidades vinculadas a efectos de estimar el valor de mercado, se remite a las reglas del articulo 16 Texto Refundido de la Ley del Impuesto sobre Sociedades, aprobado por Real Decreto Legislativo 4/2004, de 5 de marzo ("TRLIS"), "BOE" núm. 61, de 11 de marzo. En su opinión, la norma es clara y precisa sin que ofrezca duda jurídica, debiendo atenerse, no obstante, a determinadas obligaciones formales, de procedimiento, que, de no aplicarse, quedarían completamente ignoradas. Por tanto, mantiene que dicho artículo 16 TRLIS debe aplicarse de forma imperativa.

Alerta, además, que de utilizarse de forma supletoria las reglas de valoración previstas en el artículo 43.1.º.b) LIRPF, para el caso de rendimientos de trabajo, a unos rendimientos de capital, se estaría produciendo, una utilización "análoga", posibilidad expresamente vedada por el artículo 14 Ley 58/2003, de 17 de diciembre, General Tributaria ("LGT"), "BOE" núm. 302, de 18 de diciembre, porque se estaría extendiendo, en contra de la Ley, "más allá de sus términos estrictos el ámbito del hecho imponible, de las exenciones y demás beneficios o incentivos fiscales".

Entiende que la aplicación del artículo 43.1.b) LRIPF de forma supletoria a los rendimientos de capital mobiliario no es aceptable porque la causa contractual del contrato de trabajo y la del contrato de sociedad están demasiado alejadas como para poder equipararse a efectos de calcular los rendimientos que generan cada uno de ellos.

Por último, considera que el artículo 43.1.b) LIRPF se torna todavía más inútil e irracional, cuando resulta que el socio tiene sus propios vehículos y la entidad tiene varios más, pues al socio se le está imputando la disponibilidad de toda una flota de coches, aparte del que tiene en propiedad, lo que provocaría que se le haga tributar por una cantidad abrumadora, cuando físicamente es imposible que conduzca tantos vehículos al mismo tiempo. El precepto citado, para este tipo de casos, se volvería aún más injusto y, por eso, considera que, en realidad, está pensado para ser aplicado a trabajadores que no tienen una vinculación societaria a la empresa que les cede un vehículo y cuando se pretende aplicar a situaciones completamente diferentes a los inicialmente previstos, a su finalidad natural, provoca resultados ilógicos, injustos, desproporcionados, etc.

Concluye solicitando que se acuerde casar y anular parcialmente la sentencia impugnada, sustituyendo su pronunciamiento por otro fallo que estime su petición, resolviendo la nulidad de la valoración de los rendimientos de capital, que fue efectuada con base al artículo 43.1.1.º.b) LIRPF.

La oposición del Abogado del Estado se fundamenta en los siguientes argumentos:

Frente a los argumentos del recurso, apunta que el art. 25 LIRPF, incluido dentro de la Sección 2.ª del Capítulo II "Definición y determinación de la renta gravable" del Título III de dicha ley, "Determinación de la base imponible", es muy claro cuando incluye en la categoría de "rendimientos íntegros de capital mobiliario" que tributan por el IRPF: "Cualquier otra utilidad, distinta de las anteriores, procedente de una entidad por la condición de socio, accionista, asociado o partícipe".

Combate la posición del recurrente, de distinguir entre puesta a disposición del vehículo y su uso real, pues el art. 25.1.d) LIRPF habla de "cualquier utilidad". La utilización o utilidad del vehículo, en este sentido, se habría de entender como la posibilidad de utilizarlo en cualquier momento para fines particulares, no como uso efectivo, que exigiría un cómputo individualizado por días u horas o, en el caso de vehículos, incluso por kilómetros, que no tiene ningún reflejo legal y sería de imposible implantación práctica.

Añade que aquí no se discute si se utilizó para fines particulares o empresariales, pues el recurrente no niega en ningún momento, que tenía la plena disponibilidad de los vehículos para fines particulares ni esgrime siquiera que fueran usados para actividades relacionadas con las de la empresa.

Por su parte, el art. 42 LIRPF, dentro del Capítulo III del Título III, recoge las "reglas generales de valoración", que se aplican a todos los rendimientos que se integran en la base imponible del impuesto, por tanto, no solo a los rendimientos del trabajo sino también, en lo que ahora importa, a los de capital mobiliario.

Respecto a la cuestión de si, para la valoración de dicho rendimiento del capital mobiliario en especie resultan aplicables, de forma análoga, las reglas establecidas en el art. 43.1.1.º.b) LIRPF para la utilización o entrega de vehículos automóviles en el supuesto de los rendimientos del trabajo, considera que la respuesta ha de ser afirmativa, puesto que ninguna diferencia existe, desde este punto de vista, entre la retribución en especie concedida al trabajador y la que se otorga al socio.

Expone que el art. 43 LIRPF, dentro del mismo Capítulo, aplicable a todos los rendimientos que se integran en la base imponible del IRPF, con la rúbrica "Valoración de las rentas en especie" establece primero, la regla según la cual: "Con carácter general, las rentas en especie se valorarán por su valor normal en el mercado" pero luego, en su apartado 1.º, concreta una serie de especialidades, que refiere a "los rendimientos del trabajo en especie" y, dentro de ellas, en el apartado b), contempla el "caso de la utilización o entrega de vehículos automóviles".

Añade que, aquí, no se está en la prohibición del art. 14 LGT, extensión analógica del hecho imponible. Simplemente, en el caso de relación laboral, los rendimientos se califican como rendimientos de trabajo y en este, al ser el beneficiario socio de la empresa, como rendimientos de capital mobiliario

En cuanto al art. 41 LIRPF afirma que no prevalece, frente a lo que pretende el interesado, sobre el art. 43.1 de dicha Ley. Recuerda que, sobre esa cuestión la abogacía del Estado ha preparado dos recursos de casación (4769/2020 y 5104/2020), admitidos por sendos autos del Tribunal Supremo, de 4 de marzo de 2021, en los que el abogado del Estado ha sostenido que la LIRPF no establece ningún orden de preferencia en la aplicación de las reglas especiales de valoración del Capítulo III del Título III, sin que haya duda de que, en el caso de rendimientos en especie satisfechos por una sociedad a sus socios o partícipes, se trata de partes vinculadas. Sin embargo, ello no supondría que se tenga siempre que acudir al procedimiento de valoración de las operaciones entre partes vinculadas que regula la normativa del impuesto de sociedades por la remisión del art. 41 LIRPF pues supondría desconocer la finalidad de este procedimiento y la existencia misma del art. 43 LIRPF, que no establece ninguna excepción en su aplicación para estos supuestos y, al contrario, comienza diciendo que la regla que establece se aplicará "con carácter general".

En definitiva, a su juicio, el régimen de operaciones vinculadas del art. 41 LIRPF es aplicable cuando existe contrato o acuerdo de cesión de bienes entre socio y sociedad y el valor pactado es diferente al de mercado, pero si no existe ese acuerdo con asignación de un valor, es pertinente aplicar la regla del art. 43 LIRPF.

Concluye que la doctrina a fijar debería ser la siguiente:

- La cesión de uso o puesta a disposición de los vehículos automóviles de los que es titular una sociedad a sus propios socios para fines particulares, sí debe tributar como rendimiento del capital mobiliario en el IRPF de los cesionarios.
- Para la valoración de dichos rendimientos, resultan aplicables, de forma análoga, las reglas establecidas en el art. 43.1.1.º.b) LIRPF para la utilización o entrega de vehículos automóviles en el supuesto de los rendimientos del trabajo o, subsidiariamente, la regla general del art. 43.1 LIRPF.

El fallo del Tribunal se sustenta en los siguientes fundamentos de Derecho:

FUNDAMENTOS DE DERECHO

PRIMERO.— La controversia jurídica.

El debate casacional versa sobre cuál es la calificación jurídico-tributaria, en sede del impuesto sobre la renta del socio, de la cesión de uso o puesta a disposición, en favor de este, de los vehículos de la sociedad, así como su valoración.

La lectura del escrito de interposición sugiere que, el recurrente, socio y contribuyente por IRPF, pone en cuestión, desde la perspectiva de la "definición y determinación de la renta gravable", que la mera posibilidad de uso del vehículo que le ofrece la sociedad pueda considerarse sujeta al gravamen por renta.

Parece evidente que la concreta calificación como rendimiento o utilidad en especie, en particular, como rendimiento de capital mobiliario en especie —categoría sobre la que interroga el auto de admisión—, supone ya, evidentemente, que dicha puesta a disposición del vehículo en favor del socio es una renta en especie. En otras palabras, proclamar que estamos ante un rendimiento del capital mobiliario del artículo 25 LIRPF, presupone que dicha disponibilidad de uso conforma el hecho imponible del impuesto a tenor del artículo 6 LIRPF.

Una vez despejemos ese dilema, esto es, si hay renta gravable y, en su caso, su categorización como rendimiento en especie de capital mobiliario, surge, de inmediato, la necesidad de dilucidar el procedimiento y las reglas para su valoración, en particular, si resulta aplicable el artículo 41 LIRPF (como patrocina el socio recurrente sobre la base de la vinculación existente entre sociedad y socio) o si, como mantiene el abogado del Estado, debe estarse a la regla del art. 43 LIRPF, aplicando analógicamente sus determinaciones con relación a la utilización o entrega de vehículos automóviles en el supuesto de los rendimientos del trabajo.

SEGUNDO.— La argumentación de la sentencia de instancia.

La sentencia de Málaga señala [Fundamento de Derecho Segundo] que, como consecuencia del marco de relaciones que se entablan entre el contribuyente y la compañía que le asigna el uso particular de diversos vehículos (4 automóviles y una motocicleta), no existiendo una relación laboral formalmente constituida ni poder deducirse objetivamente un vínculo de esta naturaleza entre el recurrente y la sociedad, procede rechazar la imputación de tales rendimientos como renta del trabajo, llevada a cabo por parte de la Administración tributaria.

Sin embargo, considera que esa asignación del uso particular por parte del socio de los referidos vehículos de la sociedad de la que es partícipe es una utilidad, económicamente evaluable, que puede ser integrada en la base imponible del IRPF, en concreto en concepto de rendimientos del capital mobiliario en especie, con arreglo al artículo 25 LIRPF:

> "[...] Es cierto que en el caso de autos la consideración de tales rendimientos como renta del trabajo es dificultosa como consecuencia del marco de relaciones que se entablan entre el contribuyente y la compañía que le asigna indubitadamente el uso particular de diversos vehículos, al no existir una relación laboral formalmente constituida, ni poder deducirse objetivamente un vínculo de esta naturaleza entre el recurrente y la empresa que titula y administra.
>
> Esto no implica que esta utilidad económicamente evaluable no pueda ser integrada en la base imponible del impuesto en otro concepto, y a este respecto establece el art. 25 de LIRPF que "Tendrán la consideración de rendimientos íntegros del capital mobiliario los siguientes: 1. Rendimientos obtenidos por la participación en los fondos propios de cualquier tipo de entidad.
>
> Quedan incluidos dentro de esta categoría los siguientes rendimientos, dinerarios o en especie:
>
> d) Cualquier otra utilidad, distinta de las anteriores, procedente de una entidad por la condición de socio, accionista, asociado o partícipe."

De lo que en último término se deduce que es viable la inclusión en la base imponible del ahorro de rendimientos del capital mobiliario en especie. Entre ellos utilidades evaluables económicamente como la que presenta la asignación del uso particular de diversos vehículos".

En cuanto a la determinación del importe de dicho rendimiento del capital mobiliario en especie, la sentencia razona lo siguiente:

> "[...] no encontramos dificultades para aplicar los parámetros establecidos para la evaluación del valor de cesiones de vehículos a empleados por partes de sus empresas [artículo 43.1.1.º.b) LIRPF], pues el objeto del rendimiento valorado es el mismo, con independencia de la naturalización de la ventaja económica como rendimiento del trabajo o como rendimiento del capital mobiliario, por lo que no podemos aceptar que la liquidación operada adolezca de falta de motivación, pudiera impugnarse por motivos de fondo, si se hubiera puesto en evidencia que la valoración resultante no era ajustada al valor de mercado por cualquiera de los métodos propuestos por la recurrente, pero no se ha hecho así.
>
> Se desestima este motivo del recurso, sin perjuicio de las rectificaciones que en su caso procedan para ajustar la liquidación a la calificación otorgada a este rendimiento".

TERCERO.— Sobre la realización del hecho imponible y su calificación.

Los alegatos de la parte recurrente no empañan la nítida conformación del hecho imponible en este caso.

Como se ha expresado, gran parte de la argumentación, embridada en el escrito de interposición, se despliega sobre la base de considerar que, la mera puesta a disposición de un vehículo no constituye renta sujeta a gravamen si no existe utilización efectiva del mismo.

Sobre este particular, como recuerda el abogado del Estado, la Administración tributaria incluyó como rendimiento en especie no solamente la utilización del vehículo sino, incluso, el carburante consumido.

Tales circunstancias fácticas, que no cabe discutir en sede casacional, diluyen, ya de entrada, la argumentación del recurrente, basada en la distinción entre la mera puesta a disposición y el uso efectivo, teniendo en consideración que no se ha cuestionado la propia cesión del uso de los vehículos en su favor ni que dicha utilización —evidenciada por el dato objetivo del consumo de combustible— hubiese sido realizada por terceros ni, obviamente, la sentencia se pronuncia en sentido contrario.

Es más, la Sala de Málaga se refiere a "la atribución del uso de una serie de vehículos a favor del recurrente"; a que la compañía "le asigna indubitadamente el uso particular de diversos vehículos"; y a "la asignación del uso particular de diversos vehículos". Pero, en ningún momento, asume, como le reprocha el recurrente, que el rendimiento del capital mobiliario se hubiera generado, en este caso, por la simple puesta a disposición sin utilización efectiva.

En cualquier caso, los rendimientos del capital se definen desde una perspectiva integral, en el sentido de comprender "la totalidad de las utilidades o contraprestaciones, cualquiera que sea su denominación o naturaleza, dinerarias o en especie, que provengan, directa o indirectamente, de elementos patrimoniales, bienes o derechos, cuya titularidad corresponda al contribuyente y no se hallen afectos a actividades económicas realizadas por éste" (apartado primero, artículo 21 LIRPF).

Mas en particular, el apartado primero, artículo 25 LIRPF califica como rendimientos íntegros del capital mobiliario, los obtenidos por la participación en los fondos propios de cualquier tipo de entidad quedando "incluidos dentro de esta categoría los siguientes rendimientos, dinerarios o en especie: [...] d) Cualquier otra utilidad, distinta de las anteriores, procedente de una entidad por la condición de socio, accionista, asociado o partícipe."

Estos términos tan amplios permiten calificar como rendimiento del capital mobiliario la puesta a disposición por parte de la sociedad, en favor del socio, de los vehículos de los que aquella sea titular, puesta a disposición que, con independencia de su utilidad efectiva, constituye, sin lugar a duda, una ventaja o utilidad para el socio, conformadora del hecho imponible del impuesto.

Por lo demás, la relación entre sociedad y socio, enmarcada en el ámbito del derecho mercantil, resulta ajena al ámbito estrictamente laboral, por lo que no cabe calificar dicha renta como rendimientos de trabajo, en línea con lo mantenido por la sentencia de instancia, criterio que, en cierta medida, viene a corroborar el propio recurrente, al oponerse a la aplicación analógica de las reglas de valoración previstas en el artículo 43.1.b) LRIPF para los rendimientos de trabajo.

CUARTO.— Reglas de valoración aplicables.

En cuanto a las reglas de valoración de tales rendimientos de capital mobiliario en especie, necesariamente debemos de partir de nuestra reciente sentencia núm. 157/2022, de 9 de febrero, rec. 4769/2020, ECLI:ES:TS:2022:541, en la que hemos analizamos la valoración de la utilización por un socio de determinados bienes de la sociedad (embarcación, vehículos, inmuebles y otros), aprovechamientos que se calificaban por la Administración como rentas en especie y que, frente a lo que postulaba el abogado del Estado —que invocaba la regla del art. 43 LIRPF—, llegamos a la conclusión de que, en las circunstancias del caso, debía estarse a la del art. 41 LIRPF (tal y como, por lo demás, aquí argumenta el contribuyente).

Previamente a poner de manifiesto las líneas directrices del referido pronunciamiento, conviene delimitar el marco normativo aplicable a los efectos de la valoración controvertida.

La LIRPF se refiere en su Título III a la "determinación de la base imponible", a cuyo efecto, su Capitulo IV establece "reglas especiales de valoración", aglutinado los artículos 40 (estimación de rentas), 41 (operaciones vinculadas), 42 (rentas en especie) y 43 (valoración de las rentas en especie).

Al igual que acontecía en el caso resuelto por la sentencia núm. 157/2022, de 9 de febrero, a los efectos de este recurso, resultan de interés los art 41, 42 y 43 LIRPF.

Artículo 41. Operaciones vinculadas.

> "La valoración de las operaciones entre personas o entidades vinculadas se realizará por su valor normal de mercado, en los términos previstos en el artículo 16 del texto refundido de la Ley del Impuesto sobre Sociedades."

El articulo 16 TRLIS (actual art 18 LIS), se refiere a las operaciones vinculadas:

> "1.1.º Las operaciones efectuadas entre personas o entidades vinculadas se valorarán por su valor normal de mercado. Se entenderá por valor normal de mercado aquel que se habría acordado por personas o entidades independientes en condiciones de libre competencia.

(...)

3. Se considerarán personas o entidades vinculadas las siguientes:

a) Una entidad y sus socios o partícipes.

b) Una entidad y sus consejeros o administradores. c) Una entidad y los cónyuges o personas unidas por relaciones de parentesco, en línea directa o colateral, por consanguinidad o afinidad hasta el tercer grado de los socios o partícipes, consejeros o administradores.

(...)"

Por su parte, el articulo 42.1 LIRPF más que una regla de valoración es, en realidad, una norma de definición, en este caso, de lo que constituyen rentas en especie.

Artículo 42. Rentas en especie.

"1. Constituyen rentas en especie la utilización, consumo u obtención, para fines particulares, de bienes, derechos o servicios de forma gratuita o por precio inferior al normal de mercado, aun cuando no supongan un gasto real para quien las conceda.

Cuando el pagador de las rentas entregue al contribuyente importes en metálico para que éste adquiera los bienes, derechos o servicios, la renta tendrá la consideración de dineraria.

2. (...)"

Finalmente, el artículo 43 LIRPF, dispone lo siguiente

Artículo 43. Valoración de las rentas en especie

1. Con carácter general, las rentas en especie se valorarán por su valor normal en el mercado, con las siguientes especialidades:

[Las especialidades a las que alude el precepto las refiere a "rendimientos del trabajo en especie" y a "ganancias patrimoniales en especie"]

1.º Los siguientes rendimientos del trabajo en especie se valorarán de acuerdo con las siguientes normas de valoración:

[...]

b) En el caso de la utilización o entrega de vehículos automóviles:

En el supuesto de entrega, el coste de adquisición para el pagador, incluidos los tributos que graven la operación.

En el supuesto de uso, el 20 por ciento anual del coste a que se refiere el párrafo anterior. En caso de que el vehículo no sea propiedad del pagador, dicho porcentaje se aplicará sobre el valor de mercado que correspondería al vehículo si fuese nuevo.

La valoración resultante de lo previsto en el párrafo anterior se podrá reducir hasta en un 30 por ciento cuando se trate de vehículos considerados eficientes energéticamente, en los términos y condiciones que se determinen reglamentariamente.

En el supuesto de uso y posterior entrega, la valoración de esta última se efectuará teniendo en cuenta la valoración resultante del uso anterior.

[...]

2. En los casos de rentas en especie, su valoración se realizará según las normas contenidas en esta Ley. A dicho valor se adicionará el ingreso a cuenta, salvo que su importe hubiera sido repercutido al perceptor de la renta."

Como hemos dicho, las rentas en especie que la Administración imputa al socio, en sede de su IRPF, constituyen "rendimientos íntegros del capital mobiliario", por cuanto tiene dicha consideración —dentro de la categoría de los rendimientos, dinerarios o en especie, obtenidos por: "la participación en los fondos propios de cualquier tipo de entidad", "cualquier otra utilidad, distinta de las anteriores, procedente de una entidad por la condición de socio, accionista, asociado o partícipe" [art 25.1.d) LIRPF].

Tanto el artículo 41 LIRPF (por la remisión al art. 16 TRLI, similar, en lo que ahora interesa, al actualmente vigente art. 18 LIS) como el artículo 43 LIRPF confluyen en una estimación, basada en el valor de mercado.

En la citada sentencia núm. 157/2022, de 9 de febrero, se apuntó como diferencia entre ambos preceptos que, por la vía del artículo 41 LIRPF, específicamente, por las remisiones al art. 16 TRLIS (actual art. 18 LIS 2014), deben aplicarse una serie de métodos de valoración y normas procedimentales que, susceptibles de aplicarse a los sujetos pasivos contribuyentes del IRPF, no modulan, en cambio, la valoración efectuada por la vía del 43 LIRPF, circunstancia que, en la práctica, arroja sensibles diferencias económicas.

Pues bien, la premisa de la que debemos partir es la de que resulta evidente que, para aplicar el artículo 41 LIRPF, debe existir una operación vinculada.

Y, al igual que ocurría en aquella sentencia núm. 157/2022, de 9 de febrero, nadie ha planteado aquí, explícitamente, si para acudir al art 41 LIRPF es suficiente con que la sociedad y el socio sean partes vinculadas (aquí, el dato es indiscutible) o si, lo importante, a los efectos de aplicar el artículo 41 LIRPF, no es la vinculación en sí misma, sino la realización de "operaciones" entre las partes.

Pues bien, en el presente caso, el abogado del Estado se remite en su escrito de oposición a lo que mantenía en el recurso 4769/2020, resuelto por la sentencia núm. 157/2022, de 9 de febrero, de constante referencia. Y, en la misma, rechazamos su posición, poniendo de manifiesto lo siguiente:

> "[...] de forma refleja o indirecta, parece sugerir dicha idea el abogado del Estado al desplegar su argumentario sobre la necesidad de que para encarar la valoración por la vía del artículo 41 LIRPF debe existir "contrato, acuerdo o pacto de cesión de bienes entre las partes vinculadas con asignación de un valor o de un precio inferior al de mercado."

No obstante, el escrito de interposición no cuestiona la existencia de operación vinculada sino que introduce una serie de consideraciones a los efectos de la aplicación del referido precepto, expresando que, "lo que se plantea en este recurso es, si estas reglas y métodos [las del TRLIS], son o no aplicables a los rendimientos de capital mobiliario en especie del art. 25.1.d) LIRPF, obtenidos por los socios de una entidad mercantil que, por tanto, son las dos cosas a la vez: rendimientos en especie y rendimientos entre partes vinculadas.

De este modo, la respuesta a esta cuestión dependerá de si se decide o no la aplicación preferente del art. 41 sobre el art. 43 LIRPF."

[...]

No podemos sustituir la apreciación de los jueces de instancia en torno a sí existió o no operación vinculada pues, al margen de que implícitamente parece aceptarse por la Administración, se trata, en definitiva, de una cuestión fáctica cuyo análisis está vedado en el ámbito casacional a tenor del artículo 87 bis LRJCA.

Por tanto, la orientación del asunto hubiera sido otra muy distinta a la de la aplicación alternativa de una u otra norma, en el caso de que, desde el primer momento se hubiera cuestionado la existencia de una operación vinculada pues, en esa tesitura, se disiparía la aplicación del artículo 41 LIRPF. Obviamente, todo ello hubiera exigido un análisis del concepto o noción de lo que es una operación vinculada, más en particular, si para apreciar la misma resulta o no suficiente el simple marco perimetral de la vinculación entre las partes o, por el contrario, si se requiere algo más, es decir, una vinculación objetiva u operacional añadida a esa relación subjetiva sin que —dicho sea de paso y a los solos efectos dialécticos—, en la amalgama normativa existente alcancemos a encontrar "la definición del art 18 LIS" (entendemos, que se refiere a una eventual definición de operaciones vinculadas) a la que alude la sentencia de Valencia.

Sin embargo, en el escenario en el que nos sitúa tanto la sentencia de instancia como la propia posición de las partes, habremos de adoptar una decisión con relación a dos normas especiales, en principio, ambas, potencialmente aplicables al caso, al partir del presupuesto de que han existido operaciones vinculadas.

[...] En un ámbito tan casuístico, resulta complejo establecer una doctrina general en torno a la eventual preferencia del artículo 41 LRIPF o del artículo 43 LRIPF.

Se trata, en efecto, de dos reglas especiales de valoración y, como tales, aparecen indisolublemente relacionadas con el trasfondo fáctico y de motivos de cada supuesto particular, de manera que, los contribuyentes en sus declaraciones ante la AEAT o, en su caso, esta última en sus eventuales actuaciones tributarias habrán de atender a las circunstancias, justificación o, en definitiva, motivación y contexto en el que se ha percibido dicha renta en especie.

Pues bien, centrándonos en el presente caso, el recurso de casación no puede prosperar de acuerdo con las siguientes premisas:

Primera, porque como ya hemos expresado, la sentencia de instancia asume que estamos en presencia de una operación vinculada.

Segunda, porque hay operación vinculada o no la hay, sin que, de acuerdo con las circunstancias específicas de este caso, podamos aventurar una dualidad entre operaciones vinculadas "con contrato, acuerdo o pacto entre las partes" y operaciones vinculadas sin tales elementos.

Tercera, porque el artículo 43 LIRPF establece en su apartado primero que, las rentas en especie se valorarán por su valor normal en el mercado, sin perjuicio de introducir una serie de "especialidades" en la valoración de los "rendimientos del trabajo en especie" y de las "ganancias patrimoniales en especie", entre las que no se encuentran los rendimientos de capital mobiliario en especie.

En efecto, en el presente caso nos encontramos con rentas en especie si bien, su concreta calificación jurídica es la de rendimientos del capital mobiliario en especie, que no tienen un reflejo específico o, mejor dicho, no son objeto de una "especialidad" valorativa en el artículo 43 LIRPF, toda vez que ese precepto únicamente establece unas reglas especiales de valoración con relación a los "rendimientos del trabajo en especie" y a las "ganancias patrimoniales en especie" pero no respecto de rendimientos del capital mobiliario en especie.

Por tanto, teniendo en consideración el apartado segundo del precepto que, de forma redundante, proclama que, en los casos de rentas en especie, su valoración se realizará según las normas contenidas en esta Ley, cabe concluir que, de acuerdo con las circunstancias del caso, esas reglas valoración deben ser las contenidas en el artículo 41 LIRPF, precepto que no excluye a los rendimientos de capital mobiliario en especie.

Cuarta, porque más allá de que en el presente caso se intentara deducir una serie de gastos en el impuesto sobre sociedades y, por otra parte, ocultar la percepción de rendimientos en sede de IRPF, la regularización tributaria se enmarca, sin lugar a dudas, en la propia relación de vinculación existente entre la sociedad y sus dos socios y, pese a la diferencia que introduce la resolución del TEARC en vía económico-administrativa (entre cesión de uso de los inmuebles y la cesión de uso de los otros bienes) dicha distinción queda diluida en la sentencia impugnada por cuanto —insistimos, una vez más—, aprecia la existencia de operación vinculada, presuponiendo, en cierto modo, la concurrencia de voluntades entre dicha persona jurídica y las dos personas físicas.

[...]

Contenido interpretativo de esta sentencia y resolución de las pretensiones deducidas en el proceso.

Con arreglo a lo que establece el artículo 93.1 LJCA, procede, en función de todo lo razonado precedentemente declarar lo siguiente:

En las circunstancias del presente caso, los rendimientos del capital mobiliario en especie del artículo 25.1.d) LIPRPF, cuya percepción responda a la existencia de una operación vinculada, deben valorarse de acuerdo con la normativa del impuesto de sociedades, a tenor de lo dispuesto en el artículo 41 LIRPF.

El traslado de la doctrina expuesta al presente recurso de casación reclama atender las siguientes consideraciones.

1. La sentencia impugnada no se refiere a la disponibilidad de uso del vehículo de la sociedad en favor del socio como "operación vinculada". Sin embargo, sí que lo hace a propósito de la imputación de intereses por razón de un préstamo gratuito concedido por el Sr. Ezequiel a favor de la sociedad (aspecto ajeno a esta casación) sobre la base de la relación entre la sociedad y el socio: "nos movemos en el ámbito de las operaciones vinculadas, a razón de la relación que ya hemos descrito entre el contribuyente y la mencionada compañía mercantil."
2. El abogado del Estado afirma que no hay duda de que, en el caso de rendimientos en especie satisfechos por una sociedad a sus socios o partícipes, se trata de partes vinculadas. Además, se remite a lo que mantenía el recurso citado, finalmente, desestimado por la sentencia núm. 157/2022, de 9 de febrero.
3. Hay operación vinculada o no la hay, sin que sea posible aventurar una dualidad entre operaciones vinculadas "con contrato, acuerdo o pacto entre las partes" y operaciones vinculadas sin tales elementos.
4. El artículo 43 LIRPF establece en su apartado primero que, las rentas en especie se valorarán por su valor normal en el mercado, sin perjuicio de introducir una serie de "especialidades" en la valoración de los "rendimientos del trabajo en especie" y de las "ganancias patrimoniales en especie", entre las que no se encuentran los rendimientos de capital mobiliario en especie, calificación esta última que tienen los rendimientos en especie analizados en el presente caso.

En consecuencia, si a los efectos de la calificación jurídico-tributaria no estamos ante rendimientos de trabajo en especie, tampoco cabe acudir a las reglas establecidas para la valoración de tales rendimientos de trabajo.

Por tanto, existiendo una previsión legislativa para este tipo de casos —la del artículo 41 LIRPF—, al no haber laguna que colmar no cabe acudir a la analogía.

Y resuelve de la siguiente forma:

> "A los efectos del presente recurso, la cesión de uso o puesta a disposición de los vehículos automóviles de los que es titular una sociedad en favor de sus socios debe tributar como rendimiento del capital mobiliario en el IRPF de los cesionarios y, en la medida que constituyan una operación vinculada, resultan aplicables para su valoración las reglas establecidas en el artículo 41 LIRPF."

A la vista de esta doctrina, procede, estimar en parte el recurso de casación, avalando el pronunciamiento de instancia en cuanto a la calificación de rendimientos de capital mobiliario en especie, anulando, no obstante, la valoración que aprecia, por la vía del artículo 43 LIRPF, por resultar aplicable la norma específica relativa a las operaciones vinculadas, esto es el artículo 41 LIRPF con remisión al artículo 16 TRLIS.

La estimación en parte el recurso de casación determina, asimismo, la estimación en parte del recurso contencioso-administrativo en el sentido expresado, limitando nuestro pronunciamiento, exclusivamente, a la cuestión de interés casacional debatida, dejando incólumes el resto de los aspectos enjuiciados en la instancia.

VII. CONCLUSIONES

El inicio de apartado del trabajo dedicado a las conclusiones del mismo, empieza por referirme a la neutralidad fiscal[119]; está sería la condición exis-

[119] Siguiendo el Informe Mirrlees, hay dos conceptos distintos de neutralidad que son importantes en relación con la imposición sobre el ahorro. El primero es el de neutralidad en el nivel y el momento del ahorro; si el sistema tributario es neutral en este sentido,

tente en un mercado en el que las decisiones de los agentes económicos no están determinantemente influidas por factores impositivos. Tiene su origen remoto en el postulado de la neutralidad distributiva según el cual la imposición no debe modificar en nada la situación económico-financiera relativa de los contribuyentes. Lo que viene a significar que el impuesto no debe provocar distorsiones en la competencia, considerando a la misma como una institución esencialmente trascendente para el orden económico[120]; esto significa que la neutralidad supone que el tributo debe estar concebido de tal suerte que de su aplicación no se deriven variaciones en el comportamiento económico de los sujetos pasivos.

La neutralidad en el tratamiento del ahorro es un tema recurrente y está presente en todas las reformas fiscales de la tributación sobre la renta; la neutralidad tributaria respecto al ahorro significa, en palabras de GARCÍA NOVOA[121], "que el ordenamiento tributario debe crear las condiciones para que los inversores elijan preferentemente los productos financieros por sus características (rentabilidad, liquidez...) y gestión financieras, y no por su tratamiento tributario o sus ventajas fiscales. O, lo que es lo mismo, que existan condiciones en el derecho positivo para que la preferencia por uno u otro instrumento de ahorro no derive, ni exclusiva ni principalmente, de factores fiscales". El sistema tiene que delimitar, y proclamar que debe ser neutral sólo respecto a la decisión de invertir en el mercado mobiliario, y dentro de éste, sólo respecto a invertir en determinadas formas de ahorro.

En consecuencia, la fiscalidad del ahorro debe estar presidida por la regla de la neutralidad. La fiscalidad no debe influir de forma sustancial en la colocación del ahorro en uno u otro producto. Así lo vienen recomendando los Organismos Internacionales, por ejemplo, a la hora de criticar el tratamiento

no distorsiona la elección que hacen las personas sobre cuándo consumir su renta. El segundo es el de neutralidad entre diferentes vehículos de ahorro o activos; un sistema tributario neutral en este sentido no distorsiona las decisiones de las personas sobre en qué activos quieren colocar su ahorro. **James Mirrlees, Diseño de un sistema tributario Óptimo**, Informe Mirrlees, Editorial Universitaria Ramón Areces, págs. 309 y ss.

120 NEUMARK, F., **Principios de la imposición**, Instituto de Estudios Fiscales, Madrid, 1995, págs. 316 y 317.

121 **Fiscalidad de la inversión bursátil** en el IRPF, Iustel, Madrid, 2006, pág. 26.

que en España tienen las aportaciones a planes y fondos de pensiones (así las recomendaciones del Consejo de la Unión Europea de 29 de mayo de 2013, en cuanto al Programa de Estabilidad Presupuestaria y Reformas del Reino de España 2013-2016 y del Fondo Monetario Internacional y la OCDE, desde 2010).

Por tanto, cuando estamos ante las formas de inversión cuyos rendimientos se gravan como rendimientos de capital mobiliario en el IRPF; esto es, las vías de canalización del ahorro de las personas físicas, debemos equilibrar dos conceptos, por un lado la neutralidad fiscal y por otro lado el fomento de ahorro.

En segundo lugar, vamos a referirnos a que necesariamente los impuestos afectan a las decisiones de ahorro por una doble vía, ejercen efecto sobre la cantidad total de ahorro y sobre la forma en que se materializa ese ahorro. Si existen factores o bienes sustitutivos entre sí, el sistema fiscal puede generar importantes distorsiones al diferenciar la fiscalidad entre ellos. Así ocurre en el mercado financiero donde existe una apreciable sustituibilidad entre las distintas formas de colocación del ahorro. Los impuestos no son la única variable para la toma de decisiones en ahorro, las principales variables implicadas son la edad, la clase social, la renta actual, la renta esperada, la riqueza, los tipos de interés y las expectativas económicas generales.

La legislación fiscal de los rendimientos del ahorro invita a pensar en la falta de neutralidad del gravamen. Si los impuestos no son neutrales, los ahorradores no son indiferentes entre las posibles colocaciones de su ahorro personal. En el impuesto sobre la renta de las personas físicas que otorgue un tratamiento fiscal diferenciado se debe a una serie de causas, que podemos resumir en siete causas o vías principales de estas diferencias fiscales:

(1) distintos tipos impositivos en función del ahorrador y del activo,

(2) la existencia de una base imponible general y una base imponible del ahorro o especial con distintos tratamientos fiscales,

(3) la posibilidad de excluir rendimientos de la base imponible en algunos casos,

(4) los mecanismos de rectificación de valores,

(5) los tipos impositivos de retención,

(6) las posibles deducciones en cuota para determinados rendimientos,

(7) la posibilidad de diferir la factura impositiva para activos singulares.

Los inversores particulares adquieren su cartera de valores en función de la rentabilidad, riesgo y liquidez de los activos financieros existentes. Estas variables se ven afectadas directamente por el sistema impositivo y hacen más o menos atractiva la inversión en cada uno de ellos.

Las decisiones de inversión que toman los ahorradores no se guían únicamente por razones de riesgo o liquidez cuando la fiscalidad no es neutral. En el momento en que la fiscalidad diferencia entre activos financieros sustituibles, las razones fiscales tienen su peso en la toma de decisiones de los inversores.

En tercer lugar, los rasgos esenciales del tratamiento en el IRPF de las rentas derivadas de los instrumentos de ahorro son los siguientes:

- Incidencia de la materialización del ahorro en la cuota tributaria: el ahorro como tal no goza, como regla general, de ningún trato especial en el IRPF. El hecho de asignar una parte de la renta al ahorro no genera ninguna ventaja directa e inmediata para el ahorrador, que no ve alterado, en el momento del ahorro, el importe de su obligación tributaria. La parte de la renta destinada al ahorro soporta previamente su correspondiente IRPF. Sólo las aportaciones a los planes de pensiones y a los planes de previsión asegurados escapan a esta regla y permiten —merced a su deducibilidad limitada en la base imponible— reducir la factura fiscal del ahorrador.
- Exenciones: inexistencia de medidas de exclusión y exención generales. No obstante, sí se prevén exenciones en algunos casos (planes de ahorro a largo plazo y rendimientos acumulados en un PIAS hasta el momento de constitución de la renta vitalicia).
- Calificación de rentas: Aplicación generalizada de la calificación de rendimientos del capital mobiliario para todas las rentas —con independencia de la forma en que se manifiesten— derivadas de los pasivos bancarios, valores de renta fija, contratos de seguros y dividendos (y asimilados). La calificación de ganancia patrimonial, además de los casos de transmisión de inmuebles, queda circunscrita a las rentas derivadas de la transmisión de acciones y participaciones de

sociedades en general y de instituciones de inversión colectiva. o Las prestaciones de los planes de pensiones y planes de previsión asegurados tributan como rendimientos del trabajo. Las rentas derivadas del alquiler de inmuebles obtenidas al margen de una actividad económica se califican como rendimientos del capital inmobiliario. Las rentas derivadas de inmuebles distintos de la vivienda habitual y que no estén arrendados tributan como imputaciones de renta.

- Diferenciación de rentas según plazo temporal: o Únicamente se establece una diferenciación para los rendimientos considerados irregulares, que responden a unos supuestos muy específicos y que no entran en la base del ahorro, para los que se prevé una reducción del 30% (sobre una base máxima de 300.000 euros).
- Devengo: o Como criterio general, rige el de la exigibilidad para el perceptor; en el caso de las ganancias patrimoniales, cuando tiene lugar la alteración patrimonial. o En relación con el gravamen de las ganancias patrimoniales, se aplica el criterio de realización. No obstante, el gravamen de las ganancias patrimoniales correspondientes a participaciones en fondos de inversión queda aplazado si el importe de la transmisión se reinvierte en otras participaciones de igual naturaleza.
- Relación IRPF-IS: A partir de 2015 rige plenamente un sistema clásico o de independencia entre ambos tributos. Consiguientemente, se da una doble imposición formal tanto para los dividendos como para las dotaciones a reservas. En este último caso, la tributación en el IRPF queda aplazada hasta el momento de la transmisión de las acciones.
- Ajustes por inflación: No se aplica ningún tipo de ajuste, ni para la determinación de los rendimientos ni para la de las ganancias patrimoniales.
- Integración y compensación de rentas: Según los criterios anteriormente expuestos.

En cuarto lugar, el panorama actual está marcado por un considerable grado de homogeneidad, pero subsisten disparidades significativas entre los distintos instrumentos de ahorro. La fiscalidad introduce apreciables diferencias entre el rendimiento nominal antes de impuestos y el rendimiento después de impuestos de los distintos instrumentos financieros, por lo que puede tener una notoria incidencia en la elección entre éstos.

De forma clara, los instrumentos de ahorro que gozan de un mejor tratamiento fiscal son el plan de pensiones, el plan individual de ahorro sistemático y la nueva figura de los planes de ahorro a largo plazo, si bien en los tres casos existen unos límites respecto al importe de las inversiones que pueden acogerse a los respectivos regímenes.

Sobre cómo operaría una reforma de la fiscalidad del ahorro; y en consecuencia de los rendimientos del capital mobiliario. Hay que indicar que cualquier reforma o modificación que afecte al ahorro debe abordarse desde una perspectiva integral, de tal forma que se tome en consideración el coste final que supone, para el cliente, el resto de componentes impositivos que lastran la rentabilidad asociada a los productos financieros. Los retos de la fiscalidad del ahorro en un contexto de baja rentabilidad.

Reformular los incentivos fiscales destinados a fomentar los productos del ahorro, siguiendo, a este respecto, las principales pautas de los países de nuestro entorno, para ayudar a que el ahorro privado se invierta en proyectos que contribuyan a la recuperación económica de nuestro país, evitando, de este modo, que el ahorro se materialice en otras jurisdicciones en las que existen regímenes fiscales más favorables.

Si en el IRPF hay un área compleja es la fiscalidad del ahorro (ocurre en todos los sistemas tributarios avanzados), y cualquier ajuste en la misma afecta desde sus raíces al modelo del impuesto, y a los comportamientos de los ahorradores y de las instituciones financieras. Los **objetivos de *neutralidad*, *equidad* y *eficacia recaudatoria*** han de primar en esto que últimamente se llama "la fiscalidad de la riqueza", y que toda la vida ha sido conocido simplemente como la "tributación del patrimonio".

El modelo de IRPF para gravar intereses, dividendos, seguros de ahorro, plusvalías y minusvalías hoy vigente, fue diseñado en 1996, si bien recibió su arquitectura actual en 2007 y ha funcionado tanto en tiempos de alegrías financieras como de crisis económica, bajo diferentes mayorías parlamentarias. El mismo **aplica un gravamen reducido a las rentas del ahorro**, que en algún momento fue del 15%, y hoy se sitúa en la horquilla 19-23%, que no alcanza ni de lejos los tipos marginales máximos de las rentas "del esfuerzo" (trabajo y actividades económicas).

No somos muy originales al aplicar este sistema, es el más extendido en el mundo desarrollado, debido al consenso de que el capital viene a ser "trabajo acumulado" (en palabras de Karl Marx), y si se quiere preservar (por no decir fomentar) **no debe ser gravado a los tipos marginales tan elevados existentes en el IRPF**. Aunque debemos reconocer que en España tenemos un peso reducido en la recaudación de las rentas del ahorro en comparación con las rentas del trabajo (que son las que soportan casi todo el esfuerzo impositivo de los particulares), y que los tipos aplicables a las rentas del ahorro están en el rango medio-bajo del derecho comparado.

Una reforma fiscal en profundidad del sistema tributario español debe cumplir múltiples objetivos, no solo debe ser diseñada con el fin de obtener el nivel de recaudación necesario para financiar los servicios públicos sino también para ser eficiente y fortalecer el crecimiento y el empleo, de esta manera no solo se debe buscar el incremento de recaudación a corto plazo sino a medio y a largo incrementando las bases imponibles. El diseño de la estructura tributaria genera también distorsiones, influyendo en decisiones económicas, y cargas indirectas (como costes de cumplimiento) que van más allá del mero pago del impuesto. Por ello, es crucial tomar en consideración, también, que la reforma fiscal sea una reforma estructural que favorezca nuestro crecimiento potencial a través de la priorización de los principios de eficiencia y competitividad fiscal. A su vez, no podemos desconocer la realidad de una economía globalizada donde los países compiten por la atracción de inversión y capital humano, y las empresas compiten en un mercado también global donde la carga tributaria es un componente más de su estructura de costes que, si es mayor que la de sus competidores, les supone una dificultad competitiva adicional.

Por lo tanto, sin renunciar al objetivo de recaudación suficiente, la reforma debe diseñar un sistema fiscal competitivo, eficiente, lo más neutro posible y que reduzca al mínimo los costes de cumplimiento, siguiendo siempre las mejores prácticas de los países de nuestro entorno.

No podemos olvidar, en un trabajo como este, la importancia del principio de seguridad jurídica, pero bien es cierto que, las normas tributarias y, singularmente, en los rendimientos del capital mobiliario no pueden dejar de ser complejas porque la realidad económica cada vez lo es más, a lo que se añade que nuestro sistema tributario obliga al contribuyente a interpretar y aplicar esa normativa compleja con carácter inmediato.

Un foco de inseguridad jurídica es la propia aplicación de la normativa por las Administraciones tributarias. Como bien ha indicado CHECA GONZÁLEZ[122] en su trabajo *Persiguiendo la sombra de la justicia tributaria*, esta inseguridad se produce "por el enorme volumen y la extremada variabilidad de la legislación fiscal, sometida a un continuo proceso de adaptación y cambio, y por su carácter a menudo sistemático y carente de buena técnica jurídica, que dificulta no sólo su conocimiento y comprensión sino también, lo que es más importante cuando se trata de la aplicación de los tributos, su previsibilidad, de modo que el contribuyente pueda ajustar su comportamiento económico al coste de los impuestos, para así poder calcular de antemano la carga tributaria".

La complejidad de las normas tributarias motivó, en su momento, que se introdujese en nuestra Ley General Tributaria la figura de la consulta a la dirección General de Tributos (DGT) cuya respuesta al contribuyente tiene el carácter de vinculante para los órganos de la Administración tributaria encargados de la aplicación de los tributos, no para sus órganos revisores.

Entendemos que las rentas del ahorro necesitan de una tributación más reducida, lejos del incremento que se ha producido en la última reforma tributaria para las rentas del ahorro y que suponen un gravamen del 26% cuando la base liquidable supera los 200.000 euros. En el Informe elaborado por el Instituto de Estudios Económicos[123], «La tributación del ahorro y su incidencia en la reactivación económica desde la perspectiva de la competitividad regional», se recoge que «penalizar el ahorro supone lastrar la inversión y, por tanto, la productividad y el crecimiento económico. Esta inversión no solo se ve penalizada de forma directa, al castigar la formación de ahorro necesario para acometerla, sino también indirecta, ya que, tal y como

---

122 **Persiguiendo la sombra de la justicia tributaria**, Civitas Thomson Reuters, Navarra, 2019, pág. 149.

123 **Informe del Instituto de Estudios Económicos**, «La tributación del ahorro y su incidencia en la reactivación económica desde la perspectiva de la competitividad regional», pág. 14. Madrid, 2020.

se mencionó previamente, las subidas impositivas introducen costes adicionales e incertidumbre al proceso inversor, especialmente en momentos de necesaria consolidación fiscal con elevado endeudamiento público. En este sentido, este tipo de impuestos pueden dar lugar a una deslocalización del capital existente, así como a un desincentivo a la entrada de nuevo capital extranjero, o a la formación de nuevo capital doméstico, unos efectos, estos últimos, más difíciles de medir en la práctica que la simple fuga de capital, y por eso, rara vez tenidos en cuenta en la mayoría de los análisis».

No solo son criterios de eficacia recaudatoria los que nos llevan a entender que la tributación del ahorro no debe situarse en tipos no superiores a los de países con similares estándares de seguridad financiera. También es un criterio de justicia y equidad, puesto que, en determinados rendimientos como los dividendos, su gravamen también se produjo en sede societaria. Si ha desaparecido en el IRPF toda medida de eliminación de la doble imposición, no puede ahora incrementarse la tributación del dividendo a través de tipos marginales elevados. La evidente doble imposición que se produce en el IRPF para los dividendos se acentúa si se incrementa el tipo de gravamen de la renta del ahorro. En este sentido se pronunciaba ya el informe de la comisión de expertos para la reforma del sistema tributario español de febrero de 2014. En su propuesta núm. 31 recogía que «el tipo nominal aplicable a la base liquidable del ahorro debería coincidir con el tipo nominal mínimo de la escala progresiva del impuesto o, al menos, situarse en sus proximidades». En la actualidad este tipo se sitúa en el 19%.

Ahora bien, realmente no podemos perder de vista que los rendimientos que soportan toda la progresividad del sistema tributario son los rendimientos del trabajo.

Dentro de estas últimas reflexiones, voy a referirme a un tipo de fuente de importancia en la determinación de los rendimientos del capital mobiliario, desde la fuente del rendimiento en IRPF podemos diferenciar entre seguros de vida generadores de rendimientos del trabajo personal (Planes de Previsión Asegurados, Seguros Colectivos y Seguros de Dependencia) y seguros de vida generadores de rendimientos de capital mobiliario (Planes Individuales de Ahorro Sistemático, Seguros de Ahorro Individuales a largo Plazo, Unit Linked, seguros de rentas —vitalicias y temporales— y Seguros de amortización de Préstamos Hipotecarios).

El seguro de vida origina una serie de prestaciones de carácter pecuniario que son satisfechas por las compañías aseguradoras a los tomadores/beneficiarios de los contratos. Esta circunstancia provoca que esa renta que perciben los sujetos, personas físicas, deba ser integrada en las bases imponibles del Impuesto sobre la Renta de las Personas Físicas, tributando como rendimiento del trabajo personal en la base general, o bien, como rendimiento del capital mobiliario en la base del ahorro. La tributación del seguro de vida ha tenido innumerables transformaciones a lo largo del iter legislativo recorrido a través de las cuatro décadas del IRPF en España. Por un lado, los seguros que tributan como rendimientos del trabajo cuyas reformas legislativas, han complicado su entendimiento por el contribuyente y desincentivado su contratación como instrumentos de ahorro a largo plazo, con continuos cambios en los límites de las aportaciones a realizar y las reducciones a practicar en la base general del impuesto. Y, por otro, los seguros que tributan como rendimientos de capital mobiliario cuyas modificaciones siempre han estado presididas por la búsqueda del principio de neutralidad en estas rentas, en aras de incentivar el ahorro y eliminar los desajustes tributarios entre los diferentes productos financieros.

Han sido muchas las reformas normativas efectuadas sobre los rendimientos de capital mobiliario generados por los seguros de vida, durante la vigencia de la actual LIRPF. Si bien, la última y de gran calado ha sido la publicación de la Ley 26/2014, de 27 de noviembre, de reforma parcial del IRPF, en cuya Exposición de Motivos se hace constar que con la reforma se pretende la estimulación del ahorro a largo plazo dotando a las rentas del ahorro de una mayor eficiencia y neutralidad mediante un tratamiento fiscal más homogéneo. Entre estas modificaciones merecen subrayarse, las letras ñ) y v) del artículo 7 dedicado a las exenciones; el número 1 de la letra a) del apartado 3 del artículo 25 correspondiente a los seguros de vida mixtos cuando el rendimiento proviene de la percepción de capitales diferidos en concepto de supervivencia; y la reforma del régimen transitorio establecida en la Disposición transitoria cuarta relativa a los rendimientos de capitales diferidos de los seguros de vida generadores de incrementos y disminuciones de patrimonio que hayan sido originados con antelación al 1 de enero de 1999.

La diferencia de tratamiento tributario en los seguros de vida según originen rendimientos de trabajo personal o de capital mobiliario, pone de manifiesto la dualidad del impuesto, determinando gravámenes impositivos distintos para los contribuyentes en función de la fuente de su renta. Es notorio el objetivo persistente del legislador a lo largo de casi cuatro décadas por conseguir otorgar una tributación a las rentas del ahorro fundamentada en los principios de neutralidad y equidad fiscal, cuyo resultado ha sido un trato más favorable hacía estas rentas en detrimento de las rentas del trabajo personal que han sido las que han soportado mayoritariamente la carga tributaria pese a su tributación mediante una escala progresiva. Ha sido reiterada la doctrina que se ha ocupado de esta cuestión. Como botón de muestra, y en lo que atañe a nuestro análisis, en el último Informe de la Comisión de expertos para la reforma del sistema tributario español del año 2014, el Comité de expertos se plantea en relación a los instrumentos de previsión social, entre los que se encuentran los seguros de vida que tributan como rendimientos del trabajo, si no sería más beneficioso sustituir el incentivo fiscal de reducción en la base por una deducción en la cuota, y que además estos rendimientos pasen a tributar como rendimientos a integrar en la base del ahorro. Ante esta tesitura, nos planteamos si los seguros de vida que sirven como instrumentos para garantizar los compromisos por pensiones debieran de recibir un tratamiento tributario más favorable y flexible, máxime en los tiempos actuales en que se discute la viabilidad del actual sistema de pensiones estatal y se pretende incentivar la contratación de instrumentos previsionales. Al tributar estos contratos de seguro como un rendimiento de trabajo personal, durante la vigencia del contrato las aportaciones reducen la base general para el contribuyente, haciendo que la carga tributaria sea menor; pero más tarde, llegado el vencimiento del contrato con la jubilación, y quizás con una menor capacidad económica del tomador/beneficiario, se produce la tributación den rendimiento en el impuesto, tributación que se torna abusiva en el supuesto de optar por percibir la cantidad en forma de capital, siendo más favorable el cobro mediante una renta y no como un pago único. Quizá una propuesta de lege ferenda, un tanto arriesgada, sería la de exencionar de tributación en el IRPF a aquellas percepciones derivadas de contratos de seguro de vida (tras un periodo mínimo de antigüedad en las aportaciones —x años—), que se cobren dentro del periodo de jubilación y en forma de renta vitalicia. Ello, sin duda, supondría un gran estímulo para los contribuyentes-ahorradores con fines previsionales y coadyuvaría, en cierto modo, al sostenimiento de nuestro sistema de pensiones.

Los seguros de vida que originan rendimientos de capital mobiliario tributan dentro de la base imponible del ahorro sometidos a una escala que ha ido evolucionando desde el año 2011 hasta nuestros días, y cuyos tipos han desarrollado una pequeña progresividad dependiendo de la cuantía de la base liquidable, oscilando entre el 19% y el 23%. Las aportaciones efectuadas en estos contratos, a diferencia de aquellos que tributan como rendimientos del trabajo, no reducen la base imponible del impuesto. Sin embargo, destacan por la mayor flexibilidad en el rescate. Su ventaja fiscal en el caso de los Planes Individuales de Ahorro Sistemático y los Seguros Individuales de Ahorro a Largo Plazo reside en la exención de la tributación de los rendimientos que se generen durante todo el periodo de vigencia del contrato, siempre que se rescaten en forma de renta y hayan transcurrido más de cinco años desde la constitución del mismo. Dentro de este grupo de seguros destacan los Unit Linked, seguros de vida en los que el tomador asume el riesgo de la inversión. Se trata de un seguro completamente líquido, es decir, el tomador puede rescatarlo en cualquier momento. Participa de las ventajas fiscales de los seguros de vida si reúne los requisitos previstos en el artículo 14.2.h) de la LIRPF y de la rentabilidad y flexibilidad propios de un producto de inversión.

Nos encontramos ante un exceso de casuismo y falta de definición genérica de los rendimientos del capital mobiliario, las sucesivas reformas del Impuesto nunca han entrado a ofrecer una definición de esta fuente de renta gravable.

Para terminar indicar que nuestro sistema tributario castiga la rentas del trabajo, que soportan la total progresividad del sistema en comparación con las rentas que genera el ahorro; y señalar que las sucesivas reformas fiscales realizadas en España parecen obviar o, al menos, no consideran que los incentivos fiscales son una palanca fundamental para fomentar ese ahorro beneficioso en la economía.

BIBLIOGRAFÍA

AGUALLO AVILÉS, A y BUENO GALLARDO, E., "Observaciones sobre el alcance de los principios constitucionales del art. 31.1 CE", en: ALBIÑANA GARCIA-QUINTANA, C., GONZÁLEZ GARCÍA, E., RAMALLO MASSANET, J., LEJEUNE VALCARCEL, E., YÁBAR STERLING, A. (coord.), Estudios en homenaje al profesor Pérez de Ayala, 2007.

ÁLVAREZ BARBEITO, P. Los rendimientos del Capital en el IRPF. 2.ª Edición. Ed. Cedecs, Barcelona, 1999.

ARIAS DOMÍNGUEZ, A., "De nuevo sobre el carácter mercantil o laboral de la explotación de los derechos de imagen de los deportistas profesionales y sus consecuencias procesales", **Revista Aranzadi de Derecho del Deporte y Entretenimiento** núm. 13, 2005

ARRANZ DE ANDRÉS, C., "La sujeción al ISD del contrato de seguro de vida y otras figuras afines", **Revista Quincena Fiscal**, n.º 20, 2013.

"El contrato de seguro de vida en el ISD", **Civitas. Revista española de derecho financiero**, n.º 169, 2016.

BAGO ORIA, B., El funcionamiento de las primas de asistencia a las juntas de accionistas. BIB 2011\1478, **Revista de Derecho Mercantil** num.279/2011

BANACLOCHE PALAO, C., "Tributación de las cantidades satisfechas por los clubes de fútbol a las sociedades cesionarias de los derechos de imagen de los deportistas", **Revista Aranzadi de Derecho del Deporte y Entretenimiento** núm. 17, 2006.

BANACLOCHE PÉREZ J. La discriminación fiscal de las rentas. **Impuestos**, Tomo I / 2001

BANACLOCHE PÉREZ, J., "El IRPF: los rendimientos del capital", **Impuestos**, La Ley, 2000.

CAAMAÑO ANIDO, **Régimen fiscal de las Donaciones**, Marcial Pons, Madrid, 1993.

CABEZAS ARIAS, J., **Fiscalidad de los productos y servicios financieros**, Ediciones CEF, Madrid 2021

CALVO ORTEGA, R. y CALVO VÉRGEZ, J; **Curso de Derecho Financiero. I. Derecho Tributario. Parte general y Parte especial. II. Derecho presupuestario**, Civitas-Thomson Reuters, Navarra, 2022.

CALVO VÉRGEZ, J., La nueva fiscalidad de los dividendos tras la reforma del IRPF, **Actualidad Jurídica Aranzadi** num.905/2015

— Las nuevas perspectivas financieras y tributarias de los planes de pensiones del sistema de empleo, Revista Quincena Fiscal num.12/2022

— "La delimitación del concepto de "inversión financiera sostenible". El papel de los llamados "bonos verdes", **Revista Aranzadi de Derecho Ambiental** num. 50/2021. BIB 2021\5097

— "Una nueva "vuelta de tuerca" sobre el control de las criptomonedas en el marco de la lucha contra el fraude fiscal", **Revista Quincena Fiscal** num.17/2022, BIB 2022\3144.

CARRANZA ROBLES, J.J., "Obligaciones fiscales de los particulares por la compraventa, la tenencia y el intercambio de criptoactivos", **Revista Quincena Fiscal**, n.º3, febrero 2023, Aranzadi.

CLAVIJO HERNÁNDEZ, F., Los rendimientos del Capital en el Nuevo Impuesto sobre la Renta de las Personas Físicas. Ed. Civitas, Madrid. 1980.

CORDÓN EZQUERRO, T., «La tributación de las rentas del capital en el IRPF: gravamen dual o único», *DOC. núm. 30/05*, IEF

DE JUAN CASADEVALL, J., "La exención de empresa familiar en el impuesto sobre el patrimonio: el empresario individual", **Revista Española de Derecho Financiero**, núm. 190/2021, (BIB 2021/3225)

DOMÍNGUEZ BARRERO, F. y LÓPEZ LABORDA. J., «Planificación fiscal con el impuesto dual sobre la renta», *Papeles de Trabajo*, IEF, núm. 26/05.

DURÁN CABRÉ, J. M., *Modelos alternativos al IRPF español*. CES, Colección Estudios, núm. 152, Madrid, 2004.

ELIAS OSTUA en "Incrementos de patrimonio y otras cuestiones", **Crónica Tributaria**, n.º 35, 1981

ESTEBAN PAÚL, A., **Fiscalidad de los productos financieros**, IEF, Madrid, 2005

CHECA GONZÁLEZ, C., **Persiguiendo la sombra de la justicia tributaria**, Civitas Thomson Reuters, Navarra, 2019.

— "Nuevo régimen fiscal del canje de valores", **Revista Quincena Fiscal** num. 15/2010 num. 16/2010 parte Estudios.

— "Artículo 18. Base imponible", Comentarios a la Ley del impuesto sobre la renta de las personas físicas y a la ley del impuesto sobre el patrimonio: homenaje a Luis Mateo Rodríguez / coord. por Eugenio Antonio Simón Acosta Árbol académico; Luis Mateo y Rodríguez (hom.) 1995.

Impuesto sobre la Renta de No Residentes, Aranzadi, 2002.

Las exenciones tributarias en el ordenamiento español, Lex Nova, Valladolid, 2001.

GARCIA BERRO, **Tributación del contrato de Seguro**, Marcial Pons, Madrid, 1995.

GARCÍA CARRETERO, B. "La presunción de residencia fiscal introducida por la Ley 36/2006, de Medidas para la Prevención del Fraude Fiscal con relación a las entidades radicadas en países o territorios de nula tributación o considerados como paraísos fiscales", BIB 2008\906, **Revista Quincena Fiscal** num.12/2008, Editorial Aranzadi.

GARCÍA NOVOA, C., La reforma fiscal en materia de tributación del ahorro y del endeudamiento de las sociedades. ED. IEF. **Doc n.º 21/2014**, Madrid, 2014

Fiscalidad de la inversión bursátil en el IRPF, Iustel, Madrid, 2006

GARCÍA-OVÍES SARANDESES y SESMA SÁNCHEZ, B., **Fiscalidad de las rentas del capital mobiliario en España**, Lex Nova, Valladolid, 1995.

HERMOSÍN ÁLVAREZ, M., "Restricciones a los cambios de residencia habitual de las personas físicas para lograr una «menor tributación efectiva»; **Revista Quincena Fiscal** num.21/2016, BIB 2016\85650, Editorial Aranzadi.

Informe del Instituto de Estudios Económicos, «La tributación del ahorro y su incidencia en la reactivación económica desde la perspectiva de la competitividad regional», pág. 14. Madrid, 2020.

Informe Mirrless. **James Mirrlees, Diseño de un sistema tributario Óptimo**, Informe Mirrlees, Editorial Universitaria Ramón Areces

JABALERA RODRÍGUEZ, A., "Los activos financieros en el IRPF: las rentas obtenidas por cesión a terceros", en la obra colectiva **Estudios de Derecho Financiero y Tributario en Homenaje al Profesor Calvo Ortega**, Tomo II, Lex Nova, Valladolid, 2005

Laura Pla, Jaume Bonet, Carles Quindós, "Aplicación del régimen de imputación de rentas por la cesión de derechos de imagen de la ley del IRPF a relaciones en las que hay vinculación", **Actualidad Jurídica Aranzadi** num. 978/2021. BIB 2021\5047.

LAGO MONTERO J., M.ª, **La simplificación de la imposición sobre la renta**, Reus Editorial, Zaragoza, 2021

MARTÍN QUERALT, J., "Impuesto sobre la Renta de las Personas Físicas (Residentes) (I)", en la obra colectiva **Manual de Derecho Tributario, Parte Especial**, 14 ed. Thomson Reuters Aranzadi, 2017

MARTÍNEZ LAFUENTE, A., **Una visión jurisprudencial del Impuesto sobre la Renta de las Personas Físicas**, Reus Editorial, Zaragoza, 2021.

MATA SIERRA, M.ª T., **El Principio de Igualdad Tributaria**, Aranzadi, Pamplona, 2009.

MENÉNDEZ MORENO, A., en la obra colectiva **El nuevo Impuesto sobre la Renta de las Personas Físicas**, Lex Nova, Valladolid, 2005.

— "El alcance de la calificación de los derechos de imagen como derechos del capital", **Revista Quincena Fiscal** núm 18/2020, BIB 2020/36184.

MONTESINOS OLTRA, S., "La afectación de activos financieros a efectos del régimen fiscal de la empresa familiar: un enfoque discutible del Tribunal Supremo", **Quincena Fiscal**, N.º 12, Sección Estudios, Quincena del 16 al 30 Jun. 2023, Aranzadi.

MUÑOZ DEL CASTILLO, "Tributación de las Plusvalías en el Impuesto General sobre la Renta de las Personas Físicas", **Civitas Revista Española de Derecho Financiero**, n.º 11, 1976.

NEUMARK, F., **Principios de la imposición**, Instituto de Estudios Fiscales, Madrid, 1995

ORTÍZ CALZADILLA, R., "Régimen fiscal del residente no domiciliado", **Revista de Fiscalidad Internacional y Negocios Transnacionales**, n.º 2/2016, BIB 2016/2712

PEDREIRA MENÉNDEZ, J., "La tributación de los derechos de imagen de los deportistas vinculados por relaciones laborales", Estudios Financieros-Revista de Contabilidad y Tributación núm. 214, 2001.

— "Las cuentas corrientes del empresario y su calificación fiscal", **Revista Quincena Fiscal**, núm. 13/2013, BIB2013/1470.

PEDREIRA MENÉNDEZ, J., y ÁLVAREZ PÉREZ, B., "Consideraciones sobre la tributación y la calificación contable de las operaciones con moneda digital (Bitcoins) en las empresas", **Quincena Fiscal** n.º 3/2018, (BIB 2018/5747).

PICOS SÁNCHEZ, F., *El modelo dual de reforma del IRPF: un estudio de la viabilidad y los efectos de su aplicación en España*; investigaciones, 4-04. Instituto de Estudios Fiscales, Madrid, 2004

— *Quince años de modelo dual de IRPF: Experiencias y efectos*, Doc. núm. 12/03, IEF

— *Modelo dual de IRPF: un nuevo enfoque teórico y su aplicación al caso español*; Papeles de trabajo, núm. 8/04, Instituto de Estudios Fiscales, Madrid, 2004.

PITA GRANDAL, A., **Rendimientos del capital mobiliario en el impuesto sobre la renta de las personas físicas,** Vigo, 1999.

QUINTANA FERRER, E., "El arrendamiento estable y permanente de viviendas: efectos de las políticas públicas, impacto de la fiscalidad y promoción a través de beneficios fiscales autonómicos", ***Quincena Fiscal,*** N.º 18, Sección Estudios, Quincena del 16 al 31 Oct. 2024**,** Aranzadi.

RAMÓN FERNÁNDEZ, "La función social de la vivienda y la protección de los consumidores", **Revista de Derecho Patrimonial** 44/2017, BIB 2017\43033.

RECIO RAMÍREZ, M.ª A., **La tributación del contrato de seguro de vida en el Impuesto sobre la Renta de las Personas Físicas**, Aranzadi, Navarra, 2020.

— **El contrato de seguro de vida en el Impuesto sobre la Renta de las Personas Físicas (con especial referencia a los rendimientos del capital mobiliario),** Tesis Doctoral, Universidad de Córdoba, 2019.

ROMERO FLOR, L. M.ª, "Tributación del bitcoin", **Quincena Fiscal**, n.º 1/2022. (BIB 2022/37).

ROMERO GARCÍA, F., "Los rendimientos derivados de la participación en fondos propios en la Ley 35/2006, del IRPF", **Revista Española de Derecho Financiero** num.136/2007

SÁNCHEZ GALIANA, J. A., "Rendimientos del capital inmobiliario", en la obra colectiva **El impuesto sobre la Renta de las Personas Físicas, (41/1998),** Comares, 1999.

SÁNCHEZ MANZANO, J. D., "La doctrina administrativa en torno a la reducción por arrendamientos de vivienda. Los arrendamientos de temporada. Particular alusión a los arrendamientos a estudiantes en el marco de los rendimientos del capital inmobiliario en el IRPF", BIB 2023\1883, **Revista Quincena Fiscal** num.14/2023.

SÁNCHEZ PEDROCHE, J.A., Ahorro y Fiscalidad, **Cuadernos Fiscales**, EDERSA, Madrid, 2002.

SANZ GADEA, E., "Tributación sobre las ganancias de capital y modelos de imposición sobre las rentas de capital", en: CAYÓN GALIARDO, A.M. y ARRIETA MARTÍNEZ

DE PISÓN, J, (coord..), Presente y futuro de la imposición directa en España, Lex Nova, Valladolid, 1997, pp. 366 y ss.

SIMÓN ACOSTA, E., "A vueltas con la prueba de la residencia fiscal fuera de España", **Actualidad Jurídica Aranzadi**, n.º 917/2016, Aranzadi, 2016, BIB 2016/2228.

TIRADO SUAREZ, J., **Comentarios al Código de Comercio y la legislación mercantil especial**, obra colectiva, tomo XXIV, 1989

TOVILLAS MORÁN, J. M., "El tratamiento tributario del derecho de imagen", Marcial Pons, 2001

VENTURA ESCACENA, J., **Fiscalidad de ahorro mobiliario en el Impuesto sobre la Renta de las Personas Físicas**, Universidad de Sevilla, Tesis Doctoral, 2019.

VERGEZ SÁNCHEZ, M., "Reflexiones sobre algunos aspectos relevantes de la reforma de la Ley del Contrato de Seguro", en: Revista Española de Seguros, núm. 152, 2012

VILARROIG MOYA, R., "Tributación de las primas de emisión", **Revista Quincena Fiscal** num.22/2016

VV.AA., **La reforma del Impuesto sobre la Renta de las Personas Físicas**, (Coord. Núñez Zubillaga) Thomson-Aranzadi, Pamplona, 2007.

VV.AA., **La reforma del Impuesto sobre la Renta de las Personas Físicas. Comentarios a la Ley 35/2006 y al Real Decreto 439/2007**, Thomson Aranzadi, Pamplona, 2007.

VV.AA., **Comentarios al Impuesto sobre la Renta de las Personas Físicas y al Impuesto sobre la Renta de No Residentes**, Cuatrecasas, Aranzadi, Navarra, 2000.

ZORNOZA PÉREZ, J. J., "El gravamen de las rentas del capital y las libertades comunitarias", Revista española de Derecho Financiero, núm. 161/2014. (BIB 2014, 644).